비판청소년학(critical youth studies) 6

청소년정책론

천정웅 지음

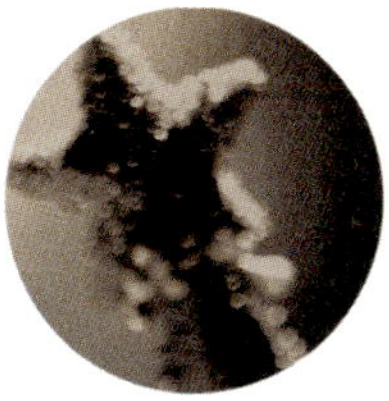

Youth Policy

Theory, Governance, Infrastructure, Instrument, & Cross-Cutting Themes

신정

머리말

한 권의 책을 발간하는 일은 언제나 기쁨과 함께 책임감을 가져다준다. 더욱이 청소년정책론이란 책은 필자가 청소년분야에 인연이 닿은 이후부터 줄곧 저술 목록에 자리하고 있던 것이었지만 기나긴 세월을 지나 다른 많은 저서를 앞에 두고 이제야 머리말을 쓰게 된다는 점에서 그 감회가 특별하지 않을 수 없다. 더욱이 필자는 1989년 7월 1일 설립된 우리나라 청소년정책을 연구하는 국책기관의 원년 멤버로 출발하여 한국청소년정책의 과거와 현재를 아울러 연구과제는 물론 국가정책계획의 수립에 직·간접적으로 참여한 경험을 갖고 있기에 더욱 그러하다. 청소년정책의 그간의 이론과 실제를 제대로 짚어보면서 한 권의 책으로 구성한다는 것은 시간의 축적과는 또 다른 역량과 용기를 필요로 하는 것이다.

돌이켜보면 한국 최초의 청소년법이라고 볼 수 있는 청소년육성법이 1987년에 제정되었고 곧이어 한국청소년기본계획이라는 10개년 국가청소년정책계획을 최초로 수립하였으며, 계획이 실효성 있는 정책이 되도록 기존의 청소년육성법을 재편하면서 1991년에 청소년기본법을 만들었던 30여 년 전의 일이 새롭다. 우리나라 정부 수립 이후 처음으로 정부조직법에 체육청소년부가 설치되었던 시기도 그때 즈음이었다. 이후 청소년정책계획은 5년 단위의 계획으로 변경되어 지난 2023년 2월 28일에는 "제7차 청소년정책기본계획(2023-2027)"이 수립되기에 이르렀다. 청소년정책은 그동안 문화관광부, 보건복지부 등을 거쳐 현재 여성가족부를 중심으로 집행되는 오랜 변화과정을 겪었으며, 기존의 청소년단체 중심의 현장은 어느새 다양한 청소년시설이 전국적으로 분포되고 청소년업무 전담인력 또한 대학에서 배출되는 등 전문적인 실천영역을 갖는 국가정책의 한 영역으로 그 위상을 뚜렷이 하고 있다.

그러나 국가정책의 내용과 형식, 그리고 청소년정책 실천현장의 이러한 발전에도 불구하고, 최근의 변화를 이론과 실제적인 차원으로 담아내는 청소년정책에 관한 학술 서적을 찾기는 쉽지 않다. 근래 발간된 관련서를 살펴보면, 청소년정책이나 청소년육성제도와 관련하여 부분적으로나 포괄적으로 논의하고 있지만, 우리 사회는 물론, 청소년들의 변화와 법과 정책의 변화, 그리고 국가적 위상의 변화를 설명하기에는 오래되거나, 보다 적절한 이론적 설명을 필요로 하는 부분이 있다. 이런 점들을 고려할 때 필자 역시 원고를 구상하는 것이 부담스러웠던 까닭에, 결국 다른 주제의 책보다 더 오랜 시간이 걸리지 않을 수 없었음을 고백한다. 다행히 그동안 청소년정책과 관련한 서구 선진국, 특히 유럽의 저술과 보고서들이 다수 발간되었으며, 국제적인 청소년정책 전문 학술커뮤티니의 활동을 지켜볼 수 있었다. 이 책은 이러한 여러 가지 축적된 국내·외의 연구성과를 바탕으로 기존의 방식과는 다른 체계와 접근을 통해 청소년정책에 대해 공부할 수 있는 새로운 틀을 잡아보고자 시도된 것이다.

이런 점에서 이 책은 먼저, 청소년정책과 관련한 이론과 실제를 조망하고, 서구의 이론적 틀을 한국의 실제에 접목하였으며, 제1부의 이론적 기초에 이어서 제2부를 정책거버넌스와 인프라, 제3부를 정책 수단과 관통주제라는 구조로 편성하고 11개의 챕터로 구성하였다. 제1부에서는 청소년정책의 개념과 접근법, 모델들, 정책과정과 정책분석에 대한 이해, 그리고 정책의 발전과정과 특성을 포함하였으며, 제2부에서는 정책 거버넌스와 법적 기반, 정책전달과 재정 및 정책연구, 정책인프라와 협력 거버넌스, 그리고 국제 거버넌스와 유엔 청소년정책의 주요 챕터로 구성하였다. 제3부에서는 앞서의 내용을 바탕으로 우리나라의 대표적인 정책내용을 청소년참여, 청소년활동 그리고 디지털과 관련한 청소년 업무로 보아, 청소년참여를 청소년포함(youth inclusion)의 이론적 틀로 연결시키고, 청소년활동은 유스 워크(youth work)와 관련하여 접근하면서 청소년전문 현장업무로 이해하고자 하였으며, 이른바 Z세대와 관련하여 디지털화와 청소년정책 전환을 주제로 마지막 챕터를 구성하였다. 2023년부터 시행되는 제7차 청소년정책기본계획은 그 비전을 "디지털 시대를 선도하는 글로벌 K-청소년"으로 정하고 있는데, COVID-19를 비롯한 그간의 디지털환경의 급변에 대응하는 접근으로 볼 수 있을 것이다.

이 책은 필자가 10여 년 전에 공동저술로 발간한 글로벌청소년정책론에 이어서 지난해에 발간한 미국청소년정책론 다음으로 한국의 청소년정책을 중심으로 담은 단행본이란 의미를 갖는다. 따라서 기존의 성과물과 필자의 다른 책의 내용이 부분적으로 인용되거나 활용되었으며, 인용이 미비하거나 누락된 지료들은 최대한 빠른 기회에 바로 잡을 것을 약속드린다. 언제가 될지 모르지만 그간의 변화된 청소년정책의 면모와 연구성과를 포함하는 내용으로 업데이트할 수 있기를 소망하면서, 한국의 청소년정책을 이해하는 이론과 실제에 대한 학구적 열망에 조금이나마 기여하게 될 것을 기대해 본다. 끝으로 COVID-19 팬데믹으로 어려워진 출판여건 속에서도 흔쾌히 책을 발간해 주신 도서출판 신정의 최용구 사장님과 직원 여러분께 깊은 감사를 드린다.

2023년 6월

무학산 자락에서

중천(中天) 천정웅

차례

PART 03 청소년정책의 수단과 관통주제

PART 01

청소년정책의 이론적 기초

Chapter 01

청소년정책의 개념과 필요성

1 정책과 사회정책

1) 정책의 개념적 이해

정책이라는 개념은 매우 다양한 사전적 의미와 여러 가지 요소를 포함하고 있기 때문에 사람에 따라 다르게 사용하고 있다. 우선, 정책(policy)은 동서양 모두 정치와 구별하지 않은 채 사용되고 있다. 서양의 경우, 어원상으로는 '국가(polis)'와 '도시정부(pur)'를 뜻하는 그리스어나 산스크리트어에서 유래한 라틴어로 된 '국가(politia)'를 의미하는 것이 중세 이후 'policie'로 발전되었다고 한다(이해영, 2020). 동양의 경우, 정책은 국민을 다스리는 정(政)의 책략, 즉 '정치적 책략'으로 이해하여 정치와 구별하기 보다는 이를 통칭하면서 그 방책이나 방법, 곧 통치술로 이해한다. 공자는 논어에서 "정자정야(政者正也)"라고 하여 정치는 올바른 것이라고 보고 정치의 핵심이 방책이고 술책이지만 이것을 수립하고 집행할 수 있는 수신(修身)한 사람이 있어야 한다고 강조하였다. 이들이 없으면 정치도 없어진다고 하여 수신은 곧바로 도가 되어야하고 도로서 수신한 정치는 인(仁)의 정치라고 하였다. 정책을 정치의 책략이라는 의미에서 보면, 새로운 정부가 탄생할 때 마다 제시하는 국정철학과 비전 그리고 이에 따른 국정과제 등을 제시하는 것이 같은 맥락이다(이해영, 2020).

정책은 다양한 방식으로 대두하며 때로는 복잡한 방법으로 나타나게 된다. 정책은 법으로 나타날 수 있으며, 지침으로 틀을 잡고, 성문적이거나 구두적 서술의 형태로 표현되고, 언론 발표로 시작되거나 연구 문건으로 제시되는 등 여러 전략을 통해 구성하거나 발표로 표출된다. 일반적으로 정책은 이러한 것들의 몇 가지 조합으로 나타난다. 또한 정책은 정부의 핵심업무로 나타나는데, Freeman(2009)은 정책은 정부의 업무로 형식화되고 구조화된다고 보고 문제와 도전을 "질문과 입장"으로 나타내면서 이러한 것을 결정하거나, 프로그램 및 도구 등으로 해석하고 전환하는 것으로 보았다. 이와 관련하여 정책과 프로그램 간의 차이점, 그리고 정책과 법 사이의 차이점을 구분하는 경우가 있다. 정책을 프로그램이라는 용어와 서로 개념적으로 구분하지 않고 함께 사용하기도 하지만, 이를 구분하여 사용하는 경우, 정책은 어떤 목표를 달성하는 것과 관련된 원칙을 말하고 프로그램은 이런 원칙에 따라 정책의 목표를 달성하기 위해 사용하는 구체적인 수단을 말하는 경향이 있다. 정책을 프로그램의 상위개념으로 보는 입장이다. 한편, 법은 공공 영역에서 공식적으로 인정받고 정당한 것으로 인식되어 공적 권위, 즉 공권력을 지니는 정책을 말한다. 많은 국가정책은 법으로 나타나기 때문에 정책과 법은 동일한 의미를 가지게 되지만 모든 국가 정책이 법의 형태로 되어 있는 것은 아니며 법에 제시되지 않고 비공식적으로 존재하는 정책도 있는 것이다(노병일, 2021).

정책의 개념은 정책 속성을 중심으로 이해할 수도 있다. 즉 정책이란 개념에는 크게 ① 미래지향성・계획성・목표성, ② 실제성, ③ 규범성과 같은 속성이 있다고 본다(송해균, 2004). 우선, '미래지향성・계획성・목표성'이라 함은 대부분의 정책이 미래지향적 가치에 기반을 둔 '목표가 분명하고 미래를 예비한 계획'이란 의미이다. 흔히 목표가 불분명하고 미래를 준비하지 못한 계획이 정책으로 입안될 때는 큰 사회적 비용과 불편이 소요되는 경우가 많다. 정책이란 미래를 예측하고 목표를 설정하여 이를 달성하기 위해 하나의 일관된 계획 혹은 프로그램에 의해 실행하는 일련의 행동경로(course of action)인 것으로 파악하는 것이다.

둘째, '실제성'이란 속성은 정책이 현실 문제를 해결하고자 하는 실제적 성격을 갖고 있다는 점을 강조하는 것으로 이는 정책이 인간과 사회에 미치는 영향과 행위를 중심으로 환경과의 관련성, 사회지향성 등의 정책 속성을 함의하고 있음을 말한다. 즉, "사회적 문제해결을 위한 정책요구에 적극 대응하여 해결하려는 정부의 의지와 행위가 곧 정책"이란 의미다. 청소년정책이 청소년의 실제 생활세계를 건강하게 변모시킬 수 있는 실제성을 담보하지 않는다면 이를 정책이라 규정할 수 없는 것과 같은 이치다. 정책은 실제 사회문제 해결에 대한 정책요구에 적극 대응하려는 정부의 의지와 행위가 깃들어 있는 개념으로 여기에서는 정책의 행위, 사회지향성, 환경과의 관련성 등이 강조된다.

셋째, 규범성의 속성은 "정책이란 개념에는 공익성・당위성・규범성 등의 가치가 있으며 이러한 가치를 실현하기 위해 정책에는 불가피하게 강제성과 구속성, 그리고 정부 행위의 권위적인 성격이 내재하고 있음"을 의미한다. 간혹 정책을 집행하는 데에는 각각의 이해집단이 갖는 이익의 갈등과 충돌이 빚어지기 마련이다. 이때 공공의 이익이 어느 다른 이익집단의 이익보다 공리적 측면에서 확실히 중요하다고 판단될 때 그 정책은 국민이 부여한 권위에 의해 강제성을 갖게 된다. 이는 곧 정책의 규범성과 관련되는 것이다.

학문적으로 정책은 '국가의 공권력 작용'과 '공공의 목적과 이해관계'로 구분하여 이해할 수 있다. 전자의 '국가의 공권력 작용'이라는 의미에는 두 가지가 포함되는데, 첫째는 국가의 공식적이고 권위적인 의사결정 그 자체인 정책을 결정하고 집행하는 일련의 정책과정도 정책이란 것이며, 둘째는 정책결정의 과정에 따라서 최종적으로 결정된 결과물도 정책으로 본다.

또한 정책을 '공공의 목적과 이해관계'로 보는 후자의 의미는 다음 두 가지를 포함한다. 첫째, 국가는 공식적이고 권위적인 의사결정의 과정과 그 결과인 정책을 현실에 적용하고 실천해야만 정책의 존재가치가 실천된다. 둘째, 국가 정책이 정당하고 타당한가 하는 정책 그 자체의 정당성뿐만 아니라, 국가가 정책을 통해 개인의 판단과 결정에 개입하고 간섭하는 것이 정당한가라고 하는 국가개입, 정확하게는 정책개입이 정당한가라는 정책의 정당성(justification) 문제가 관련된다(이해영, 2020).

다른 한편, 정책은 국가의 공권력 작용이며 법령으로 법적 권위와 강제력을 가지고 있지만, 법적 권위와 정당성이 없더라도 정권을 가지고 정치적 이상과 비전을 실천하기 위한 다양한 사업을 집행하면서 시민들의 참여와 협조를 구하고 있는 것도 사실이다. 이런 점에서 정책은 다음과 같은 세 가지 측면을 종합적으로 고려할 필요가 있다.

첫째, 정책을 정치적인 책략으로 보면, 다스리는 주체인 정책결정자(policy maker)와 객체인 정책대상자(policy target)가 있으며, 정치의 이상과 비전 및 목표와 같은 통치철학도 가지게 된다.

둘째, 정치적 책략은 다양한 법령을 통해 구체화되는 것이 법치국가의 기본이다. 법령의 내용과 목적은 정책의 구체적 내용이면서 정책의 목표이기도

하다. 이것이 정책철학이고 이념이며, 각 정부마다 나름의 정치이념과 철학에 따라서 정책이 달라지기도 하는 것이다.

셋째, 정책은 정치적으로 약속하고 선언한 목적과 내용을 법적 권위와 정당성을 가진 집단이 실천하는 공권력 작용이라는 점에서 국가는 개인의 판단과 결정에 개입하거나 간섭하게 된다. 따라서 이러한 국가주의의 정책개입은 개인적일 뿐만 아니라 사회적으로도 가치 있고 타당하다고 하는 정당성을 실천적으로 증명할 수 있어야 한다.

2) 사회정책과 공공정책

국가를 형성하고 운영하는 데 있어서는 국가의 안전과 존립을 위한 외교정책과 국방정책의 중요성 외에도 내부적으로 발생하는 사회적 갈등 해결을 위한 교육정책, 의료정책, 노동정책 등의 다양한 정책이 나타나게 된다. 사회정책이란 국방이나 외교 정책과 달리 복합적인 원인으로 발생하는 다양한 사회적 문제를 해결하기 위한 정책을 의미한다(진혜경, 2012). 보다 단순하게 보면, 사회정책은 사회적 영역에서의 정책으로 볼 수 있다. 사회정책은 사회가 인간의 안전, 교육, 일, 건강 및 웰빙에 대한 욕구를 충족하는 방법에 관심을 갖는다.

한편, 공공정책은 사회정책보다 넓은 의미를 가지는 식으로 사용하는 경우가 많다. 공공정책은 정부가 공적 영역과 관련해서 어떤 목적을 위해 자원을 분배하는 원칙과 행동과정을 말한다. 이러한 공공정책은 국제정책과 국내정책이라는 두 가지의 큰 영역으로 구분할 수 있다. 국제정책은 외국과의 무역, 군사, 이민, 원조, 우주탐험, 문화교류 등과 관련된 문제에서 보는 바와 같이 국가의 경계를 넘어서 하는 활동과 관련된 원칙과 행동과정으로 볼 수 있으며, 국내정책은 청소년정책뿐만 아니라, 경제, 노동, 조세, 사회복지 등과 관련된 정책과 같이 한 국가의 경계 내에서 나타나는 행동의 지침이 되는 정부 결정을 말한다. 공공정책 중에서 국내정책은 사회정책으로 보기도 한다(노병일, 2021).

Dye(2016)의 서술에 의하면 "정부가 무엇을 하거나 하지 않도록 선택하는 어떤 것"이다. 그러나 보다 유용하게는 정부가 인지한 문제에 대해 검토하거나 해결하기 위해 행위하거나 행위하지 않도록 결정하는 것으로 정의된다. 공공정책은 주어진 분야에서의 관련 행위의 범주를 안내하는 하나의 행위과정인 것이다. 따라서 공공정책은 사회적 영역을 간결하게 요약하는 것이며 그래서 '사회정책'이기도 하지만 여기에는 군사적인 것에서 경제적인 고려사항들에 이르는 명백하게 "사회적"이지 않은 이슈들도 포함하는 범위를 갖는다(Williamson, Fras, & Lavchyan, 2021).

사회정책은 농경사회에서 산업사회로 전환되면서 더욱 발달하였다. 산업화에 따른 도시화와 실업, 빈곤 등의 사회문제는 사회보험과 공공부조를 포함하여 아동과 여성, 장애인을 보호하고 '요람에서 무덤까지'의 생애주기에 적절한 교육, 의료, 노동 등의 사회정책을 필요로 하게 된 것이다. Beland와 Mahon(2016)은 "고전적" 사회정책은 특히 평등과 권리에 대한 관심에서 단결과 사회적 시민권과 같은 이슈들에 관심을 가지게 되었지만, 오늘날에는 또한 사회정책의 3가지 현대적 "큰 아이디어"와 도전이라 할 수 있는 사회적 배재, 사회적 투자 및 새로운 사회적 부담 등이 있다고 주장한다. 이러한 것들은 변화하는 경제적, 사회적 및 인구적 환경의 결과들이며, 이에 더하여 여성의 유급노동 참여의 보편화뿐만 아니라 노령인구, 자격 수준이 낮은 사람들의 노동시장 배재와 "공공" 서비스의 민영화 등의 요인에만 국한되지 않는 생태적 환경의 변화에 따른 것이라고 보는 사람들이 많이 있다(Taylor-Gooby, 2004). 사회정책을 개념 정의하면서, 이런 점을 언급하는 것은 위의 이슈들이 청소년들에게 여러 가지 방향에서 다양한 방법으로 영향을 주고 있으며, 특히 청소년의 욕구에 대한 사회정책의 긴급성의 본질을 변화시키고 있기 때문이다(Williamson et al., 2021).

2 청소년의 정책적 정의

청소년정책은 "청소년"과 "정책"이라는 두 가지 용어가 결합된 것이다. 앞의 내용을 통해 정책과 사회정책에 대한 개념적 이해가 전제되었으므로 이제 청소년을 정의하면 청소년정책의 개념 전체를 정의할 수 있게 될 것이다. 청소년정책에 대한 이러한 방식의 이해는 사회정책이며 공공정책으로서의 청소년정책의 성격을 전제하면서 청소년에 대한 특성과 정책적 의미를 조망하는 것이 된다. 이는 또한 청소년정책이 담고 있는 정책거버넌스와 정책수단과 실천 예(practices) 전반을 이해하는 개념적 토대가 될 것이다.

'청소년'을 정의하는 것은 청소년 사회학자나 청소년정책에 관련한 사람들에게는 익숙한 일이다. 그럼에도 불구하고 그 개념이 존재하지 않았던 때는 물론이고 청소년에 대한 아이디어가 꾸준히 공공의 의식에 들어 왔을 때에도 이는 항상 하나의 도전과제로 여겨져 왔다. 청소년정책에 관련한 사람들은 연령 개념을 반드시 언급하고, "아동기(childhood)"와 "성인기(adulthood)" 사이의 일종의 경계를 말하면서 불가피하게 겹치게 되기도 하는, 그 속에 "청소년(youth)"이 위치할 수 있다고 제시하였다. 그 결과 "청소년"은 일단 사춘기(puberty)와 청소년기(adolescence), 즉 10대 연령의 그 어느 곳에서 동시에 나타나는 상대적으로 짧은 시기인 것으로 받아들여지게 되었으며, 오늘날 하한 연령은 11세 정도로 내려가고 상한연령은 적어도 25세 정도, 때로는 30세, 일부 국가에서는 심지어 40세까지 올라가는 것으로 연령범주가 나타나고 있다(Williamson et al., 2021).

가장 대표적인 청소년의 연령범주는 1985년 이후 유엔에서 공식적으로 규정하고 있는 15~24세이다. 국제적인 청소년전문기관(youthpolicy.org)에서 전 세계 188개 국가의 청소년정책 대상 연령과 주관부처 등을 조사한 바에 의하면, 대부분 30세 전후까지를 정책대상 연령으로 규정하고 있음을 알 수 있다. 예를 들면, 호주는 12~24세, 중국은 14~28세, 프랑스는 3~30세, 독일은 12~26세, 이탈리아는 15~35세, 일본은 0~30세, 뉴질랜드는 12~24세, 러시아는 15~29세, 싱가포르는 15~35세, 스웨덴은 13~25세, 영국은 13~19세로 나타나고 있으며, 미국은 10~24세를 연방정부에서의 정책대상 연령으로 하고 있다(천정웅, 2021). 청소년의 연령범주의 상한선이 높아지고 있는 이유는 오늘날 아동들의 성장은 빨라지고 있는 반면에 성인기는 종종 연장되고 있기 때문이다. 이러한 넓은 연령범주는 청소년정책의 기준선을 제공하며, 그 안에서 다양한 하위연령 구분이 가능하지만, 보통은 15세와 25세 또는 30세 사이의 어떤 연령범주에 1차적 초점을 두고 있음을 확인할 수 있다(Williamson et al., 2021).

우리나라의 경우 정책적 측면에서 청소년은 「청소년기본법」에서 정하고 있는 9세~24세로 규정한 것을 기본으로 하면서 구체적인 적용법률에 따라 또는 정책의 발전과정별로 다르게 이해되고 있다. 청소년을 유해환경으로부터 적극적으로 보호하기 위한 「청소년보호법」에서는 법의 적용대상이 되는 청소년의 연령을 만 19세 미만으로 규정하고 있는가 하면, 「아동·청소년의 성보호에 관한 법률」에서는 법의 적용대상을 19세 미만인 자로 규정하고 있다. 또한 「청소년복지지원법」과 「청소년활동진흥법」 등은 「청소년기본법」에서 정한 것에 따르고 있다. 특히, 2020년 8월 5일 이후 시행되고 있는 「청년기본법」에서는 청년의 연령을 19세 이상 34세 이하로 규정하고 있으며, 2021년 7월 6일부터 시행된 「청년고용촉진특별법」에서는 청년을 취업을 원하는 사람으로서 15세 이상 29세 이하인 사람(지방공기업이 청년 미취업자를 고용하는 경우에는 15세 이상 34세 이하인 사람)으로 규정하고 있다.

이와 같이 청소년 명칭이나 연령이 법령별로 유사하거나 상이하게 나타나는 것은 각 법령별 입법 배경과 입법 목적, 적용 대상의 특성 그리고 시대적·사회적·정책적 필요성 등이 각기 다르기 때문으로 볼 수 있다. 그러나 법적 연령규정의 문제는 관련 부처 간 정책 내용이나 적용 대상의 중복성이나 누락 등에 따른 정책적 비효율성을 초래할 수 있다는 점에서 연령기준에 대한 논의의 필요성이 꾸준히 제기되고 있다(문호영·최창욱, 2015; 이혜경·김도영·진은설, 2020).

물론 연령은 대리적 조치(a proxy measure)이며 청소년이란 개념은 오히려 그 신분에 의해 규정되는 것이 많다. 특히 자율, 독립 그리고 의사결정의 자유 등에 관한 질문과 관련하여 그러하다. 유엔아동권리협약에 의해서 공식적으로 아동이 18세까지로 정의된 바가 있지만, 오늘날 아동은 "어떤 경우에는" 그 보다 더 어린 나이에 자율적인 주체가 된다. 그러나 청소년은 고전적이고 연대기적인 성인기로 들어갈 때까지는 "적어도 어떤 경우에는" 완전한 성인의 지위를 갖지 못한다. 특히 청소년이 아주 오랜 기간을 여전히 교육과정 중에 있을 때는 더욱 그러하다. 이러한 이유로 젊은이(young adults)들은 "준-시민(quasi-citizens)"으로 대두된다. Williamson(1985)은 청소년들이

"10대의 덫(trapped as teenagers)에 빠지게" 된 것으로 규정하는데 청소년지도자들은 "청소년기라는 심각한 걱정"에 너무 몰두한 나머지 "젊은 성인기의 만성병적 위기(chronic crisis of young adulthood)"가 대두되고 있다는 것을 알아차리지 못하고 있다고 지적한다(Williamson, Fras, & Lavchyan, 2021).

세계은행그룹(World Bank Group)은 2007년에 발간한 "세계개발보고서(World Development Reprot): 개발과 차세대(development and the next generation)"를 통해 청소년기에 경험해야 하는 발달과업과 개발의 핵심을 5단계(전환기)로 구분하여 학습의 지속, 노동으로의 이행, 건강한 성장, 가족형성 및 시민권 행사 등으로 제시한 바 있다(World Bank, 2007).

첫째 단계는 초등학교 이후에도 학습을 지속하는 것이다(learning after primary school age). 12세의 경우 개발도상국의 85% 이상이 학교를 다니지만, 점차 연령이 높아질수록 그 비율은 계속 감소하고 24세에는 거의 모두 학교를 다니지 않게 된다. 생애 초기에 배운 것은 평생을 지속하며 성인이 되어 배우는 것이 더 어려운 실정임을 알 수 있다. 청소년들이 중등학교까지 학업을 지속한 후에 취업을 할 것인지, 결혼이나 대학진학을 할 것인지를 결정하는 것이 더 좋다는 것을 강조할 필요가 있다(World Bank, 2007).

둘째 단계는 생산적인 노동활동을 시작하는 것이다(starting a productive working life). 기술은 배우게 되면 잘 활용할 수 있게 된다. 거의 모든 국가들에서 이러한 과정은 12세부터 24세 사이에 시작되는데, 일반적으로 노동활동을 시작하는 것이 자립의 중요한 표시로 받아들여지고 있지만 이러한 이행이 항상 쉬운 것은 아니다. 이 단계에서 정부 정책의 역할은 첫 번째는 기회를 제공하는 정보를 정확하게 전달하는 것이며, 두 번째는 빈곤 가족들이 자녀가 지나치게 일찍 노동을 하지 않도록 하는 것이고, 세 번째는 최저임금 수준이 높아서 상대적으로 경험이 부족한 청소년들에게 맞는 일거리를 만드는 유인책을 의도하지 않게 감소시키지 않도록 하는 것이다(World Bank, 2007).

셋째 단계는 건강한 생활양식을 갖는 것이다(adopting a healthful lifestyle). 사망률을 기준으로 보면 청소년은 건강한 집단인데 10세 중 97%는 25세까지 생존할 수 있기 때문이다. 그러나 사망률만으로 청소년의 건강을 측정하는 것은 잘못된 것으로, 이는 청소년기는 흡연과 음주, 약물, 성행위 등을 시작할 때이며, 신체적 활동을 더욱 통제할 수 있는 시기라는 점을 고려해야 하기 때문이다. 청소년정책은 청소년들이 이러한 위험을 관리할 수 있도록 돕는 일을 하는 것이다(World Bank, 2007).

넷째 단계는 가족형성의 시기로 이행하는 것이다(forming a family). 많은 국가들이 부모가 되는 첫 출산을 청소년시기에 경험하는데, 여성의 경우 15세에서 24세 사이에 출산을 경험하는 것이 대부분으로 나타난다. 청소년들은 국가의 인구구성의 변화를 끌어가는데, 개발도상국 여성의 경우 25세가 되면 이들 중 거의 60%는 자녀를 갖게 되며 남성은 좀더 늦어지지만 25세에서 29세 사이에 대부분이 자녀를 갖게 된다. 청소년을 대상으로 한 가족계획이나 모성 건강서비스에 대한 투자는 낮은 편이며, 서비스가 증가되고 있는 곳에서도 여성청소년을 비롯하여 첫 출산을 경험한 여성들이 모든 서비스를 받지 못하는 경우가 많다(World Bank, 2007).

다섯째 단계는 시민권 행사를 경험하는 시기이다(exercising citizenship). 청소년들은 개인으로서의 자신의 정체성을 형성하고 보다 큰 커뮤니티와 독자적으로 상호작용하기 시작하는데, 단지 커뮤니티 구성원이 되는 것만으로 권리(공정한 재판 등)와 의무(조세 등)를 갖게 된다. 대체로 18세가 되면 투표권을 갖게 되고 그러한 권리와 의무를 행사하는 것은 생애 초기에 형성되며 일단 형성되면 지속적으로 유지한다. 공식적인 정치 참여와 사회단체 참여는 좋은 거버넌스의 본질적 부분이며, 개인적 투자와 성장에도 필요한 일이다

(World Bank, 2007).

전체적으로 보면, 청소년기의 이러한 이행과정은 겹치는 경우가 많다. 어떤 경우는 그리 복잡하지 않은 생활을 하고 한 번에 한 개 또는 두 개의 이행경험을 겪게 되지만, 이미 다중적인 이행을 한꺼번에 경험하는 경우도 있다. 학교에 다니고 일하며, 결혼도 하고 빠르게 이행해 가면서 지역 위원회활동에도 참여한다. 이것이 바로 하나의 이행단계에서의 결정을 변경하는 정책들이 다른 이행단계에서의 인적 자원 형성을 위한 투자 환경에 영향을 줄 수 있는 이유인 것이다. 왜냐하면 학교에서의 기본 기술은 조기에 배우지만, 교육에 대한 투자를 지속하지 못하게 되면 건강한 생활과 노동을 추구하는 데 드는 비용을 크게 증대시킬 수 있기 때문이다. 같은 식으로 남자 청소년의 조기 사망이나 여성의 조기 임신 등을 초래하는 위험 행동들은 이들이 다시 학교로 복귀하는 가능성을 크게 낮출 수 있다.

또한 청소년정책과 관련하여서는 18세 이상의 연령범주에 해당하는 청소년들을 중심으로 '후기청소년'이라는 용어를 사용하면서 다양한 정책제언과 정책과제를 모색하는 노력이 지속되어 온 것을 기억할 필요가 있다(안선영·김희진·박현준, 2011; 조혜영·김지경·전상진, 2012). 실제로 청소년이 안정된 성인으로서의 생활을 하기까지 걸리는 기간이 오늘날은 과거보다 더 오래 걸린다. 산업회된 국가의 경제는 최근 제조업 기반에서 정보와 기술기반으로 옮겨가고 있으며, 괜찮은 직업을 얻기 위해서는 과거보다 디 많은 교육과 훈련이 요청된다(Hamilton & Hamilton, 2006). 결혼과 첫 출산의 연령은 지난 50여 년간 지속적으로 상향되어 왔으며, 거의 모든 산업국가에서 적어도 20대 후반이 되어야 하는 것으로 나타나고 있다. 더욱이 오늘날의 대부분의 청소년들은 성인이 되는 것에 대해 혼돈된 느낌을 가지고 있다(Arnett, 2004). 성인기로의 이행을 서두를 필요가 없으며 20대 전반에 걸쳐 준비하면서 점차적으로 성인으로서의 책임감을 가지면 되는 것을 선호하는 경향을 보이고 있다.

18세에서 25세에 이르는 연령시기를 청소년(youth)을 비롯하여, 늦은 청소년기(late adolescence), 후기청소년기(post-adolescence), 젊은 성인(young adulthood) 또는 성인기로의 이행(the transition to adulthood)으로 용어화하면서 18세 이전의 청소년시기와 다른 18세 이후의 연령층의 심리적, 사회적 특성을 논의하고 있다. 특히, Arnett(2004, 2007)는 이 시기를 점차 성인이 되는 시기라는 의미를 가진 "성인진입기(emerging adulthood)"로 정의하면서 주로 산업화된 사회에서의 18~25세의 연령대가 겪는 독특한 경험과 문화적 특성을 강조하고 있다(Tanner & Arnett, 2009). 이전에는 10대 후반이나 20대 초반에 청소년기에서 성인기로 이행하여 안정된 직업을 갖고 결혼을 하고 첫출산을 하였지만, 오늘날은 대부분 청소년기를 지나 후기청소년기를 경험한 후에 성인기로 접어들게 된다. 후기청소년기는 10대 후반(약 18세에 시작)부터 적어도 20대 중반까지 이어진다는 것이다.

특히, 21세기에 들어서 후기 청소년 또는 청년층의 고용률은 가파르게 하락하였는데 우리나라의 경우 기성세대는 나이가 들수록 임금이 높아져 왔던 반면, 현재의 젊은 세대는 그와 같은 임금 상승률을 경험하지 못하게 될 가능성이 많으며, 부동산 자산의 격차가 커짐에 따라 계층 간 불평등은 더욱 심화되는 모습을 나타내고 있다(주경필, 2015). 대부분의 산업화 사회에서는 청소년기의 특징이 나타나기 시작하는 연령대가 앞당겨지는 것과 달리, 취업, 결혼, 출산 등의 성인기 과업을 성취하는 연령대는 점차 높아지고 있기 때문이다(Arnett, 2004). 교육기간 연장과 직업획득, 결혼이 20대 중반 이후 연령대로 지연되면서 과거에는 경제적·사회적 자립이 주로 20대 초반에 이루어졌지만, 오늘날에는 자립연령이 20대 후반이나 30대 초반으로 옮겨가고 있다는 것이다(천정웅, 2021).

3 청소년정책의 개념

앞에서 고찰한 정책과 사회정책에 관한 내용에서 보면 정책이란 정부, 정당 혹은 개인에 의해 합의된 지침 또는 이행하도록 의도된 행동 계획을 말하는 것으로 규정할 수 있다. 정책은 "행위에 대한 어떤 명시적인 방침" 혹은 "명시적인 행위방침 또는 지침" 또는 "의도적인 목적 달성을 위한 절차"로서, 통상적으로는 국가의 공공정책을 일컫는다(진혜경, 2012). 이는 Gilbert와 Terrell(2006)이 사용하는 정의와 유사한 것으로 청소년과 관련된 행위방침을 확정하는 과정에서의 결정과 선택으로 볼 수 있으며, 청소년관련 주요 제도들의 기능이 중요하게 고려된다. 정책은 대체로 법령과 시책을 통해 기본방침이 제시되기 때문이다.

실제로 이와 같은 의미의 청소년정책은 명확하지 않거나 응집력이 약할 수도 있지만 모든 국가에서 어느 정도는 어떤 형태로든 존재한다. 나름의 계획을 갖고 있거나 이러한 형식을 제대로 갖추지 못한 경우 등 국가에 따라 다를 수 있지만, 나름의 청소년정책을 갖고 있다고 본다. 청소년정책은 규제적이거나 해방적 방법 모두를 활용하면서, 국가별로 연령이나 다른 기준으로 개념정의되는 청소년의 삶에 직·간접적으로 관련된 공공정책의 준거틀로서 여러 형태를 띠며 이해당사자와 행위자들의 다양성과 관련되어 있다. 청소년정책은 일관된 핵심을 가질 수는 있지만, 일반적인 형태로 패키지화되는 것은 드물다.

청소년정책은 다소 모자이크와 같은 방식으로 형성되거나, 몇가지 범분야적 목표와 가닥들을 갖는 범위로 형태를 갖추게 될 수도 있지만, 오히려 본질적으로 다른 목적을 가진 성명서나 논리에서 잘못된 중요한 방침들이 실제적 이니시어티브로 나타나거나 범분야적 조사나 분석을 하는 일련의 일들이 한곳으로 모아져서 만들어지는 것도 많다. “10년 계획”에 제시된 정책이 실제로는 단 일주일 만에 종료될 수도 있으며, 시범적인 조치들이 다른 주류 정책과 실천과정에 빠르게 포함되면서 지속될 수도 있다. 정부가 오고 가는 것과 같이 장관들도 역시 그럴 수 있다. 두 가지 경우에서 모두 변화가 있을 것 같지만 또한 지속되는 경우도 있다. 때로는 이니시어티브들이 실행되지만 그 이름이 변할 수도 있고 때로는 이름은 같지만 이니시어티브의 내용이 바뀌기도 한다. 어떤 맥락에서의 청소년정책은 지속적으로 진화하고 그 우선순위와 실천이 변화하며, 각기 다른 형태의 “증거”에서 만들어지거나 그것을 거부함으로써 만들어지기도 한다(Williamson et al., 2021).

다양하게 정의되고 있는 청소년정책의 의미를 살펴보면 우선, 김영모(1991)는 청소년정책을 정책의 주체, 객체, 기능, 재원 그리고 전 체계를 중심으로 파악하였다. 즉, 청소년정책은 ① 정부, 민간단체, 가정 및 지역사회가, ② 모든 청소년과 특별한 보호를 필요로 하는 청소년에 대하여, ③ 정부의 직접개입, 간접지원 그리고 조장행정으로 인적·물적 자원을 동원하는 것, ④ 청소년정책을 효과적으로 집행하고 민간자원을 효율적으로 동원·조직하기 위해서 중앙정부, 지방정부 그리고 민간단체와의 조정이 필요하다는 것이다. 이용교(1995)는 청소년정책을 “모든 청소년의 바람직한 사회상태를 목표로 하여 국가와 지방자치단체가 청소년의 사회적 욕구를 충족시키고 청소년문제를 해결하고자 법령과 시책을 통해서 밝힌 기본방침”이라고 정의한다. 진혜경(2012: 28)은 청소년정책은 청소년기에 해당하는 생애 주기에 적합한 사회정책의 하나이며 청소년의 삶의 질 향상을 위한 국가와 정부의 행동 계획으로 볼 수 있다고 하면서, “청소년정책은 모든 청소년의 욕구를 충족시키고 청소년 문제를 예방 및 해결하며, 청소년의 삶의 질을 보장하기 위한 국가와 지방자치단체의 행동지침"으로 규정하였다.

또한, Siurala(2006)는 청소년정책을 "지역, 국가 또는 정부 부처 간 조직이 공적인 권위를 바탕으로 아동기에서 성인기로 전환되는 시기의 청소년이 직면하는 장애를 제거하기 위한 정치적인 목적과 지침"으로 보았다. 영국의 연방청소년프로그램(Commonwealth Youth Programme: CYP, 1996)은 청소년정책의 개념을 다음과 같이 정의하였다. "젊은 여성과 남성의 개발을 위해 국가의 우선순위와 방향을 나타내는 실천적 증거이며 선언이다. 한 국가의 청소년정책은 국가 내에서 의미 있는 청소년 참여와 개발을 촉진시키기 위해 개발되는 전략과 시도의 비전, 사고의 틀, 현실적인 지침의 요소들을 특히 양성평등적으로 기술해야 한다."(진혜경, 2012 재인용). 이광호(2012: 23)는 청소년정책은 국가별로 강조점에 따라 다양하게 정의되고 있다는 점에서 넓게는 '청소년이 일상에서 살아가면서 많은 가치 있는 기회를 누릴 수 있도록 지원하고 서비스하는 것'에서부터 좁게는 '사회에서 청소년의 위상과 역할 뿐만 아니라 청소년을 향한 사회와 공적 제도의 책무를 명확하게 결정하도록 청소년기관과 연계하여 정부가 만들고 의회가 승인한 정책'에 이르는 개념적 스팩트럼 사이에 놓여 있다고 본다.

한편, 국가의 정책은 그 내용, 특징 혹은 대상에 따라 더 세분화된다. 즉, 내용에 따라 외교정책, 국방정책, 교육정책, 노동정책 등으로 구분되며, 정책의 주요 대상에 따라 영유아 정책, 아동정책, 여성정책, 노인정책, 장애인정책 등의 분야로 구분할 수 있다. 청소년정책이란 그 주요 정책 대상이 청소년인 국가 정책의 분야로, 「청소년기본법」과 청소년 관계제도에 기초하는 국가와 지방자치단체의 기본 방침이라 할 수 있다(진혜경, 2012). 따라서 청소년정책은 청소년을 중심으로 하는 국가와 지방자치단체의 행동지침이며, 청소년의 삶의 질 보장을 위한 일련의 계획과 절차로 정의할 수 있다. 또한 청소년정책은 청소년과 관련된 환경 체계를 포함하는 사회정책의 하나로 볼 수 있다. 즉, 청소년정책의 개념은 일정범주의 연령대인 "청소년을 대상으로 하는 명시적인 행위방침과 제도, 법령 및 사업내용"으로 이해할 수 있을 것이다.

4 청소년정책의 필요성과 범주

1) 청소년정책의 필요성

앞서 우리는 청소년정책의 개념이 국가별로 또 학자에 따라 각기 다르게 규정되고 있음을 확인하였다. 그러나 이러한 청소년정책의 정의만으로는 청소년정책의 정책목표, 정책수단 그리고 정책대상집단이 구체화되어 있지 않기 때문에 청소년정책의 실체를 파악하기 어렵다(이용교, 1995). 이런 점에서 청소년정책이 지향하는 것이 무엇인지를 청소년정책의 필요성이란 측면에서 접근해 볼 필요가 있다.

국내외적으로 다양한 논의가 가능하지만, 청소년기는 정체성의 확립이 중요하다는 점에서 국가와 사회는 청소년기에 필요한 각종 활동과 경험, 기회를 제공하는 노력을 통해 개입해야 한다는 것이 가장 일반적인 생각일 것이다(천정웅, 2009). 우리나라의 청소년정책 발전과정에도 여러 가지 정책적 필요성이 작용하였으며 특히 청소년의 가치관 혼란, 청소년문제에 대한 대응과 학교교육의 한계성, 가정의 교육적 기능약화 등이 중요한 사회적 요인으로 작용하였음을 알 수 있다.

이용교(1995)는 청소년정책이 '사회적 이슈'로서의 청소년문제에 대한 대책으로 가장 크게 요청된다고 본다. 청소년은 '미성년자'라는 인식하에 성인 또는 보호자의 보호를 받아야 한다는 점도 청소년정책을 낳게 하는 요인이 되며 현대사회의 본질적 특성과 가정과 사회의 변동에 따른 청소년성장 기능의 약화에서 국가와 사회의 정책적 개입 필요성을 강조하기도 하였다. 구체적으로 살펴보면 첫째, 청소년정책은 사회적 이슈로서의 청소년문제가 일차적 사회적 요인이 된다고 본다. 청소년문제가 있기 때문에 그 대책이 필요하며 그것이 청소년정책으로 나타난다는 것이다. 둘째, 청소년정책은 청소년의 또래관계 청소년문화에 대한 관심에서 형성된다고 본다. 청소년이 사회적인 관심사가 된 것은 청소년기의 또래관계가 건전한 성장발전에 필수적이며, 불건전한 또래관계가 형성될 경우 청소년비행으로 연결될 수도 있기 때문이다. 셋째, 청소년정책은 핵가족화, 기혼여성의 취업, 이혼과 가족해체 등과 같은 가족과 사회의 변동으로 인해 야기되는 청소년문제에서 필요성을 찾는다. 예를 들어, 기혼여성의 취업은 이동의 탁아는 물론, 청소년의 정서 발달에도 영향을 주게 된다. 넷째, 청소년정책은 산업화나 도시화로 대표되는 현대 사회의 자체적 특성으로 인해 필요하다고 본다. 산업화는 청소년의 자연적 성장을 위한 생태계를 파괴하고, 인간과 자연의 관계 및 인간 상호간의 관계를 황폐화시킬 수 있나. 다섯째, 청소년정책은 학교교육의 연장과 역기능에서 필요성을 찾을 수 있다. 청소년기의 생성은 산업혁명 이후 공교육 기간의 연장과 관련이 있으며, 이에 따른 지식교육이 모두에게 기본이 되면서, 지식위주의 교육, 입시위주의 교육의 문제점이 나타났으며, 이를 보완하기 위해 청소년활동의 강조 등과 같은 정책이 요청된 것이다. 여섯째, 청소년정책은 청소년의 진로와 취업 전환의 실패로 인한 청소년실업문제에 대한 대응의 필요성에서 요청된다고 본다.

전체적으로 보면, 20여 년 전에도 청소년정책의 필요성은 다양한 환경적 요인과 밀접한 관련성을 가지고 제시되었다. 청소년문제(청소년비행, 청소년 보호, 청소년문화 등), 가족환경(핵가족화, 기혼여성의 취업, 가족해체 등), 학교환경(학교교육의 연장과 역기능, 지식위주의 교육과 전환의 실패), 사회환경(산업화, 도시화, 정보화 등) 등은 중요하게 논의되는 요인이다.

2007년 세계은행그룹은 개발과 차세대(development and next generation)를 부제로 한 세계개발보고서를 발간하면서 주로 저소득 개발도상국을 중심으로 한 청소년 친화적 정책(youth friendly policies)의 방향을 청소년렌즈(youth lenses)라는 용어를 사용하여 세 가지로 제시한 바 있다(World Bank, 2007).

첫째 렌즈는 인적 자본 구축을 위한 "기회(opportunities)"에서의 격차와 청소년들이 각자의 기술을 획득하고, 개선하며 사용하도록 도우는 정책에 초점을 맞춘다. 둘째 렌즈는 청소년들이 자신들이 활용할 수 있는 기회들 중에서 선택하는 "역량(capabilities)"과 이들이 좋은 결정을 할 수 있도록 도우는 정보와 인센티브를 나누어주는 정책에 집중한다. 셋째 렌즈는 바람직하지 못한 성과를 개선하는 것과 청소년들을 다시 미래를 위한 인적 자본을 형성하도록 하는 통로로 되돌리는 "또 한 번의 가능성(second chances)"을 제공하는 정책에 주력한다(World Bank, 2007).

이러한 청소년 친화적 정책의 세 개의 렌즈, 즉 기회, 역량, 또 한 번의 가능성 등은 일반적으로 렌즈들이 초점을 맞추어야 한다는 것을 전제로 하듯이 청소년정책 또한 최대의 효과를 얻기 위해서는 초점을 잘 맞추는 것이 중요할 것이다. 기회(opportunities)는 역량(capabilities)이 부족하거나 방향을 잘못 잡아 실패할 수 있으며, 의사결정을 잘하는 역량(capabilities)이 있더라도 기회(opportunities)가 열망에 크게 미치지 못하게 된다면 좌절을 겪게 된다.

또 한 번의 가능성(second chances)을 얻지 못한다면 성과를 전혀 기대할 수 없게 되며, 어떤 렌즈는 일부 이행단계가 다른 이행과정에서 보다 더 명료하게 나타나지 않을 수 있다. 예를 들면, 건강한 생활양식을 유지하고 가정을 형성하는 이행단계에서는 성과를 갖는 일이 청소년들의 행동에 따라 가장 많은 영향을 받게 된다. 이런 점에서 역량을 함양하는 일에 더 집중해야 함을 강조하기도 한다(World Bank, 2007).

표 1-1 세계은행 보고서에서 제시한 청소년정책의 방향과 목표

정책방향	정책 목표	정책행동과 프로그램 예시
인적 자본개발을 위한 청소년에 대한 기회의 확장	학습과 실제적 생활을 위한 기본 기술을 가지고 청소년기로 진입	교사에 대한 인센티브 제공
	제때에 노동력으로 진입하고 더 높은 기술을 축적할 수 있도록 움직여감	최저임금을 시장현실에 맞춤
	모든 청소년들이 시민생활에서 발언권을 가짐	공적제도의 이해관계자로 인식
의사결정 에이전트로서 청소년의 역량 개발	청소년들이 인적 자본 결정에 영향을 주는 자원을 적절히 관리함	소득에 따른 대여제도
	청소년들이 인적 자본 욕구와 제약점 및 그에 따른 프로그램들에 관하여 충분하고 정확한 정보를 가짐	직업상담 프로그램
	정체성을 인식하고 선택한 의사결정을 지지하고 행동을 전환하는 것에 대한 인센티브 제공	학교의사결정에 학생포함
생애초기에 발생하는 나쁜 성과에 따른 결과를 관리하는 또 한 번의 가능성 제공	모든 청소년들이 인적자본을 지키고 개발하는 서비스에 다시 접근하도록 허용	청소년을 위한 HIV/AIDS 치료
	범죄를 저지른 청소년이나 무장 갈등에서 전사로 참가한 청소년들에게 희망을 제공	회복적 정의와 재활 프로그램

출처: World Bank(2007). pp.21-24에서 재구성.

청소년정책의 세계적 동향은 국가 차원에서 성·인종·경제적 차이를 벗어나

인권 측면에서의 차별 금지를 지향하고, 교육·노동·문화·여가 등의 모든 영역에서 청소년의 소외를 예방하며 스스로에게 영향을 미치는 모든 정보와 정책과정에의 완전한 참여를 지향하는 것이다. 이러한 측면에서 청소년정책은 취약 집단은 물론 모든 청소년의 삶의 질 보장을 위하여 범국가적 차원에서 다루어져야 할 필요성이 있다(진혜경, 2012).

2) 청소년정책의 범주와 주요 이슈들

청소년정책의 범주는 청소년과 청소년정책의 개념을 어떻게 보느냐에 따라 크게 광의적 범주와 협의적 범주로 나누어 볼 수 있다. 먼저 청소년정책의 범주를 넓은 의미에서 살펴보면, 정책의 대상인 9세 이상 24세 이하의 청소년 인구집단을 대상으로 한 모든 국가정책이란 의미로 이해할 수 있으며 여기에는 당연히 교육정책과 함께 청소년과 관계된 범정부 차원의 정책 모두가 포괄된다. 한편, 청소년정책을 좁은 의미에서 살펴보면 그간 '청소년육성정책'이란 범주 내에서 청소년활동진흥, 청소년참여증진, 청소년복지지원 등을 근간으로 하는 협의적 범주로 살펴볼 수 있다. 협의적 범주에서 청소년정책은 학교교육정책과의 상호보완적 관계에 있는 소위 학교밖 청소년교육(out of school education)으로 규정해 왔다.

실제로 우리나라의 청소년백서(2022)에서는 청소년정책은 그 개념 및 정의에 따라 크게 광의적 범주와 협의적 범주로 구분한다. 먼저 넓은 의미의 청소년정책은 청소년을 대상으로 하는 모든 국가정책으로서 청소년정책 주무부처와 청소년과 관계된 중앙정부 각 부처들이 함께 수행하는 청소년 관련 정책과 사업을 모두 포괄하는 개념으로 본다. 1965년 '중앙청소년보호대책위원회'가 펴낸 청소년백서는 당시 청소년을 대상으로 하는 학교·사회교육 정책을 포함해 복지, 노동, 비행 및 농어촌 청소년지도 등 청소년과 관계된 범정부 차원의 정책 모두를 청소년정책의 범주로 포함하였다.

청소년정책을 좁은 의미에서 살펴보면, 청소년의 권리와 참여, 청소년 활동, 청소년 복지, 청소년 안전과 보호, 청소년의 교육, 청소년과 노동, 청소년의 비행 및 범죄, 청소년정책 추진체계 등 대체로 청소년 주무부처가 주도하는 청소년정책을 말한다. 물론 청소년 유관부처인 '보건복지부(청소년복지의 일부 업무)', '교육부(청소년의 안전과 보호, 청소년의 교육 중 일부 업무)', '고용노동부(청소년과 노동의 일부 업무)' 등의 청소년 관련 정책과 업무 중 일부는 주무부처와 정책적 협력관계를 유지하면서 추진하고 있다. 이러한 협의적 범주의 청소년정책은 대체로 청소년기본법을 근간으로 하여 청소년활동 진흥법, 청소년복지 지원법, 청소년 보호법, 아동·청소년의 성보호에 관한 법률, 학교 밖 청소년 지원에 관한 법률 등 관계 법령이나 중장기 청소년정책 기본계획에 근거하여 추진된다.

청소년정책을 이렇게 범주화하는 것은 학문적 접근보다는 법령이나 제도를 중심으로 실제적으로 접근한 것으로 볼 수 있다. 청소년정책을 추구하는 가치와 철학에 따라 구체적인 정책대상이 달라지는 측면을 중심으로 구분할 수도 있다(진혜경, 2012). 광의적 청소년정책은 한 국가가 모든 청소년의 권리보장에 초점을 두고, 보편적이고 제도적인 청소년정책을 수립하는 것으로 본다. 모든 청소년이 인간다운 삶을 누릴 수 있도록 제도적으로 삶의 질을 보장하고, 의식주, 교육, 여가, 문화 등에서 모든 청소년이 이용할 수 있는 자원확충에 노력을 기울이는 정책으로 규정하는 것이다. 협의적 청소년정책은 일차적으로 위기에 처한 요보호 청소년을 지원하고 현재 심각하게 대두되는 청소년 문제 해결에 초점을 두는 정책으로 본다. 예산의 부족과 자원의 제한성을 고려하여 요보호 청소년과 문제 청소년에게 우선적으로 배분한다는 점에서 필연적으로 선별 과정이 요구된다. 또한 사전 예방보다는 이미 나타나 있는 청소년 문제에 대응하는 문제별 대응에 초점을 둔다.

광의적 청소년정책이 낙인없이 포괄적인 서비스를 제도적으로 제공한다는 장점은 있으나, 가치와 철학에 대한 사회적 합의가 어렵고 예산 확보의 어려움과 비효율성에 대한 비판을 받는 반면에 협의적 청소년정책은 예산상의 효율성이 높다는 장점은 있지만, 청소년 대상에게 낙인을 준다는 단점이 있다. 청소년정책의 이러한 특성은 국가 전체적으로 볼 때 다른 정책들 속에서의 우선순위와 관련한 정부부처 간의 협력정도에 따라 정책대상의 제한과 보편적 평등이라는 선택지를 기준으로 정책이 지향하는 방향이 달라진다.

청소년정책의 범주는 청소년정책의 법제도적 측면과 학문적 차원에서 광의적 또는 협의적으로 규정할 수 있지만, 그러한 정책의 내용을 구성하는 것은 청소년과 관련한 주요 이슈들이다. 청소년활동진흥, 청소년참여증진, 청소년복지지원 등과 같은 정책 영역의 내용을 규정하는 것이 이슈들이기 때문이다.

가장 먼저, 1980년대 호주의 청소년문제국에서 규정한 '일곱 가지 큰 이슈(seven big issues)'가 있다. 이는 청소년정책을 사회정책의 일부로 보고, 모든 청소년의 공정성, 정의, 진보를 위하여 청소년에게 영향을 주는 모든 이슈를 포괄하여 규정하였으며, 그중에서 교육, 고용, 주거시설을 핵심영역으로 규정하고, 여기에 법, 보건, 소득, 교통안전 등을 포함한 것이다. 이런 점에서 청소년정책은 청소년 관련 모든 이슈의 근본적인 원인과 이슈 간의 상호관계를 포괄하며, 청소년에게 직접적으로 힘을 주는 정책으로 규정된다. 청소년에게 힘을 주기 위해서는 사회조직, 지식과 기술의 개발 그리고 생산적인 자산의 집적에의 접근 등을 이루어 갈 필요가 있다는 것이다(Youth

Affairs Council of Australia, 1983). 청소년정책은 이러한 이슈 영역에서 청소년을 위한 납득할 만한 수준이 보장되어야 한다는 것을 목표로 한다.

다음으로 1995년 유엔에서 제시한 청소년정책의 우선영역(priority areas)이 있다. 이는 10년 전인 1985년 유엔에서 정한 '국제 청소년의 해(International Youth Year)'의 10주년을 맞이한 때에 세계 청소년의 상황을 개선하기 위한 국가적 행동과 국제적 지원을 위한 정책 틀과 실천적 지침으로 제시한 것이다. 유엔에서는 이른바 '2000년과 그 후 청소년을 위한 세계행동 프로그램(the World Programme of Youth to the Year 2000 and Beyond: WPAY)'을 통해 먼저 10가지의 우선영역을 강조하였는데, 여기에는 ① 교육(education), ② 고용(employment), ③ 기아와 빈곤(hunger and poverty), ④보건(health), ⑤ 환경(enviroment), ⑥ 약물남용(drug abuse), ⑦ 소년 비행 범죄(juvenile delinquency), ⑧ 여가활동(leisure-time activities), ⑨ 소녀와 젊은 여성(girls and young woman), ⑩ 사회와 의사결정에서 충분하고 효과적인 참여(full and effective participation of youth in the life of society and in decision-making) 등이 포함되어 있다. 1985년 '국제 청소년의 해'에서 제안한 3가지 주제(themes) - 참여, 발전, 평화 - 를 반영하여 '주요 이슈(issues)'와 '특별한 목적' 및 이런 목적을 달성하기 위해 다양한 행위자들이 취할 수 있도록 제안된 '행동'의 관점에서 제시된 것들이다(UN Economic & Social Affairs, 2010).

그로부터 10여년 후 유엔은 WPAY 실행 10년을 검토하면서 기존의 10가지 우선영역에 5가지 부가 이슈 영역(issue areas)을 포함시켰다. 2007년에 채택된 'WPAY 증보판(the Supplement to the WPAY)'에 확장된 5가지 이슈는 ① 세계화(globalization), ② 정보소통기술(information and communications technology), ③ HIV/AIDS, ④ 군사적 갈등(armed conflict), ⑤ 세대 간 이슈

(intergenerational issues) 등이다. 이에 따라 유엔은 각국의 청소년정책에서 우선적으로 고려해야 하는 영역을 총 15가지로 제시한 것이다.

한편, IARD(2001)는 청소년정책의 영역을 9가지 주요 이슈로 구분하였다. 여기에는 ① 교육정책(education policies), ② 특별하게 청소년을 표적으로 하는 노동시장정책(labour market policies specifically targeted at youth), ③ 청소년을 위한 주거 정책(housing policies for young people), ④ 보건 정책(health initiatives), ⑤ 정상이 아닌 청소년을 위한 정책(policies for dealing with deviant youth), ⑥ 여가활동을 위한 정책(policies for leisure-time activities), ⑦ 청소년연합을 위한 정책(policies towards associations of youth), ⑧ 의무 군복무와 비군사적 국가봉사(mandatory military service and compulsory non-military national service), ⑨ 프로그램 모니터링과 평가(monitoring and evaluation programs) 등이 포함된다.

우리나라의 경우도 청소년문제의 해결을 위해 청소년정책이 국가정책으로 자리 잡게 된 데에는 청소년의 기본적인 욕구인 소득, 보건, 교육, 주거, 고용, 여가 등을 충족시키고 청소년의 비행, 사회해체, 사회적 불평등과 같은 청소년 이슈들을 범주화하는 과정이 있었다. 즉, 1980년대 말부터 청소년의 기본적 욕구와 문제와 관련하여 교육문제는 교육정책으로, 소득과 보건 이슈는 복지정책으로 다루면서 청소년정책은 청소년활동을 중심으로 하는 정책화의 과정을 통해 주로 '청소년육성'이란 용어를 중심으로 발전되어 온 역사를 갖게 된다. 특히, 호주의 '일곱 가지 큰 이슈'와 유엔의 "15가지 우선영역" 등과 유사하게 우리나라의 청소년정책에서도 청소년의 위기와 기회를 살펴보는 포괄적인 정책적 고려를 하게 되었고, 그에 따른 정책 핵심으로 청소년활동과 청소년참여 등을 1990년대 이후 정책영역화하게 된 것이다.

Chapter 02

청소년정책의 접근법과 모델들

1 청소년정책의 기본적 접근

청소년정책은 국가와 사회에 따라 구체적인 하위주제와 열망의 정도는 다르지만 모든 청소년들에게 동등한 기회를 보장하는 것을 주요 목적으로 하는 것이 일반적인 상황이다. 즉, 사회적으로 배제되지 않고 권리와 가능성에 동등하게 접근하면서 사회적으로 포함(inclusive)되는 지위를 갖도록 하는 것이다. 청소년정책은 많은 국가에서 나름의 '비전(vision)'을 갖고 다양한 수사적 용어를 통해 제시되고 있다. 그 내용은 대체로 청소년들이 성공적 미래로 가는 통로에 있도록 지지하며, 적극적 시민성, 평생 학습, 사회적 포함 및 개인적 안전과 지역사회 안전에 대한 비래상들을 포함한다(Williamson et al., 2021).

청소년정책은 또한 국가나 사회별로 청소년을 각기 다르게 서술하면서 그에 따라 대응하는 모습을 갖는다. 첫째, 청소년을 가치 있게 보는 곳, 예를 들면, "처신을 잘하는" 사람과 교육, 훈련 또는 고용에 종사하고 있는 사람들로 보는 곳에서는 청소년정책은 주로 해방적(emancipatory)이며 기회중심적인 성격을 갖는다. 둘째, 청소년을 희생자나 취약한 것으로 인식하는 곳, 예를 들면, 학대를 경험하거나 학습장애를 겪고 있는 사람들로 보는 곳에서는 청소년정책은 보호적인 성격을 갖게 될 수 있다. 그리고 셋째, 청소년을 "반사회적 행동"에 관련된 사람들과 같이 나쁜 사람(villains)으로 간주하는 곳에서의 청소년정책은 보다 규제적, 제약적인 개입에 의존하게 된다. 물론 대부분의 청소년들은 이러한 세 가지가 혼합된 모습을 갖게 되며, 대부분의 청소년정책의 경우도 그와 유사한 조합으로 이루어지게 된다. 다시 말하면 청소년정책은 기회의 증진, 유해상황으로부터의 보호 및 "일탈(deviance)"에 대한 예방 또는 필요하면 처벌을 하는 것 등을 조정하는 모습을 갖게 되는 것이다(Williamson et al., 2021).

따라서 대부분의 청소년정책들을 분석하면 주로 예방적 실천과 진흥적 실천의 요소들을 가지고 있다는 점을 발견할 수 있으며 경우에 따라 비협상적인 조치들과 단속을 지지하고 있는 상황을 발견할 수 있다. 이러한 여러 가지 요소들을 균형 있게 적용하거나 때로는 이러한 요소들에 대해 도전하는 접근을 하고 있는 것이다.

청소년정책은 하나의 복잡한 모자이크와도 같다. 우선, 청소년정책은 여러 단위에서 존재한다. 그 핵심에는 국가전략과 정책이 있을 수 있으며, 그에 따른 복잡한 정책 과정이 나타난다. 청소년정책은 보통 정치적 선언이나 비준과 함께 시작하고, 전략계획과 운영계획 및 매니저나 실천가들에 의해 실행되는 것을 통해 움직이며 청소년들이 도달하고 경험하며 때로는 모니터링하고 평가하는 대상이 된다. 그러한 과정 전반을 통하여 정책내용을 통해 전달하고자 하는 비전(vision)을 해석하고 행동하며 반응하거나 방해하는 형태 또는 내용을 고치는 개정이 이루어지는 것이다.

Williamson(2002)은 청소년정책의 준거틀로서 개념정의, 입법과 예산, 전달구조, 정책영역, 범분야 이슈, 기반이 되는 조력자, 그리고 모니터링과 평가 등의 7가자를 제시하였다. 그는 먼저 청소년과 청소년정책을 개념정의하고, 정책영역에는 교육, 보건, 주거, 고용 및 사법 등을 포함하였으며, 범분야 이슈에는 참여, 정보, 동등한 기회와 사회적 포함 등을 제시하고 기반이 되는 조력자와 관련해서는 전문가 훈련, 정보 교환 및 연구 등을 세부내용으로 제시하고 있다.

표 2-1 청소년정책에 관한 준거틀

- 개념 정의 – "청소년"/"청소년정책"
- 입법과 예산
- 전달구조
- 정책 영역 – 교육, 보건, 주거, 고용 및 사법
- 범분야 이슈 – 참여, 정보, 동등한 기회와 사회적 포함
- 기반이 되는 조력자 – 전문가 훈련, 정보 교환, 연구
- 모니터링과 평가

출처: Williamson(2002).

청소년정책에 관한 준거틀에서 제시된 바와 같이 청소년정책을 보다 명료하게 이해하고 설명할 수 있도록 하기 위해서 청소년정책에 관하여 탐구해야 하는 수많은 영역들이 있다. 일부 국가에서는 입법화 없이는 청소년정책이 개발되거나 지지받을 수 없게 되는 수도 있지만, 항상 입법화를 요구하는 것은 아니다. 또한 다른 한편으로 법이 반드시 적절한 행동조치를 보장하는 것도 아니다. 청소년정책은 분명히 재정적 지지를 필요로 한다. 비록 청소년정책을 위한 "예산(budgets)"은 결정하기 어렵고 자원들은 정부의 각 부서나 자선재단, 민간단체에 이르는 수많은 원천으로부터 올 수 있지만, 그러한 자원들이 전개

되는 방법과 이용 가능한 자원들이 정책 "대상(targets)"에 효율적이며 효과적으로 도달하는 정도 등에 대해서는 여러 가지 내용을 더 알아볼 필요가 있을 것이다.

Williamson(2002)은 청소년정책을 고찰하는 데 토대가 되는 효과적인 청소년정책의 구성 요소를 다섯 개의 'C'로 소개하면서 그에 따른 청소년정책의 설정방향을 제시한 바 있다. 첫째, 도달범위(Coveage)의 요소이다. 청소년정책은 목적한 바에 따라 청소년들에게 전해질 수 있을 만큼 종합적이라는 점을 확실히 할 필요가 있다는 것이다. 즉 청소년정책이 어느 정도의 영역을 주요 적용범위로 하고 있는지, 청소년정책에서 청소년의 연령범위는 어떻게 설정하고 있는지, 그리고 일반 청소년과 위기 청소년 등 어느 집단에 우선순위를 부여하고 있는지, 집단별로 형평성 있게 적용하고 있는지 등의 요소를 고려한다.

둘째, 정책 전달을 위한 능력(Capacity)의 요소이다. 정책에 대한 열망과 의도를 갖는 것은 상대적으로 쉽지만, '전달을 위한 구조'가 반드시 필요하다. 이는 국가적, 지역적 또는 지방정부 등의 정부기구일 수도 있으며 청소년단체와 다른 NGO들일 수도 있다. 이는 정부가 청소년정책을 종합적으로 기획하고 집행하는 능력에 대한 고려 요소가 되며 이러한 능력은 정부와 청소년 NGO 및 시민사회단체와의 관계 설정 등 연계·협력을 포함한다.

셋째, 전문적 역량(Competence) 요소이다. 청소년들이 청소년정책의 많은 영역(특히 교육, 보건 및 사법)과 관련한 적절한 수준의 전문적 기술에 접근할 수 있어야 한다. 이는 현장에서 청소년과 함께 청소년업무를 수행하는 청소년지도자의 전문적 역량을 강화하고자 할 때 고려되는 요소이기도 하다. 청소년지도자의 전문성 강화는 전문적 훈련과정의 자격부여 등과 같은 현안을 포함한다.

넷째, 연계, 조정 등의 공동협력(Co-operation)의 요소이다. 편협성과 중복의 부담에서 모두 벗어나 시너지와 동시성을 증진하기 위해서는 청소년정책에 관련된 사람들이 대화, 교환 및 상보성을 유지할 수 있는 플랫폼을 보장할 필요가 있다. 이는 통합적 청소년정책이 강조하는 총체적 접근방식에 부합하며 정책적 사안에 대한 관련 부서나 기관 간의 수직적·수평적 연계와 조정에 대한 고려요소이다. 최근 청소년정책의 개념을 고려할 때, 연계와 조정은 다른 어떤 정책에서 보다도 청소년정책의 고유한 특성으로 부각되고 있다.

다섯째, 정책적 비용(Cost)의 요소이다. 궁극적으로 청소년정책은 충분한 인적 자원과 재정적 자원으로 지지될 때 효과적으로 될 수 있다는 것으로 청소년정책에서 고려해야 하는 필요한 재정과 인적 자원 요소의 중요성을 말해주는 것이다. 최근 비용 요소와 관련하여 청소년정책의 효과성을 제고하고자 하는 성과지향적 노력이 강조되고 있다.

이와 같이 보면, 청소년정책은 다양한 구성요소들을 가지고 있음을 알 수 있다. 청소년정책을 적절히 이해하게 된다면 각기 다른 방법과 형태로 구분할 수 있으며, 크게는 보편화와 선별화의 논의로도 볼 수 있다. 여기에서 보편화(universalisation)는 청소년정책이 모두에게 접근가능하고 이용 가능하도록 제공하는 것을 보장하는 것을 말하며, 선별화(specialization)는 청소년정책이 특정한 "대상(targets)"에게 적용되도록 보장하는 것을 의미한다. 청소년정책의 세계적 동향은 이러한 두 가지 방향 모두와 관련한 압력과 요구가 증대되고 있는 것으로 나타나며, 동시에 청소년정책은 일부의 분야에 국한되는 것이 아니라 점차 여러 부문에 걸쳐서 나타나는 경향이 증대되고 있음을 알 수 있다(Williamson et al., 2021).

청소년정책 전달은 장소, 맥락, 동시출생집단(코호트: cohorts), 집단과 이슈를 아우르는 범위를 갖는다. 청소년정책 전달 범위는 장소, 상황, 코호트,

집단 및 이슈들에 따라 전반적으로 관련된다. 우선, 장소에는 파일럿 프로젝트와 우선순위 영역이 포함되며, 맥락은 학교, 여가, 가족, 문화, 사법 등이 관련된다. 전체 인구나 동일연령 집단에 대한 고려가 연령대 내에서 이루어져야 하며, 구체적인 대상 집단(청소년 범법자, 소수민족 배경 청소년, 돌봄시스템 청소년 등)을 선정해야 한다. 또한, 약물오남용, 홈리스, 반사회적 행동 등과 같은 특별한 이슈들이 있으며, 전달 메커니즘이나 인력 개발 등과 관련한 인프라 이슈들이 관련된다(Williamson et al., 2021).

표 2-2 여러 부문을 아우르는 범분야 청소년정책

• 장소(파일럿 프로젝트와 우선순위 영역) • 맥락(학교, 여가, 가족, 문화, 사법 등) • 전체 인구/동일연령집단(연령대 내에서) • 구체적 대상 집단(청소년 범법자, 소수민족 배경 청소년, 돌봄시스템 청소년) • 특별한 이슈들(약물오남용, 홈리스, 반사회적 행동) • 인프라 문제(전달 메커니즘, 인력 개발)

출처: Williamson et al.(2021). p. 21.

이상에서 알아본 청소년정책의 전달상황은 서로 무관하게 완전히 따로 개별적으로 이루어지는 것이 아니며 서로 겹치는 부분들이 있으며, 이러한 중복(overlap)이 대상들에게 효과성을 강화해 주는지 아니면 그러한 중첩적인 접근이 낭비적 중복이 되는 것은 아닌지에 대해 항상 고려할 필요가 있다. 예를 들면, 청소년정보 관련 전략(youth information strategy)이 단지 공공돌봄시스템과 불리한 영역에 있는 청소년에게 초점을 둘 경우 그러한 "집중적"인 접근이 그러한 정보를 가장 필요로 하는 청소년에게만 적용하는 것이 적절한지 그렇지 않으면 그러한 정보 전략을 필요로 하는 다른 청소년들을 오히려 소홀히 하고 방임하게 되는 것은 아닌가 하는 의문이 있을 수 있게 된다. 그러한 까닭에 이러한 정보전략을 보편적으로 적용하게 된다면, 오히려 낭비적인 접근법으로 보일 수 있으며, 중요한 자원들을 그것을 필요로 하지 않는 많은 청소년들에게 주는 상황이 될 수도 있다(Williamson et al., 2021).

더욱이, 누가 각기 다른 정책 이니시어티브와 서비스를 전달할 것인지, 그렇게 하는 적절한 장치가 구비되었는지를 점검하는 청소년정책 질문(youth policy questions)은 항상 있게 된다. 이는 그러한 전달을 맡고 있는 사람들에 대한 훈련과 정책의 전달 메커니즘에 관한 인프라구조 질문(infrastructure questions)이라 할 수 있다. 개인과 지역사회 안전을 위해 제시된 정책 이니시어티브를 위한 청소년정책계획을 상상해 보자(Williamson et al., 2021). 그러한 핵심 메시지를 전달하기 위해 경찰관들에게 일을 맡기는 것이 가장 잘한 것인가 아니면, 사회복지사나 교사 또는 청소년지도자(youth workers)들이 맡아 하게 하는 것이 의도하는 효과를 가장 잘 얻을 수 있는 것인가? 이 외에도 다양한 질문이 있을 수 있다.

2 청소년정책의 관점

청소년정책과 관련한 또 다른 이슈는 청소년을 보는 관점으로 이는 정책목표와 관련된다. 모든 정책은 분명한 정책 대상과 함께, 명료하게 정의된 목표를 가지고 있어야 하는데, 정책 목표의 설정을 위해서는 청소년정책의 관점이 적용되는 것이다. 일반적으로 청소년정책의 관점은 청소년을 어떻게 보는가에 따라 크게 문제중심적(problem-focused) 관점, 예방적(preventive) 관점, 그리고 청소년개발(youth development) 관점으로 구분해 볼 수 있다(천정웅 · 이용교, 2007).

첫째, 문제중심적 관점은 청소년을 사회적 지위나 역할의 관점에서 보기보다는 하나의 인간발달적 시기로 보는 관점이다. 즉, 청소년기는 근대 산업사회가 발달하면서 아동기에서 성인기로의 이전기로 확립되었고, 발달시기적 특성으로 인해 청소년의 폭력, 음주, 흡연 등 비행 청소년의 문제가 사회문제화되었으며, 청소년정책은 이에 대한 대처와 요보호 청소년에 대한 개입의 필요성에서 발달하게 된다는 것이다. 이러한 관점의 청소년정책은 주로 비행 청소년과 요보호 청소년을 중심으로 한 결핍 모델로 청소년의 선도와 보호에 초점을 두었다. 이는 청소년문제의 원인을 사회적 원인보다는 문제청소년 개인에 대한 결함으로 치부한다는 비판을 받았다(진혜경, 2012).

둘째, 예방적 접근법은 문제가 생기고 난 뒤에 해결하려고 애쓰기보다는 문제가 처음 생기는 것을 예방하는 것이 보다 비용효과적이고 또 효율적일 수 있다는 이해에서 비롯된 것이다(Small & Memmo, 2004). 예방적 접근은 문제에 대한 사후 대처가 아니라, 연령별·문제별·단계별로 체계적인 접근을 시도한다는 점에서 긍정적 측면이 있지만 여전히 청소년을 자원으로 보기 보다는 문제로 보는 관점을 갖는다는 비판을 받는다. 이런 점에서 청소년을 문제로 보는 관점에서 벗어나 긍정적인 관점으로의 전환이 필요하다는 주장이 제기되었으며, 특정 대상에 초점을 두는 것이 아니라 전체 청소년을 대상으로 하는 포괄적이고 적극적인 접근, 즉 청소년개발의 접근이 강조되었다.

셋째, 청소년개발적 관점은 예방적 관점에서 나아가 문제가 발생하거나 위기상황이 생기지 않도록 예방하는 것뿐만 아니라, 더 나아가 긍정적 발달과 청소년의 건강과 안녕(well being)에 기여하는 조건들을 적극적으로 주장하는 데 있다(Cheon, 2008). 청소년개발 옹호자들은 단순히 문제를 예방하는 것은 청소년을 성인으로 준비시키기 위해서 충분하지 않다고 주장한다(Benson, 1997; Small & Memmo, 2004). 청소년개발은 그 과정의 중요한 부분으로서 가족, 친구, 이웃, 학교, 지역사회 집단 및 여타 지지의 중요성을 인식한다(Villarruel, Perkins, Borden, & Keith, 2003). 이러한 청소년개발의 원리들이 종래의 문제중심적 접근의 문제점을 극복하고 예방적 접근법의 한계점까지도 지적하고 있는 점은 주목할 필요가 있다. 특히, Benard(2004: 2)는 "문제예방에 대한 가장 효과적, 효율적이며 나아가 보상적이며 즐거운 접근법은 건강한 청소년개발을 통하는 것"이라고 강조하고 있다.

청소년개발의 관점에서 정책목표를 설정하는 경우, 청소년의 역량개발을 위하는 노력으로 나타난다. 청소년의 "역량(competence)"개발에 대해서는 다양하게 논의할 수 있지만, 주로 삶을 살아가는 데 필요한 기술, 태도, 동기, 능력 등을 말하며, 시민역량, 사회적 역량, 문화적 역량, 신체적 건강, 정서적 건강, 지적 역량, 직업적 역량 등의 7가지를 중요하게 논의한다. 역량개발의 관점에서는 청소년 활동의 개념이 학교교육의 보완과 여가활동의 차원에 머무르고 있음을 비판하고, 청소년의 진로와 직업, 시민으로의 삶과 연관된 구체적인 역량 개발 활동으로 전환될 것을 강조한다(진혜경, 2012).

우리나라의 경우, 청소년정책의 목표는 청소년선도·보호, 청소년육성, 청소년참여증진, 청소년인권, 청소년복지 등과 같은 용어와 밀접한 관련을 갖는 것으로 볼 수 있다. 내체로 신도·보호 등은 사후대책을 전제한 문제중심적 접근 또는 문제 예방적 접근과 보다 밀접히 관련되며, 청소년육성, 청소년참여, 청소년복지 등은 청소년개발의 관점에서 접근할 때 보다 효과적인 것이다(천정웅, 2009). 청소년참여, 청소년인권의 경우에는 문제예방적이거나 청소년개발적 관점 모두와 관련된다. 대체로 우리나라 청소년정책에서는 이러한 사후대처적, 문제예방적, 그리고 개발적 관점과 목표들이 모두 적용되어 왔음을 알 수 있다. 그리고 점차 청소년개발이 중심이 되는 정책목표가 제시되고 추진되고 있는 추세로 본다.

청소년개발에 대한 이러한 인식은 우리나라 청소년정책의 발달사가 청소년문제 대책에서부터 점차 청소년역량 개발을 위한 방향으로 전환되어 온 과정으로 이해될 수 있다. 청소년들이 대부분의 시간을 학교중심의 학업생활로 보내고 있다는 점에서, 그들에게 다양한 참여, 모험, 자율과 체험중심의 활동을 하도록 하는 일은 청소년의 잠재역량을 개발하는 데 기여하는 의미를 갖는다. 학교는 이미 그러한 역할을 수행하는 데 한계를 드러낸 지 오래이며, 가족기능의 약화와 사회체제의 부적절성 등에 따른 청소년분야의 필요성에도 부합하는 정책이라고 볼 수 있다. 청소년의 역량은 일부 취약계층 청소년을 포함하여 모든 청소년들이 다양한 측면에서 역량개발의 기회를 갖게 될 때 전사회적 역량으로 전환될 수 있다(Cheon, 2009).

한편, 청소년정책의 관점에 관한 이러한 접근은 앞서 고찰한 청소년정책의 기본적인 세 가지 접근, 즉 해방적이며 기회중심적 접근, 보호적인 성격, 그리고 규제적, 제약적인 개입 등과도 연결되며, 이는 다시 예방적 실천, 진흥적 실천, 단속적 실천 등과 관련된다. 특히, 이러한 청소년정책의 관점은 청소년정책이 모두에게 접근가능하고 이용 가능하도록 할 것인지(보편화)와 특정한 대상에 적용하는 것(선별화)으로 할 것인지에 대한 논의로 이어지게 된다. 사실 청소년정책을 보편적으로 제공하는 것과 대상을 정하여 선택적으로 제공하는 것과 관련된 질문은 청소년정책과 관련하여 지속적으로 제기되는 고전적 사회정책질문(classic social policy question)이다.

이것은 각기 강점과 약점이 있다. 공공정책의 경우 점차적으로 보다 대상중심의 접근을 선호하는 방향으로 나아가고 있으며, 이는 "현명하게 예산을 쓰는 것"과 "자원에 초점을 맞추는" 것 등 모든 것이 이해관계와 부합된다.

정치인들은 이론적으로는 모두에게 제공할 수 있어야 한다고 하면서도 실제에서는 가장 “긴급히 필요한” 사람들에 초점을 두기 쉬운 것으로 제안하면서 “욕구에 따라 구별되는 보편적 서비스” 제공이라는 마치 만트라 경구(mantras)와 같은 표현을 즐겨 사용한다.

그러나 청소년부문에서의 전문적 견해는 특히 청소년조직 내의 활동가와 청소년 옹호가들이 많이 주장하는 바와 같이, 다른 사람보다 더 “위험부담을 많이 갖고 있는” 청소년들이 있고 더 많은 지원을 필요로 하는 청소년들이 있는 것은 분명하지만, 청소년정책은 일반적으로 모든 청소년을 대상으로 하고 그들을 권리의 소유자로 고려해야 한다는 것이다(Williamson et al., 2021). 예를 들어, 특별한 제공(particular provision)을 담고 있는 정책개발이 있는 곳에서는 낙인화를 피하기 위해서, 그러한 정책적 제공으로부터 혜택을 얻을 필요가 있다고 느끼는 청소년들은 누구나 접근할 수 있어야 하고 또 그럴 자격이 있다는 것이다.

Williamson 등(2021)에 따르면 유럽지역은 청소년정책의 다양한 접근들이 있고, 청소년정책의 일부 요소들은 보편주의적 원칙(universalist principles)에 입각해서 이루어지고 있으며, 그에 따라 제공된 조치와 서비스들이 모든 청소년에게 접근 가능하도록 제공되고 있다고 본다.

3 청소년정책의 유형

1) 개입철학과 표적집단에 따른 정책유형

청소년정책의 유형은 정책의 접근방법이나, 정책개입의 철학, 또는 정책 대상 등에 따라 다양하게 이해할 수 있다. 우선 대표적인 유형구분은 청소년 정책의 개입철학과 표적집단을 기준으로 정책의 유형을 구분한 Wallace와 Bendit(2009)의 모델을 통해 알아 볼 수 있다. 이 모델은 유럽 연합 국가의 청소년정책 유형을 보편주의, 지역사회기반, 보호, 중심화모델 등 네 가지로 분류하였는데, 이는 Esping-Andersen(1990)이 복지국가를 자유주의적 복지 국가, 조합주의적 복지국가, 사민주의적 복지국가 등 세 가지로 유형화한 것에 바탕을 두고 유형화한 것이다. 복지국가를 국가에서 시민의 사회적 권리가 어느 정도 확보되어 있는지와 소극적 혹은 적극적인 국가의 역할 차이를 기준으로 구분한 것이다.

Wallace와 Bendit(2009)는 이와 같은 유형에는 두 가지 기준, 즉 개입 철학, 표적집단 등이 사용된다고 보았다. 개입 철학은 청소년정책의 방향성을 결정하기 때문에 매우 중요하게 다루어지는데, 청소년을 '문제'로 다루는 경우는 실업, 노숙, 에이즈, 약물남용, 비행 등의 문제를 가진 청소년이 표적집단이 된다. 이는 국가차원에서는 사회적 배제의 맥락에서, 그리고 지역에서는 범죄 예방의 문제와 관련된다. 반면에 '자원'으로 다루어지는 경우 정책에서는 교육과 훈련, 특히 청소년 참여를 매우 크게 강조하며 청소년의 역량강화가 중요한 역할을 한다.

Wallace와 Bendit(2009)는 일부 국가들의 청소년정책은 이분법적으로 분류되지 않으며 양쪽의 모델을 모두 채택하고 있다고 하였다. 즉, 일반 청소년과 특정 집단 청소년에 대하여 '자원'과 '문제' 양쪽의 모델을 취하거나, 혹은 전기 청소년(소년)에게는 문제에 대한 보호 정책을 강조하고 반면, 후기 청소년(청년)은 자원으로 본다는 것이다. 또한 같은 문제라 하더라도 각 사회의 맥락 속에서 다르게 취급되기도 한다. 예를 들면, 청년 실업은 교육과 훈련의 문제 혹은 청소년기의 연장, 노동시장에 접근하지 못하는 소수 인종 등의 사회적 배제 문제 등 다양하게 다루어질 수 있다.

개입 철학은 각 국가에서 이슈와 문제로 무엇을 중요하게 다루는가와 관련하여 살펴볼 수 있다. 청소년에 대한 교육과 훈련비용이 높고, 청년 실업 문제로 가족으로부터 독립하지 못하고 청소년기가 연장되는 것이 큰 이슈로 다루어지는 국가가 있는 반면, 전체 사회에서 적극적인 시민으로 어떻게 활동할 것인지의 청소년 참여를 가장 중요한 이슈로 다루는 국가가 있다. 이와 같은 개입 철학의 차이는 표적집단의 차이에도 영향을 미친다. 청소년 연령대를 넓게 포함하는 청소년정책은 각 하위 집단에 적용하는 다양한 세부 정책이 고려되지만, 비교적 좁게 연령을 정의하는 국가들은 동일한 정책을 적용하고 있는 특징이 있다.

(1) 보편주의 모델(Universalistic Regimes)

보편주의 모델(Universalistic Regimes)은 특정 연령대의 모든 청소년의 권리와 이익을 보장하는 가장 포괄적인 청소년정책 모델이다. 보편주의 모델을 채택한 국가는 청소년에게 보조금을 지급하며, 대표적으로 북유럽의 스칸디나비아 국가들이 주로 이 모델을 채택하고 있다. 이 국가들의 청소년정책은 대체로 국가 주도적이지만, 시민 사회조직 또한 매우 활발히 참여하고 있다.

이들 국가는 잘 발달된 복지국가의 오랜 전통에도 불구하고, 정부와 기관들이 청소년정책을 준비하고 실행하는 데 있어 시민사회로부터 협력을 받는다.

청소년 표적집단은 십대 초기에서 25세 사이의 연령층으로 비교적 좁게 정의되어 있지만, 해당 연령대의 모든 청소년을 대상으로 한다는 의미에서 '보편적 모델'로 볼 수 있다. 일반적으로 청소년을 문제로 인식하기보다는 미래에 대한 투자 내지는 사회적 자원으로 인식한다. 청소년정책의 주요 목적을 청소년의 '자율(autonomy)'과 '자립(independence)'에 두고 있으며, 사회 내 청소년의 참여가 매우 넓게 퍼져 있으며, 해당 국가에서 청소년참여 수준은 이미 매우 높은 상태다. 청소년정책의 이러한 목적은 스칸디나비아 국가에서 이미 사회적으로 정착되어 있는 청소년의 이른 성인으로서의 지위 획득과 부모의 권위로부터의 독립 관행을 훨씬 강화시켜 주고 있다.

(2) 지역사회기반모델(Community Based Regimes)

지역사회기반모델(Community Based Regimes)은 Esping-Andersen이 자유주의적 복지국가 모델로 정의한 국가들의 공통된 모델이다. 주로 잉글랜드, 아일랜드 및 그 주변의 작은 섬을 포함한 영국제도(British Isles)를 중심으로 자유주의적 모델(liberal model)이라고도 부르는 이 모델을 채택하고 있다. 청소년정책 모델은 오랜 전통이 있는 지역사회 지향적인 유스 워크(youth work)에 기반을 두고 있다. 이 모델의 강조점은 청소년정책을 집행할 때 정부에서 시민사회로 권한을 위임하는 것에서 더욱 분명하게 나타난다. 즉 청소년정책이 국가 수준에서 주도되기보다는 교회나 자원봉사자들을 포함하는 시민사회에 주로 위임되어 있으며 지방자치단체나 지역사회 공동체가 주된 행위자이다.

표적집단 청소년 연령은 초등학교 졸업 이후부터 25세 사이로 좁게 정의되어 있으나, 대체로 십대 집단에 초점을 두고 있다. 청소년에 대한 지배적인 이미지는 '문제로서의 청소년'으로 인식하는 것이며, 가장 중요한 청소년 문제는 청소년의 사회적 배제, 청소년 기간의 연장, 청소년의 사회적 참여 등이다. 공공 청소년정책의 주요 대상 집단으로서 어려운 여건에 있는 여러 청소년 집단을 우선적으로 고려한다. 주요 목적은 사회적 문제를 예방하는 것이다. 지역사회 기반 모델에서 한 예로 영국 청소년은 최소 복지국가로 표방되는 기존 제도의 영향을 받고 있지만, 근래 청소년의 사회적 배제로 인한 문제가 늘어나면서 청소년정책이 발전하고 있다.

(3) 보호모델(Protective Regimes)

보호모델(Protective Regimes)을 채택한 국가들은 조합주의 복지국가와 일치하며, 이들은 오랜 전통의 청소년정책과 제도를 갖고 있다. 주로 오스트리아, 벨기에, 프랑스, 독일, 네덜란드 등 중부 유럽 주요 국가가 이에 해당하며, 이들 국가는 이미 제1차, 제2차 세계대전을 통해 윤곽을 나타내었다. 정책적 맥락에서 '청소년(youth)'은 '젊은이(young people)'로 정의되고, 아동과 젊은 성인(young adults)과 젊은 가족(young families) 모두를 포함한다. 청소년은 상처받기 쉬운 청소년, 보호·후원하고 지원해야 하는 사회집단으로 인식된다. 보편적 모델과 마찬가지로, 청소년정책은 정부와 시민사회의 협력으로 시작하고 실행된다.

보호 모델의 국가들은 청소년정책과 유스 워크(youth work)에 대한 강력한 개입 의지가 있으며, 청소년 전담부처와 주무부서 및 대규모의 청소년정책 부문을 통해 청소년 장관이나 관리를 별도로 두고 있다. 청소년정책은 특별히 어려운 청소년과 전체 청소년 세대를 아우르는 모든 청소년을 주요 대상으로 한다. 또한 입양·가정위탁·보호·여가 등의 이슈들을 다루고 있으면서도, 청소년의 사회적 참여와 사회적 배제는 통합과 사회문제의 예방 및 청소년의 정치적 참여 등으로 조절해야 하는 중요한 청소년 과제가 되고 있다. 가부장적인 관점을 바탕으로 출생 이후 아동과 청소년의 사회 통합의 증진과 지원에 목적을 둔다는 점에서 보호모델로 부른다. 대체로 청소년정책의 원리와 조직은 안정적인 편이며 중앙집권과 지방화의 두 가지가 모두 발달되어 연방정부와 주정부, 그리고 종교기관이나 NGO 등의 정책참여가 활발히 진행되고 있다.

(4) 중앙화 모델(Centralized Regimes)

중앙화 모델(Centralized Regimes)은 북유럽 국가들과 달리 사회정책이 포괄하는 범위가 좁고 국가나 시민사회 단체의 개입이 발달하지 않은 국가들이 채택하는 모델이다. 남유럽, 지중해와 그리스, 포르투갈, 스페인, 이탈리아 등을 포함하여 최근에 중앙정부에서 청소년정책을 주도하고 있는 국가들이 여기에 해당한다.

전통적으로 유스 워크(youth work)와 지원은 가족과 교회의 책임이었지만, 지난 20년 동안 정부 당국은 이러한 책임의 일부를 담당할 수 있는 체계와 정책을 확립해 왔다. 따라서 명시적 문서로 된 청소년정책은 이 모델에서 새로운 것이다. 지금은 변화하고 있지만, 이들 국가에서는 교회나 가족의 책임이 강하고 청소년문제가 공적으로 다루어지기보다는 사적 이슈로 다루어지며, 청소년이 결혼하기 전에는 원가족과 함께 사는 문화가 일반적이다. 청소년조직의 참여수준이 낮고, 특별한 집단의 청소년을 표적으로 하며, 대상 집단을 좁은 연령층(15~25/30세)으로 정의하는 것도 국가 차원의 청소년정책이 늦게 도입된 영향이라고 보아야 한다. 청소년 참여를 강화하는 것이 청소년정책의 주요 목적이며 청소년의 높은 실업과 그 결과로 나타나는 청소년기의 연장 등이 중요한 문제로 인식된다. 이러한 문제들은 청소년의 자율, 자립 및 사회적 통합 등을 강화하는 것을 목표로 하여 해결하고자 한다. 청소년정책의 발달이 늦은 반면에 매우 역동적인 변화가 일어나는 것도 이 모델의 특징이다.

표 2-3 청소년정책의 모델(Wallace와 Bendit)

<table>
<tr><th colspan="2">청소년정책 모델</th><th>보편주의모델</th><th>지역사회
기반모델</th><th>보호모델</th><th>중앙화모델</th></tr>
<tr><td colspan="2">국가</td><td>덴마크, 핀란드,
아이슬란드,
노르웨이, 스웨덴</td><td>아일랜드, 영국</td><td>오스트리아,
벨기에, 프랑스,
독일</td><td>그리스, 이탈리아,
포르투갈, 스페인</td></tr>
<tr><td rowspan="3">개입
철학</td><td>청소년상</td><td>자원으로서의
청소년</td><td>문제로서의
청소년</td><td>상처받기 쉬운
청소년
자원으로서의
청소년
문제로서의
청소년</td><td>문제로서의
청소년
자원으로서의
청소년</td></tr>
<tr><td>주 목적</td><td>자율성, 독립,
발달, 정치 참여</td><td>사회문제 예방,
정치참여</td><td>통합,
사회적 문제,
예방, 정치참여</td><td>자율성,
독립, 통합,
정치참여</td></tr>
<tr><td>주요 문제</td><td>청소년참여</td><td>청소년기 연장
사회적 배제
청소년참여</td><td>청소년참여
사회적 배제</td><td>청소년기 연장
사회적 배제</td></tr>
<tr><td rowspan="3">표적
집단</td><td>표적
사회집단</td><td>청소년전체</td><td>취약청소년</td><td>선제청소년
취약청소년</td><td>특정청소년집단</td></tr>
<tr><td>표적
연령집단</td><td>13/15~25세</td><td>초등학생~25세</td><td>0세~25세</td><td>15~25/30세</td></tr>
<tr><td>청소년
부문</td><td>청소년부문 비중
약하거나 없음</td><td>청소년부문 비중
약하거나 없음</td><td>청소년부문 있음</td><td>청소년부문 있음</td></tr>
</table>

출처: Wallace & Bendit(2009). p. 445에서 재구성.

2) 접근 방식에 따른 청소년정책 유형

Jefferey(2008)는 일반적인 청소년정책의 유형을 인구기반 청소년정책, 청소년 하위 집단을 위한 표적정책, 그리고 개별 청소년을 위한 표적정책 등의 세 가지 범주로 구분한다. 첫째, 인구기반 청소년정책(population-based youth poliicies)은 청소년의 성과(outcomes)를 위한 비전을 가진 프레임을 포함한다. 예를 들면 건강한 청소년, 사회적으로 참여적인 청소년, 고용가능한 청소년 등의 프레임이다. 이러한 인구 기반 청소년정책과 전략은 전체 청소년 인구 뿐만 아니라, 이들을 구성하는 하위 집단에게도 적용된다는 점에서 보편적이다.

둘째, 청소년 하위 집단을 위한 표적정책(targeted policies for sub-groups of youth)은 청소년개발 또는 특별한 청소년 하위 집단의 단일한 측면에 초점을 맞춘다. 예를 들면, 고용 같은 영역에서 청소년을 지원하는 것에 초점을 두는 것이다. 인종, 능력, 종교 또는 지리적 입지 등에 따른 사회적 배제나 주변화의 위험부담을 가진 특정한 집단의 욕구에 초점을 둘 수도 있다. 이러한 접근은 그 자체 정책으로 존재할 수도 있지만 인구기반 정책의 맥락 내에서 존재할 수 있다.

셋째, 개별 청소년을 위한 표적정책(targeted policies for individual youth)은 개인적 장애를 지원하는 것에 초점을 두도록 준비되는 정책이다. 치료적 처치와 재활 프로그램 및 다른 개별 개입 프로그램 등을 포함한다. 이러한 정책도 보다 넓은 인구 기반 정책의 범위에 존재할 수도 있다.

한편으로, Jefferey(2008)는 청소년과 일하는 데에는 다음에서 소개할 네 가지 이론적 접근이 가능하다고 보는데, 각 모델은 한 개 이상의 이론적 접근의 요소를 포함한다고 강조한다. 또한 청소년 이슈에 대한 정책적 반응은 그러한 정책이 어떻게 목표에 영향을 미치고 달성하고자 하는 바를 성취하는가에 대한 전제와 가정을 포함한다고 보았다.

(1) 청소년 참여 접근(youth engagement approach)

청소년 참여 접근의 전제는 모든 청소년은 자신의 목소리를 내고, 접근하며 성인과 권한을 나누는 기회를 통해 혜택을 본다는 것이다. 이런 접근을 활용하는 정책들은 청소년에게 영향을 미치는 프로그램 개발에 사전 참여하는 길을 찾음으로써 청소년의 주변화를 방지하고자 한다. 전통적 접근 방식에서 지지받지 못하고 위험부담이 있는 상황에 처한 일부 청소년과 후기 청소년기에는 접근성, 형평성 및 사회정의를 강조하는 청소년 참여 프로그램이 더욱 효과적일 수 있다고 본다.

(2) 인구 건강적 접근(population health approach)

인구 건강적 접근의 전제는 사회제도, 지리적 환경 및 사회적 관계가 인구 건강의 사회적 결정 요소라고 본다. 불평등은 전체 인구의 복리를 표적으로 하는 사회적 지지를 통해 예방되거나 개선될 수 있다. 건강적 접근은 투입과 과정이 아닌 성과를 전반적으로 강조하고 전체 인구 집단 간의 불평등 감소를 목표로 포함하고 있다.

(3) 자산 기반 접근(asset-based approach)

자산 기반 접근의 전제는 성공적 정책 개입은 한계를 강소하기보다 개인과 집단이 가진 강점과 기술을 확인하고 그에 입각하여 하는 것이다. 정책적 대응은 긍정적 사회관계와 폭넓은 사회동원 노력을 통하여 보다 넓은 지역사회

변화를 목적으로 한다.

(4) 위기 예방과 레질리언시 접근(risk prevention and resiliency approach)

위기 예방과 레질리언시 접근의 전제는 구체적인 위험과 위협에 대해 개인의 레질리언시를 형성하는 것은 그들이 중요한 역경과 스트레스를 관리하고 대처하도록 돕는다는 것이다. 위험부담은 부정적 성과와 관련성이 높으므로 정책은 위험 요인으로 알려진 구체적 위험과 스트레스에 맞서는 것이어야 한다. 이러한 접근법은 개인, 가족, 지역사회가 가진 자산을 개발함으로써 레질리언시를 구축하고자 한다.

Chapter 03

정책과정과 정책분석

1 정책과정

청소년정책을 이해하기 위해서는 전통적인 기초이론에 해당하는 정책과정론과 정책분석론에 대해 먼저 알아볼 필요가 있다. 정책과정은 정책의 입안부터 실행과 평가 등에 이르는 일련의 체계적, 동태적 과정을 의미하며 정책분석은 이러한 순환적 정책과정에서 정책대안을 개발하고 창안·주창하며 제안하는 정책형성의 구체적 내용을 설명하는 것을 의미한다. 우선, 정책과정은 이론적 측면에서의 과정이론(process theory)이나, 철학에서의 과정철학(process philosophy)으로 연결된다. 과정이론에서는 정책이 결정되는 일련의 순차적인 정책과정의 단계가 진행되는 것을 설명하고자 하면서, 다양한 정책과정 단계나 관련 내용이 개방적으로 상호 간에 연계되어 나타나는 것으로 본다. 과정철학은 변화와 변동을 실체를 이해할 수 있는 핵심개념으로 이해한다. 변화와 변동은 과정의 진행 상태를 설명하는 개념이기 때문에 존재의 본질을 시간성을 초월한 영원한 실제(또는 실체)로 보기보다는 존재론적 실제로 보는 것이다.

정책과정에 대해서는 다양한 단계 모형과 단계별 내용이 제시되고 있으나, 전통적인 정책과정의 단계는 정책의제 형성 - 정책 대안의 형성과 결정 - 정책 집행 - 정책평가 - 정책종결의 다섯 단계가 하나의 주기(사이클)로 계속 진행되는 것으로 본다. 다시 말하면 국가의 공식적인 정책과제로 채택되는 정책의제의 형성(policy agenda setting) 단계를 시작으로 하여, 정책의제를 해결하기 위한 구체적인 정책 방안이나 대안을 탐색하고 결정하는 정책형성(policy formation), 최종적으로 선택되고 결정된 정책을 실제의 정책상황에 적용하고 시행하는 정책 집행(policy implementation), 정책의 결과와 영향을 정책의 비용과 편익 및 효용의 기준에서 평가하는 정책평가(policy evaluation), 그리고 정책평가의 결과에 의해 정책을 종료하거나 수정 또는 보완하여 필요한 구체적인 정책을 재개발하는 정책종결(policy termination) 등으로 진행되는 것이다. 그러나 이러한 사이클은 반드시 단계별로 차례로 진행된다는 것은 아니며 각각의 단계의 정보와 내용이 정책체계에서 상호 복잡하게 혼재되어 나타날 수도 있으며, 일부 단계가 실제 정책과정에서는 발생되지 않을 수도 있다.

이와 같이 정책과정으로 접근하는 방법의 장점은 세 가지로 이해할 수 있다. 첫째, 각가의 과정이나 단계가 항상 순차적으로 이루어지지 않을 수도 있지만, 복잡하게 진행되는 정책결정의 현실을 시간적 순서에 따라서 진행되는 과정별 내용에 따라 논리적으로 설명할 수 있다는 점이다. 둘째, 정책이 결정되고 시행되는 일이 복잡하게 얽혀서 진행되는 경우에 정책결정과 내용을 중요한 항목과 단계로 단순화시켜 전체적으로 이해할 수 있도록 해준다. 셋째, 정책담당자나 전문적인 정책결정 집단과 분석가의 정책적 역할이 결과물과는 무관하게 과학적이고 객관적이었다는 점을 강조할 수 있다. 즉, 정책

담당자의 입장에서 보면, 그들의 전문능력이 정책을 최종적으로 결정하는 정치나 협상력에 관계없이 객관적이었다는 사실을 주장할 수 있다는 점이다. 그러나 정책과정을 통한 접근은 다양한 정책내용이나 사례와 과제의 특성을 구체적으로 고려하여 설명하기 어렵고, 정책을 진행순서로만 설명하면 정책을 피상적으로 이해할 수 있다는 점 등은 단점으로 볼 수 있다(이해영, 2020).

1) 정책의제 형성(policy formation)

정책의제(policy agenda)란 정부나 기타 합법적인 권한과 자격이 있는 기관이 국가가 개입하고 간섭해야 하는 정책 개입의 정당성을 갖춘 공공(公共)의 과제로 수용하고 인정하는 정책과제를 말한다. 청소년정책의 의제설정은 청소년에 관련된 사회문제가 사회쟁점 및 공중의제화의 과정을 거쳐 정부의제로 되어 가는 의미를 갖는 네 가지 요소가 고려될 수 있다. 첫째, 사회문제는 사회에서 어느 정도 문제가 되어 사람들의 관심을 끌고 있는 것을 의미하며, 둘째, 사회적 쟁점은 사회문제 중에서 문제의 성격이나 해결방법에 대해 찬·반으로 입장이 갈리면서 논쟁이 되고 있는 것이다. 셋째, 공중의제란 사회적 쟁점 중에서 사회구성원들의 대다수가 알고 있으며, 대다수가 어떤 방식으로든 정부가 개입하여 해결해야 한다고 생각하는 것으로, 이 사회적 쟁점의 해결이 정부의 권한 범위에 속하는 문제를 말한다. 넷째, 정부의제는 공중의제 중에서 정부기관이 심각하게 고려하여 문제 해결을 위해 공식적 의사결정과정을 통하여 검토하게 되는 문제로 볼 수 있다. 따라서 사회문제와 사회적 쟁점이 규명되면, 정책의제를 설정하기 위해 공중의제를 설정하여 정부의제로 발전시키게 된다(진혜경, 2012).

정책문제가 의제로 형성되기 위해서는 이슈를 제기하고 여론화 또는 문제화되어야 하는데, Cobb과 Elder(1982)는 이를 위한 방법이나 전략 또는 계기에 관한 정책의제형성 전략을 다음과 같은 네 가지로 제시한 바 있다.

첫째, 자신이나 집단 등의 개인적인 이해관계를 당설하기 위해서 이슈를 제기하는 이기적인 착취자(exploiter) 전략이다. 즉, 개인적인 이해관계를 앞에 내세우지는 않지만, 국가의 정책개입을 강력하게 주장하는 근본적인 동기나 발단은 개인의 입장이나 손익 계산 등을 이용하는 전략이다.

둘째, 예상하지 못한 사건이나 사고에 의해서 발행되는 이슈(circumstantial reactions)전략이다. 많은 경우에 전쟁이나 가뭄, 홍수, 자연재해나 재난 등의 천재지변이나 불가항력적인 사건이나 사고 등이 정책의제 형성을 쉽게 하는데 관련된다.

셋째, 기존의 체제나 가치 및 제도 등에 도전적인 입장을 갖는 것이다. 자신에게 돌아올 불이익이나 손해 혹은 편견 등을 없애기 위해서 서로 간 이해관계자의 경쟁에서 발생되는 재조정자(readujster) 전략이 있다.

넷째, 정책전문가나 기타 공공의 이익을 추구하는 단체 또는 개인 등이 사회의 정의와 선과 평화와 행복을 달성하기 위해서 제기하는 선행주의자(do-gooders)전략이 있다. 정책 서비스의 제공이나 수혜를 중심으로 하는 분배정책이나 재분배정책 또는 행동이나 판단을 적극적으로 규제하거나 간섭하는 규제정책 등의 경우에 이해관계자들의 이슈화 또는 이슈 잠재우기 등을 위한 다양한 전략과 전술이 사용된다.

이 밖에도 경제적인 재난, 기술과 과학의 혁신적인 발달 등과 같은 내부적인 기폭장치나 발단수단(triggering mechanism 또는 device) 또는 국제적이거나 국지적인 분쟁, 국제사회의 무역 분쟁 등과 같은 외부적인 기폭장치나 발단수단에 의해서 이슈제기가 쉬워지거나 촉진될 경우가 많다(Gerston, 1983).

일상적이거나 지지부진한 일들이 중요한 사건이나 사고 등으로 인해 신속하게 대응하거나 해결할 수단 등을 마련해야 한다는 광범위한 여론이나 공감을 불러오는 경우에 정책의제로 채택되기 쉬울 수가 있는 것이다(이해영, 2020).

청소년정책의 형성과정에서는 청소년문제가 사회문제화되면서 정책의제로 발전하게 된다. 청소년 문제가 개인의 문제가 아닌 사회문제화되는 것은 그 원인이 개인이 아닌 사회적인 것이고, 사회 다수가 이를 문제로 인식하고 있으며, 그 해결 방안도 사회적인 것이 되기 때문이다. 이때 사회의 지배적인 가치와 이념은 문제인식에 큰 영향을 받는다. 그러나 청소년 문제가 사회문제화되더라도 정책입안자들이 이를 정부 기관이 정책적으로 해결하기 위해 심각하게 검토할 수 있도록 공식적으로 정책의제화하는 것을 필요로 한다. 모든 청소년 관련 문제가 정책의제로 상정되는 것은 아니다. 사회쟁점화를 통해 사회가 공동으로 추구하거나 해결해야 할 문제로 인식되어야 정부의 정책의제로 발전할 수 있는 것이다. 이런 점에서 청소년문제의 심각성, 정치지도자의 관심, 청소년단체나 시민사회의 주도력, 청소년 관련 정부기관의 행정능력 등과 같은 다양한 환경요인과 사회현상들이 중요한 영향요인으로 작용하게 된다(진혜경, 2020).

2) 정책대안 형성(policy formation)과 정책결정

공공문제가 일단 정부의 공식적인 정책과제가 되면 필요한 일련의 조치인 정책수단이나 대책 즉, 정책대안(policy alternative)을 찾게 된다. 몇 가지 대안 중에서 어떤 것이 가장 효과적이고 우수한 것인가를 결정하고 선택하는 것이다. 정책형성단계에서는 정책 실무자나 학자들이 정책문제의 해결수단을 어떻게 탐색할 것인지 어떻게 하면 갈등적인 이해관계를 보다 원만하고 조화롭게 해결할 것인지, 예산, 제도, 시간, 사람, 기술, 정보 등의 주어진 제약요건을 최대한 활용하여 또 다른 문제를 발생시키지 않고서 어떻게 하면 정책과제를 해결할 것인지 등을 설명할 수 있어야 한다(이해영, 2020).

정책대안은 청소년정책의 가치와 이념 뿐 아니라 과거의 정책과 다양한 외국 정부의 정책과 사례, 그리고 역사적 경험을 토대로 검토할 필요가 있으며, 과학기술조사와 주관적·직관적 방법 등의 자료수집 역량과 정보능력이 요구된다(강병연, 2008). 정책형성의 유형은 일반적으로 다음과 같은 세 가지를 생각할 수 있다. 첫째, 일상적인 형성방법(routine formation)으로 일상적인 의제나 구 의제 또는 반복적으로 발생하는 정책과제를 기존의 정책과 별 차이 없이 시행할 수 있는 정책안을 형성하는 것이다. 둘째, 유사한 형성방법(analogous formation)으로 새로운 정책의제에 필요한 방법을 개발하지만, 의제가 기존의 정책이나 또는 시행되거나 결정된 것과 유사하기 때문에 기존의 것을 참조하여 유사한 정책안을 개발하는 방법이다. 셋째, 창조적인 형성방법(creative formation)으로 과거의 정책 경험이 없는 또는 참조할 유사한 정책과제가 없는 경우 정책대안을 준비하는 방법이다. 첫 번째와 두 번째 방법이 현실적으로 가장 많이 활용되고 있지만, 창조적인 형성방법에 의해 정책안을 준비하고 형성하는 것이 정책형성에서 중심이 될 필요가 있다(이해영, 2020).

또한 다양한 대안 중에서 정책을 결정하는 것은 가장 중요한 과정이다. 정책 대안을 바탕으로 정책 이슈의 내용을 정확히 파악하고 이를 해결할 수 있는 정책을 결정한다는 것은 목표 설정과 이를 달성할 수 있는 수단으로 정책의 대상과 내용, 전달 체계를 결정하는 것이다. 청소년정책의 결정단계에서는 정책목표를 결정하고, 이 목표를 달성할 수 있는 정책수단을 채택하는 일련의 과정을 거치는데, 정책 목표를 설정할 때는 정책의 효과, 소요될 비용,

비용의 배분, 달성 가능성 등을 고려해야 한다. 정책 목표 설정 후에는 최대한 여러 가지 대안을 탐색한 후 우선순위를 결정하여 최선의 정책수단을 도출하는 것이 이 과정의 궁극적인 목적이다. 청소년정책을 결정하는 기구들로는 국회와 대통령 및 중앙정부의 청소년정책 주관 및 관련 부처, 지방자치단체장과 의회 및 청소년 부서 등을 들 수 있다. 각 기구는 조직의 목적과 기능에 따라 소관 정책을 선정하여 세부 목표를 수립하고 정책수단을 채택하는 노력을 하게 된다(주경필·김진호, 2017).

정책수단의 대안을 선정할 때는 효과성, 효율성, 공평성, 충분성, 실현 가능성 등의 여러 가지 기준을 고려할 필요가 있다. 이러한 기준들은 정책집행 후의 정책평가 과정에서도 중요한 기준으로 검토하게 되는데, 여기에서는 대표적인 기준으로 다음과 같은 몇 가지에 대해 알아보기로 한다.

첫째, 효과성(effectiveness)은 목표를 달성할 수 있는 정도를 말하는 것으로 평가과정에서는 집행되었던 정책이 의도했던 목표를 달성했는지와 나아가서는 그 목표의 달성이 집행된 정책의 결과에 의해서 어느 정도나 이루어졌는가를 측정하는 것을 말하는 것으로, 정책의 성공 여부를 판단하는 가장 중요한 기준이 된다. 효과성은 서비스의 영향을 결정하기 위해 외부적 결과를 중심으로 하는 기준으로, 서비스 산출을 통한 목표 달성 정도를 고려한다는 점에서 목표지향적 기준이며, 평가단계에서는 제공된 행정서비스의 산출결과와 이를 통해 발생한 영향에 대한 비교평가에 초점을 두기 때문에 목표달성도, 수혜자만족도 등의 지표를 통해 측정된다.

둘째, 효율성 또는 능률성(efficiency)은 투입된 예산 대비 산출의 정도를 말하는 것으로 내부적 과정을 살피는 것이다. 정책목표의 달성 또는 의도한 정책 효과를 산출하는데 투입된 것과 산출된 것의 비율, 즉 서비스 생산에 필요한 비용(화폐나 노동)에 대한 제공된 서비스의 양 또는 목표로부터 수난을 단절한 상태에서 산출에 대한 투입의 비율을 산출하는 것을 말한다. 효율성 측정에는 순현재가치, 내부수익율, 편익비용비, 한계순현재가치, 한계내부수익률 등이 이용되며, 공공서비스 체계의 경제성을 판단하는 개념이다. 즉, 능률성은 투입된 비용과 산출결과에 대한 비교평가에 초점을 두는 것으로, 소요비용, 생산성, 자원활용도, 소요시간, 서비스 규모 등의 지표를 통해 측정할 수 있다.

셋째, 형평성(equity)은 개인의 노력에 대한 보상의 비율이 다른 사람의 그것과 동등한 상태가 형평이며 그렇지 못할 때 비형평을 인지하게 된다. 즉, 청소년을 형평성에 맞게 취급하고 있는지에 대한 기준이다. 청소년들이 자신이 필요하다고 느끼는 것보다 적게 받고 다른 사람은 필요 이상으로 받는다고 믿을 때 비형평이 인지되는 것이다. 형평을 바라보는 세가지 방식은 모든 사람이 동일한 수준의 서비스를 향유하는가, 일반적으로 각자 세금을 낸 만큼의 서비스를 받는가, 서비스 기관으로부터 서비스가 배분되어지고 난 후에 사람들은 동등한 조건에 있는가 하는 것이다. 형평성은 서비스 만족 차원에 큰 영향을 미치므로 정책결정의 중요한 기준이며 평가과정에서도 검토되어야 하는 것이다.

넷째, 대응성(responsiveness)이란 특정 집단의 욕구에 얼마나 잘 대응하고 있는지를 의미하며, 일반적으로는 정책수혜자들의 요구와 환경의 변화에 신축성 있게 대처해 가는 능력으로 이해한다. 대응성은 주민의 요구가 정책이나 서비스로 전환되는 정도, 정부의 의사가 주민의 이익을 고려하는 정도, 주민의 선호와 요구가 충족되는 정도 모두를 포함하는 것이다. 추후 정책평가과정에서는 지방자치단체가 지역사회 입장에서 얼마나 일을 잘 추진하는가, 주민의 선호 파악이 얼마나 적극적인가 등을 중심으로 측정할 수도 있으며 정부가 대응적으로 되기 위한 공식적 절차나 범위, 종류, 그리고 관료충원과 서비스 배분유형, 누가 가장 만족하며 효능감을 가지는가 등을 파악할 수 있다.

다섯째, 정책대안의 실현가능성(feasibility)은 그것이 정책으로 채택되고 그 내용이 충실히 집행될 가능성을 뜻하므로 정책으로서의 채택가능성과 채택된 후의 집행가능성을 모두 포함하고 있다. 실현가능성을 위해서는 정책의 채택이나 집행과정에서 정치적 지지의 가능성을 나타내는 정치적 실현가능성, 정책의 집행을 위한 조직이나 요원들의 이용가능성을 나타내는 행정적 실현가능성, 정책의 실현을 위한 재원의 확보가능성을 의미하는 경제적 실현가능성, 정책수단의 기술적 측면을 나타내는 기술적 실현가능성, 정책집행에서 다른 정책과의 모순가능성을 나타내는 법적 실현가능성, 정책내용의 윤리적 규범과의 모순가능성을 나타내는 윤리적 실현가능성 등을 모두 고려해야 한다.

한 가지 고려할 점은 다양한 대안들에 대해 이상의 기준들을 적용하여 정책을 결정하는 경우, 선택 기준이 때로 상충될 수 있다는 점이다. 다시 말하면, 효과성, 효율성, 형평성, 대응성, 실현가능성 등의 선택기준들은 상황에 따라 서로 충돌하여 어떤 기준을 우선시할 것인가가 문제가 될 수 있다. 이때 실현 가능성의 기준을 먼저 고려하고 실현 가능성이 없는 정책대안은 배제하는 것이 일반적이다. 다른 기준들 중에서의 우선 적용 문제는 가치판단의 문제가 될 수 있을 것이다(주경필·김진호, 2017).

3) 정책집행

정책집행은 결정된 정책 내용을 구체적으로 실현시키는 과정이며, 정책 내용이 실질적으로 대상에게 전달되어 현실화되는 단계이다. 정책집행 이전의 정책결정이 이루어지는 과정에서는 사회 구성원의 가치와 이념에 따라 큰 편차를 갖고 관련된 집단의 이해관계 속에서 복잡한 양상을 띠며 논의되지만, 정책의 집행은 그러한 논의가 이루어진 후에 이루어진다는 점에서 사회적 갈등은 상대적으로 적은 과정으로 볼 수 있다.

그러나 정책형성의 단계에서 결정된 정책이 최종적으로 선택되었다고 해서 당연히 정책과제로 적용되어 실천되는 것은 아니다. 많은 경우 정책대안이 법령으로 정립되는 입법화(legislation)의 과정을 거치게 된다. 이런 점에서 정책집행과 실행은 입법화를 통해 법적인 권위와 집행능력을 부여받은 정책대안이나 세부사업들이 현실적으로 정책과제를 해결하는 대안으로 얼마나 잘 실천될 수 있는가를 설명하는 것이다.

정책집행이 성공하기 위해서는 정책 집행자의 의지와 능력, 정책내용의 일관성과 명확성, 정책 집행을 뒷받침하는 인적·물적 자원의 확보, 우호적인 사회적 분위기와 여론, 관련 조직들 간의 유기적인 의사소통과 협조 등이 중요하다. 무엇보다도 정책 집행자의 의지와 정책의 일관성은 정책 집행자에 대한 신뢰를 갖게 하고 현장에서의 혼란을 예방하는 중요한 요소로 볼 수 있다. 정부에 대한 높은 신뢰는 우호적인 사회분위기 형성과 관련 조직 간의 효과적인 의사소통에 기여하고 사회적으로도 인적 자원과 물적 자원의 투입을 보다 효과적으로 확보될 수 있도록 하여 정책집행을 뒷받침하게 되는 것이다.

정책집행은 정책서비스를 제공하는 것이며 실현하는 정책활동이며, 이를 담당하는 정책집행자는 최종적인 정책서비스를 제공할 책임 있는 기관의 행정관료들이다. 청소년정책의 성과나 결과는 집행과정의 질에 따라 결정되는데, 청소년정책을 집행할 때는 조직, 지도, 조정, 통제 등의 행정활동이 이루어지게 된다. 중앙정부 부처는 정책결정 기능과 함께 하위 지방자치단체나 청소년 기관 및 단체의 청소년정책 집행을 조정 통제하는 기능을 가지며, 지방자치단체는 자체적으로 지역 청소년정책을 집행할 수 있는 권한을 부여받기도 하면서 이러한 지도, 조정 및 통제 기능을 수행한다.

Nakamura와 Smallwood(1980)는 정책집행자의 유형을 재량권의 형태와 강도에 따라서 다음과 같은 다섯 가지로 구분하였다.

첫째, 전통적인 기술관료(classical technocrats)로 주어진 정책내용과 규정을 기술적으로 조직계층의 명령에 따라서 집행하는 유형이다.

둘째, 제도적 위임자(instituted delegates) 유형으로 정책결정자와 법령에 의해서 집행이 광범위하게 집행자에게 위임되어 있기 때문에 정책 집행 수단을 선택하거나 집행의 범위를 결정할 때 상당한 재량권을 행사할 수 있다.

셋째, 협상자(bargainers) 유형으로 결정자와 집행자 간에 정책목표나 가치를 합의할 수 없는 경우에 정책가치뿐만 아니라 정책 수단에 관해서 서로 간에 협상하는 경우를 말한다.

넷째, 재량적 실험자(discretionary experimenters) 유형으로 정책결정자가 구체적인 사항을 분석하고 통제할 수 없을 때 집행자에게 광범위한 사항을 위임하는 경우이다. 집행자가 이를 받아들여서 실질적으로 세부적인 사항을 임의로 결정하는 것이다.

다섯째, 관료적 기업가(bureaucratic entrepreneurs) 유형으로 집행관료들이 정책의 결정권과 집행권을 전적으로 통제하고 그들의 권한 사항으로 처리하는 경우에 해당한다.

4) 정책평가

정책평가는 정책에서 결정된 구체적인 사업이나 사건을 집행한 이후에 정책이 원래의 정책가치와 목표를 어느 정도로 실현하였는지 등을 평가하는 정책결과나 영향을 점검하고 판단하는 것이며, 이후 새로운 정책과정에 반영하여 효과성과 효율성을 도모하는 장치로서 시행된다. 따라서 정책평가 단계에서는 정책목표가 바람직했는지의 목표설정의 타당성, 정책수단과 대상은 최선의 것이었는지의 적실성, 집행과정은 합리적이었는지, 정책효과는 좋았는지 등의 문제점과 정책효과성 등을 검토·분석하고 문제여부를 판단하는 일련의 비판적 과정을 갖는 것이다.

이에 따라 정책평가는 정책집행관련 정보의 축적, 정책과정상의 책임성 확보, 학문적 기여 등의 몇 가지 점에서 목적을 갖는다. 첫째, 정책평가는 정책의 계속 추진이나 수정에 대한 근거가 되고, 보다 효율적인 집행전략을 수립하는 데 유용하며 다음 정책 수립에 필요한 지식과 정보를 획득한다는 점에서 의미가 있다. 정책결정과 집행에 필요한 정보를 파악하여 이후의 과정을 위해 활용하는 역할을 한다. 둘째, 정책평가는 정책과정에 대한 법적·관리적·정치적 책임성을 높이고, 궁극적으로 국민에 의한 정책과정의 통제가 가능하도록 한다. 정책과정상의 책임성을 확보하게 되는 것이다. 셋째, 정책평가는 정책과정의 현실에 대한 자료를 확보함으로써 새로운 이론과 지식 획득에 기여하는 기능을 한다. 정책평가를 통해서 학문적으로 기여하는 의미를 갖는다(주경필·김진호, 2017).

정책평가는 목표, 시기, 평가자, 평가방법 등에 따라 여러 가지로 유형화할 수 있다. 여기에서는 평가목표에 따라 과정평가와 효과평가, 평가시기에 따라 형성평가와 총괄평가, 평가주체에 따라 자체평가, 내부평가, 외부평가, 평가방법에 따라 양적 평가와 질적 평가로 구분하여 살펴보기로 한다(천정웅 외, 1997).

첫째, 정책평가는 목표에 따라서 과정평가(process evaluation)와 효과평가

(impact evaluation)로 나누어 생각해 볼 수 있다. 과정평가는 집행과정을 검토하여 정책효과 발생의 과정을 밝히고 바람직한 집행전략을 수립하기 위한 평가이며, 효과평가는 정책결과를 평가하여 효과성이나 능률성을 파악하기 위한 평가이다. 과정평가는 회고적인 관점에서 정책의 결정과정과 집행과정을 포함하는데, 결정과정 평가는 정책이 정당한 절차에 의해 결정되었는지, 정책결정자가 여러 정책대안을 고려하여 최적의 대안을 선정하였는지, 적절한 시기에 정책이 결정되었는지 등을 확인하는 작업이며, 정책집행과정 평가는 집행계획의 타당성, 조직화의 적절성, 통제의 합리성, 정책집행자들의 만족도, 위기관리능력 및 공공관계의 적정성을 검토하는 과정이다(김형렬, 1990).

효과평가는 정책집행이 완료된 후 정책의 산출과 영향을 검토하는 과정으로, 일정 기준에 따라 산출이 각 체계에 미치는 효과를 평가하는데, 이러한 효과평가는 직접적 효과와 간접적 효과, 중·단기적 효과와 장기적 효과 그리고 의도되었던 효과와 의도하지 않았던 효과로 구분하여 이루어질 수 있다.

둘째, 정책평가는 평가의 시기에 따라서 형성평가(formative evaluation)와 총괄평가(summative evaluation)로 나누어진다. 형성평가는 과정평가와 거의 동일한 개념으로 정책의 집행과정에서 평가하는 것이며, 총괄평가는 정책집행이 완료되었을 때에 하는 평가이다. 이에 대해 M. Scriven(1972)은 형성평가를 정책집행의 개선과 그 효과의 증대 또는 성과의 효율성의 제고를 위한 평가라 하고 총괄평가는 정책을 시작할 것인가 하는 것을 결정하고 또 여러 정책대안 중에서 하나의 대안을 선택할 때 이를 위한 정보를 제공하기 위한 평가라고 하였다. Dunn(1981)은 형성평가는 공식목적과 목표에 대한 계속적 모니터링이며, 총괄평가는 정책이 집행에 들어가 일정기간이 지난 뒤에 공공목적과 목표의 달성여부를 모니터링하는 것이라고 하였다. 또한 양자의 구분은 정도의 치이에 불과하며 다만 형성평가가 성잭산출에 대한 모니터링 횟수가 많다고 하였으며, 형성평가를 발전적 평가(developmental evaluation)와 사후적 과정평가(retrospective process evaluation)로, 그리고 총괄평가를 실험적 평가(experimental evaluation)와 사후적 평가(retrospective outcome evaluation)로 구분하였다(박해육, 1989).

셋째, 정책평가는 평가자가 누구냐에 따라서 자체평가, 내부평가, 외부평가 등으로 나누어진다. 자체평가는 정책이나 사업을 담당하는 해당기관 자신이 평가하는 것이며, 내부평가는 그 정책이나 사업의 시행에 책임을 지고 있는 기관이 평가하는 것이며, 외부평가는 제3자가 하는 평가이다. 자체평가는 집행기관이 상부나 외부로부터 정책이나 사업을 평가받기 전에 스스로 행하는 과정으로, 정책이나 사업이 실질적으로 집행되는 수준에서 이루어지는 과정인데, 이는 흔히 자체평가단을 구성하여 실시한다. 내부평가 중 상부평가는 동일 집행체계 내에서 사업집행기관을 직접 통제하는 상부기관에 의해 실시되는 과정으로, 많은 경우 행정수반 직속하에 있는 평가기관이 행정부 내에서 추진되는 대부분의 정책, 사업 및 단위사업을 평가하는 경향이 있다. 외부평가는 집행체제 밖에 있는 기구, 정책수혜자 또는 전문가에 의해 평가가 이루어지는 과정으로, 공공영역의 경우 공식적·직접적 외부평가는 주민 또는 국민, 입법부, 자문기관 또는 전문가집단에 의해 실시된다. 비공식분야의 경우 집행부에서 추진되는 각종 사업이나 정책은 이사회나 주주총회에 의해 평가가 실시될 수 있다. 한편, 이와 관련하여 정책평가의 주체를 행정내부자, 정부내부자, 정부외부자로 구분하여 설명하는 경우도 있다.

넷째, 양적 평가와 질적 평가이다. 양적·질적 개념은 서로 불가분의 관계에 있지만 대체로 이들은 상대적인 것으로 이해될 수 있다(김형렬, 1990). 질적 평가는 정책 결과에 대해 서술적(descriptive) 내용으로 이루어지며, 이러한 평가에는 정보와 자료가 많이 요구되기 때문에 평가자는 주로 관찰과 심층적 면접에 의존하는 경향이 있다. 즉, 정책결정과 집행에 관여한 사람들뿐만 아니라 정책수혜자들을 만나 심층적·주관적 질문을 통해 자세한 자료를 획득하여 평가자가 정책결과에 대해 판단을 내리는 것이다. 이러한 질문을 위해서는 일종의 점검표(checklist)가 필요하며, 여기에는 정책결과에 대한 전반적인 내용이 포함되어야 한다. 양적 평가는 객관적 기준을 마련하여 이루어지기 때문에 여기에는 수치상의 지수(指數)가 반드시 필요하다. 평가자는 일반적인 지표를 토대로 하여 정책결과를 심사하게 되는데 이러한 지표는 질적 내용을 계량적으로 표시하는 것을 전제로 한다. 그러므로 평가자는 계량화 과정을 위해 통제적 실험방법, 조직적 관찰법, 표준화된 면접법, 연역법, 통계기법 등을 활용하여 가능한 한 객관적 자료를 얻을 수 있어야 한다. 그러나 양적 평가의 경우 정확한 정보와 자료를 획득하기 어렵고 정책결과에 대한 가치판단을 계량화하기 어려운 경우가 있으므로, 질적 평가에 의해 보완될 필요가 있다.

그 밖에 정책평가의 유형은 개인의 상식, 경험, 느낌, 가치관, 직관 등을 활용하는 주관적인 평가와 과학적인 조사방법이나 통계자료를 활용하는 객관적인 평가를 포괄한다. 한편으로 정책평가에서는 정책대안을 선택할 때 중요한 기준으로 고려하였던 효과성, 효율성, 형평성, 대응성, 실현가능성 등과 같은 기준을 다시 핵심적 준거틀로 검토할 필요가 있다. 즉, 목표를 어느 정도 달성했는지(효과성), 투입에 비해 어느 정도의 산출을 가져왔는지(효율성), 정의 실현에 어느 정도 기여 했는지(형평성), 특정집단의 욕구에 얼마나 잘 대응하였는지(대응성), 그리고 정책 대안이 정책으로 채택되고 그 내용이 얼마나 충실하게 집행되었는지(실현가능성) 등에 대해서 평가하는 것이다.

대체로 정책평가는 정책의 집행 이후에 최종 평가를 하는 사후(ex post facto) 평가로 시행되는 것이 대부분이다. 위에 언급된 다양한 정책평가의 핵심 기준들을 적용하여 평가하는 것이다. 그러나 청소년정책에 대한 평가는 중간 평가와 모니터링이 정책집행 과정에서 지속적으로 이루어지고 있으며 특히, 사후 평가 보다는 과정평가가 더 중요하게 다루어지고 있다는 점을 주목할 필요가 있다. 이는 청소년정책의 성격상 일시적인 과정으로 종결되는 정책 보다는 지속적으로 시행되는 정책이 많기 때문이다. 더욱이 청소년정책은 청소년을 대상으로 하는 정책이라는 점에서 대상의 변화를 단기간에 측정하기가 쉽지 않으며 정책의 효과도 대부분 장기적으로 나타나는 특성이 있다. 이런 점에서 과정 평가가 중요하며 이를 통한 평가 결과를 반영하여 이후의 지속적인 정책집행이나 정책변경 또는 정책중단 여부 등을 결정하게 된다(진혜경, 2012).

5) 정책종결

정책종결은 정책 자체를 소멸시키거나 폐지하는 것을 의미하기도 하지만, 현실적으로는 새로운 정책사업으로의 승계나 변경 또는 변화된 정책환경이나 목적 및 철학 등에 대응할 새로운 정책의 개발이나 창안 등을 포함하는 환승(換乘)의 의미로 볼 수 있다(de Souza & Secchi, 2015). 정책은 현실적으로 정책현장의 집행이 불가능하거나 불필요한 경우, 정책을 수정·보완하거나 폐기할 수 있다. 마찬가지로 정책이 성공적으로 시행되었다면 완결되면서 종결될 수 있다. 정책평가 결과가 성공적이지 않다면, 그 원인을 찾아서 재확인하거나(정책과제나 문제의 재구성), 정책환경변화에 따른 적응의 문제(적응기능)를 검토하든지, 부분적으로 만족되는 결과가 나왔을 경우에는 계속적으로 정책을 추진할 것인가(계속 기능) 등을 설명하고 실천할 수 있어야 한다. 이것이 정책종결의 역할이고 당위성이다(Ferry & Bachtler, 2013).

그러나 일단 정책이 법령으로 제정되면 그 이후에 이를 폐기하거나 대체한다는 것이 정책의 입법과정에서 쉬운 일이 아니다. Bardach(1976)는 이를 다음과 같은 네 가지로 설명한다. 첫째, 정치적 측면에서 보면, 일단 정책을 형성하고 집행하는 과정에서 다양한 이해관계가 구축되면 이것을 타 목적이나 새로운 체제로 변환 또는 전환시키기는 쉬워도 종결시키기는 쉽지 않다. 정책이 정치적 의사결정이고 책략이기 때문이며 정책종결도 정치적 결정을 필요로 하기 때문이다. 둘째, 정책은 일반적으로 장기적인 결정 패턴과 목적을 가지고 있다. 동시에 여기에 많은 비용을 투자한 매몰비용이 크기 때문에 정리하기는 쉽지 않은 것이다. 셋째, 정책종결에 대항하는 반대연합세력이나 작전이 만만하지 않다. 해당 정책과 관련한 조직과 제도 그 자체뿐만 아니라 여기에 속한 사람들이 연합을 형성하여 종결에 반대하거나 저항하기 때문이다. 넷째, 정책종결은 일반적으로 정책의 부정적 의미가 강하거나 정책 평가에서 하위등급을 받은 경우에 고려될 수 있다. 종결한다는 것은 성공한 정책보다 실패한 것을 정리하는 데, 이를 공식적이거나 정치적으로 정리하기는 쉽지 않은 것이다.

이런 점에서 정책종결을 위해서는 어떤 기준을 정해서 어떤 전략으로 종결시킬 것인가 아니면 계속할 것인가, 아니면 새로운 정책대안을 찾을 것인가 하는 것 등을 결정할 필요가 있다. 따라서 정책종결을 하려면, 경제적, 행정적, 정치적으로 적은 비용으로 종결에 따른 저항을 최소화하면서 불필요하거나 불완전한 이미 끝난 정책을 정리하는 것이 중요하다(Behn, 1982). 특히, 정책과정의 현실에서는 일단 구성되고 시작된 정책은 체계적으로 살아있으며 움직이는 유기체로 볼 수 있다. 정책 그 자체는 생존전략으로 목표를 변화하든가 수단과 목표를 대체하는 등과 같은 노력으로 저항하는 경우가 많으며, 여기에 사람의 경우 일자리와 생계문제가 관련되어 있기 때문에 정책의 성공여부와 무관하게 폐지하는 것에는 저항하게 되는 것이다. 그렇다고 종결해야 하는 상황에 있는 정책을 지속하는 것은 큰 낭비가 되므로 충분한 검토와 설명이 있어야 할 것이다(이해영, 2020).

정책종결은 정책형성으로서의 성격과 정책환경 및 정책과정으로서의 성격을 가진다(류종훈, 2006). 첫째, 정책형성으로서의 정책종결이다. 정책종결은 집행되고 있는 정책에 단순한 수정을 가하거나 폐지함으로써 정책과정을 단절시키는 의미로서가 아니라, 새롭고 더 나은 정책으로 연결시켜주는 정책종결단계로 인식되어야 하기 때문에 일련의 정책과정에서 관찰되는 피드백에 의한 정책형성으로서의 성격을 가진다. 뿐만 아니라 기능적 종결(functional termination)과 구조적 종결(structural termination)의 특성으로 나타나고 있기 때문에 행정에 있어서는 여러 자원의 삭감으로 표현된다. 이 같은 자원의 삭감 중에서 대표적인 것이 예산이다. 기능적 종결은 정책과 사업이 대체되거나 재수정되는 것을 말하며 문제해결과 문제소멸의 형태로 나타난다. 구조적 종결은 조직의 감축 내지 종결이 주어진 정책 목적 달성에 필요하다면 행해질 수밖에 없는 특징과 관련되며 기능적 종결에 비해 발생 빈도가 낮다.

둘째, 정책순환으로서의 정책종결이다. 정책종결이 이루어질 수 있는 가장 바람직한 조건은 정책목표의 성공적 실현이라고 할 수 있는데, 현실적으로 정책문제의 완전한 해결이나 제거가 불가능하므로 정책종결 조건의 완전한 충족은 불가능하다. 그렇기 때문에 정책과정은 영속적인 순환과정을 이루게 된다. 따라서 정책과정의 영속적인 순환성에서 볼 때 정책종결이란 인위적 행위인 것으로 어떤 경우에 정책 종결이 이루어지지 않은 것처럼 보일 때도 그것은 인위적 의도성이 너무 약해서 명시적으로 표현되지 않았을 뿐 인간의 의도적 행위가 없이 정책종결이 이루어졌다고 볼 수 없다는 것이다. 가장 이상적인 정책종결의 조건은 정책문제의 완전한 해결(problem resolution)이지만, 현실 속에서 이런 조건은 절대로 충족될 수 없는 것이기에 정책과정은 정책형성, 재형성의 순환과정을 이룬다.

셋째, 정책과정으로서의 정책종결이다. 정책종결은 문제의 유발로부터 시작하여 정책종결의 채택, 집행을 거쳐 실제로 정책을 종결시키는 일련의 과정을 형성하기 때문에 이러한 정책결정과정은 상이한 문제의식과 목적, 현실감, 그리고 상이한 종결전략을 가진 다양한 관련인이 참여하여 상이한 시기에 상이한 방법을 활용하기 때문에 대단히 복잡하고 역동적인 정치과정으로 나타나게 되어 있다. 이렇게 볼 때 정책종결의 과정은 그 본질에 있어서 정책형성과정과 다름이 없다고도 할 수 있다. 정책종결은 정책의 형성단계나 집행단계 등 여러 경우에 고려될 수 있기 때문에 장기간에 점진적으로 종결되거나 단기간에 이루어질 수 있다. 그러나 어느 경우든 종결은 집행되는 정책이 내포하고 있는 문제점을 의식하고 여러 사람들 간에 공감대를 형성하고 궁극적인 정책종결을 결정하고 종결을 집행하는 일련의 과정을 형성하기 때문에 정책종결은 정책과정을 거치게 되는 것이다.

2 정책분석

정책분석(policy analysis)은 다양하게 정의될 수 있다. 그러나 정책과정에 대한 논의와 구분하는 관점에서 보면, 정책분석은 일반적으로 합리적이고 가치중립적인 입장에서 정책대안을 개발하고 이에 필요한 이론과 지식을 설명하는 분야이며 가치와 사실을 구별하는 입장을 갖는다. 즉, 객관적이고 중립적이며 과학적인 방법으로 정책대안을 개발하고 이에 필요한 정보를 분석하고 제공하고자 하는 것을 그 목적으로 볼 수 있다. 따라서 정책목표나 국정의 정치적이고 이념적인 가치판단보다는, 정책대안의 개발에 필요한 기술적이고 객관적인 방법이나 지식에 초점을 두고 있다. 이에 방법론적으로는 개인주의에 기초를 둔 계량적인 방법이나 행태주의를 취한다.

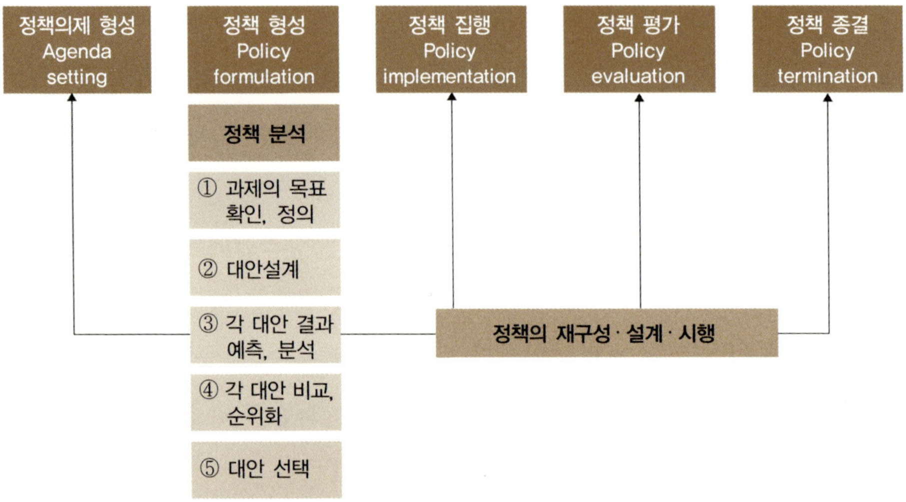

그림 3-1 정책과정과 정책분석의 통합적 구도

출처: 이해영(2020). p. 186.

정책분석은 정책과정(policy process)에서 정책대안을 개발하고 창안·주장하며 제안하는 정책형성의 구체적 내용을 설명하는 것으로 정의할 수 있다. 따라서 정책과정에서 정책분석론을 통합하는 구도는 그림과 같이 정리할 수 있다. 즉 정책과정의 두 번째 단계인 정책형성이 정책분석론의 일반적인 내용을 이룬다고 본다.

Dunn(1981)은 정책분석에서 추구하는 정보의 유형과 그에 따른 접근방법을 3가지로 구분한다. 정보의 유형으로 ① 문제가 해결되었는지에 대한 판단 기준이 되는 가치(value)에 대한 정보, ② 가치의 실현을 제한하거나 가능하게 하는 사실(fact)에 대한 정보, ③ 문제의 해결과 가치의 실현을 가져다 줄 수 있는 행동(action)에 대한 정보 등이 있다. 이러한 정보들을 얻기 위해서 분석가들은 경험적, 평가적, 규범적인 세 가지 접근을 하게 된다.

첫째, 경험적 접근은 주어진 정책의 원인, 효과의 기술에 주된 관심을 가지고 존재하는 사실을 분석하며, 생산된 정보는 지시적이다. 국가의 청소년 정책에 대한 지출에 대해 기술, 설명, 예측하는 것을 들 수 있다. 둘째, 평가적 접근은 어떤 정책의 가치를 결정하는 데 관심을 갖는다. 그 정책에 무슨 가치가 있는지를 분석하며 정보의 성격은 평가적이 된다. 다양한 청소년정책에 대한 기술적인 정보를 산출한 후에 그 정책들의 윤리적, 도덕적인 의미나 결과를 평가하는 것이다. 셋째, 규범적 접근은 사회문제의 해결을 위한 앞으로의 행위과정을 추천, 권고하는 일에 관심을 두고 무엇이 행해져야 되는가에 대한 옹호적 정보를 산출하는 것이다. 사회적 불평등 문제를 제거하는 데 있어서 최저임금의 보장을 제안한다든가 하는 것이다(이태영, 2008).

1) 정책분석의 과정

(1) 정책과제의 확인과 정의

정부의 정책의제로 공식적으로 채택되었다 할지라도, 정책사항으로서 해결해야 할 국정과제를 명확하게 확인하고 정의할 수 있어야 한다. 이것이 정책대안을 마련하기 위해서 가장 먼저 요구되는 사항이다. 올바르고 정확하게 국정과제를 파악하고 그것이 추구하는 목표를 확인할 수 있다면 정책의 절반 이상은 이미 성공적이라고 해도 과언이 아닐 것이다.

정책의 과제나 문제를 잘못 정의하고 목표를 파악하면, 그 이후로 훌륭한 수단을 마련하고 이를 성실하게 집행한다고 해도 처음부터 길을 잘못 들어선 채 열심히 노력하는 것과 같다. 그래서 무엇보다도 정책문제를 정확하게 확인하고 정의하는 것이 가장 중요하다.

정책과제나 목표는 유동적이다. 또한 시대적인 맥락과 환경적인 가치와 철학 및 우순 순위 등에 따라서 정책과제는 다양하고 복잡하게 정의되고 인식될 수 있다. 때문에 정책과제가 발생하게 된 역사적이고 사회적인 배경을 사전에 파악하고 이에 기초해서 정책과제를 정의할 수 있어야 한다. 특히 문화적이고 사회적이며 역사적인 전통이나 지배적인 패러다임 등에 관한 충분한 정보와 연구가 없으면 문자 그대로 탁상공론적인 현실성이나 실현가능성이 없는 정책안을 구성하게 된다.

정책과제의 정의나 목표확인도 정부 수준에 따라서 달라질 수 있다. 지방자치정부가 독립된 정책결정 주체로서 정책을 수행하는 지방정책의 경우에 정부 수준에 따라서 국정이나 정책과제의 인식 정도와 발달배경, 중요성의 정도, 대응방법이나 민감도 등이 달라진다.

(2) 정책대안의 설계

정책과제나 목표가 정확하고 분명하게 정리되면 필요한 행동방안을 마련하는 작업은 대체적으로 쉽다. 또한 타당하고 적절한 대책이 될 가능성도 보다 커질 것이다. 그러나 국정의 목적이나 성격 또는 해결하거나 확인해야 할 내용 등을 정확하게 파악한다고 해도 필요한 여러 가지 대책이나 대안을 찾는 일은 그리 간단하지 않다.

상식적으로 일이나 과제의 성격과 특성을 모르고서 그 일에 대한 대책을 찾을 수 없듯이, 적절한 지식과 정보, 다양한 경험과 미래상황에 대한 비전과 예측 능력, 그리고 여론 분석 능력 등이 있어야 정책대안을 고안하고 설계할 수 있다.

창조적이면서 실용적이고 효용이 큰 정책대안을 설계한다는 것은 현실적으로 복잡하다. 정책결정이나 분석 등의 내용은 정책 대안을 창조하기 위한 이론과 지식이나 기법 또는 분석틀 등을 다룬다. 다양한 정책이론의 핵심은 어떻게 하면 보다 능률적이고 효과적이며 생산적인 정책대안을 찾아낼 것인가를 설명하는 것이다.

(3) 정책대안의 결과 예측 및 분석

이 단계에서는 개발된 몇 개의 정책대안이 과연 실제로 실행되었을 때 어느 정도로 정책과제를 해결하고 대책이 될 수 있을 것인가 하는 점을 사전에 각 대안의 실행결과를 예측하여 분석하는 것이다.

이때 필요한 대표적인 분석방법으로 시뮬레이션, 비용-효과분석, 민감도 분석, 위험분석 등을 들 수 있다. 또한 단순한 양적인 분석뿐만 아니라 상황적인 가치판단과 윤리기준에 의한 이해관계의 판단을 위해 역사적이고 사회적인 맥락을 분석하기 위한 정성적인 분석방법도 필요할 것이다.

(4) 정책대안의 비교 및 순서화

정책대안의 결과예측에 의해서 제안된 여러 가지의 정책대안을 일정한 기준에 따라서 비교하여 우순순위를 만드는 작업이 필요하다. 이때 중요한 활동으로 일정한 기준에 따라서 각 대안의 가치를 비교하고 순서화(ranking)할 수 있다. 실제로 정책대안의 결과를 예측할 때도 일정한 기준이 필요하다. 마찬가지로 정책대안의 순서를 만들 때도 그 때 사용한 기준을 사용하여 비교하고 순서화해야 할 것이다. 일반적으로 많이 사용하는 기준으로 능률성, 효과성, 형평성, 적절성, 대응성, 집행가능성(feasibility), 사회적 가치와 윤리 등이 있다.

(5) 정책대안의 선택

최종적으로 정책대안의 선택은 정책을 결정할 수 있는 일정한 권한과 자격을 가진 정책결정자나 책임자에 달려 있다. 일반적으로 정책결정권자는 정치적 의사결정을 할 수 있는 정치 수장이나 국회이다. 그리고 법원의 경우에도 법률적 사례나 분쟁의 판단을 통해서 국가정책의 결정권한을 가질 수 있다.

여기에서 한 가지 어려운 문제가 발생하게 된다. 즉, 다름 아닌 정책전문가나 분석가의 역할이다. 그들의 주요 임무는 중립적이고 기술적인 입장에서 정책안을 개발하고, 성공적인 정책에 필요한 정보와 자료를 과학적이고 객관적으로 제시하는 것이다. 그러나 최종적인 정책결정자뿐만 아니라 정책분석가나 전문가도 그들 자신의 입장에서 정책가치나 정치적 맥락을 판단하고 있다.

정책대안을 선택한다는 것은 곧 정책을 확정해서 이를 실행하겠다는 것이다. 따라서 일반적으로는 정책의 선택이나 결정이 법령으로 제정(legislation)되는 경우가 많다. 법령으로 명문화되고 성문화된 정책은 원래의 정책목표와

을 충실히 구현할 수 있어야 한다.

정책은 입법과정에서 정책의제의 성격이 변화되는 경우가 많다. 또한 과학적이고 논리적인 분석을 통해 제시된 다양한 대안들이 입법과정에서 정치적 이해관계나 정당 간의 당파적 갈등이나 조정 등에 따라서 수정되거나 삭제

또는 첨가되는 경우도 많다. 그래서 정책은 입법과정에서부터 정치적 책략의 본성을 잘 보여준다. 이와 같은 입법과정이나 제도 등은 국회나 지방의회의 주요활동이 되며 이런 이유로 전통적으로 정책의 법령화(legislation)는 행정학이나 정책학 또는 법학 등에서 설명하기보다는 정치학에서 설명하는 경우가 많은 것이다.

정책이 볍령화되어야 법적 권위와 강제적이고 행정적인 집행능력이 발생할 수 있다. 그러나 모든 정책대안이 법령화되는 것은 아니다. 정책과제나 정책상황에 대한 구체적인 행동지침과 강령으로 규정되어 정책이 되기도 한다.

2) 정책대안의 탐색과 정책결정이론

정책대안을 탐색하고 다양한 대안 중에서 최적의 대안을 선택하는 정책결정의 과정은 매우 중요하다고 할 수 있다. 정책의제의 내용을 정확히 파악하여 이를 해결하기 위한 정책목표와 수단, 정책대상과 내용, 그리고 전달 체계를 결정하는 것이기 때문이다. 여기에는 여러 가지 대안 중에서 정책으로 시행될 것을 결정하는 과정을 설명하는 여러 모형들이 정책결정이론으로 제시되고 있다. 대표적으로 합리모형이 있으며, 이를 수정한 모형들이 만족모형, 점증모형, 혼합모형 등의 이름으로 고려되고 있다.

(1) 합리모형

의사결정이나 정책결정에서의 합리모형(rational model)은 완벽주의(perfectionism)의 합리성(rationality)을 전제로 하고 있다. 인간은 합리적인 사고방식을 따른다고 전제하고, 국가의 정책은 이와 같은 합리적인 인간들이 모여 가능한 모든 대안들을 비교·분석하고 합리적으로 최적의 대안을 선택함으로써 결정된다고 본다. 즉 정책과제의 목표를 정확히 정의하고, 그에 관련된 모든 정보와 자료를 수집하고 분석하여 사회적이고 정치적이며 경제적으로 분석가능한 모든 비용과 효과를 구체적이고 계량적이며 화폐적인 가치를 제시하여 최고 또는 최적의 정책을 선택해야 한다는 논리이다.

Anderson(1979)은 의사결정에 있어서 합리모형의 특성을 다음과 같이 기술하면서 이 과정의 결과를 합리적 의사결정으로 보았다.

① 의사결정자는 주어진 문제에 직면하는데, 그것은 다른 문제들과 분리될 수 있거나 그것들에 비해 최소한의 의미가 있다고 생각하는 것이다.
② 의사결정자는 목표, 가치, 목적 등을 명확히 하고 우선순위를 부여한다.
③ 문제를 해결할 다양한 대안들을 탐색한다.
④ 각 대안을 선택한 결과(비용과 편익)를 조사한다.
⑤ 각 대안과 그 결과를 다른 대안들과 비교한다.
⑥ 의사결정자는 목표, 가치, 목적을 최대한 달성할 수 있는 대안을 선택한다.

정책의 결정자는 정책 결정에 필요한 충분한 정보와 판단력을 지녀야 할 것을 가정하고 일정한 순서와 기준에 따라서 단계적으로 모든 사회비용과 가치를 분석한 후 이를 비교해서 최선이 행동방안을 선택한다는 의미로 합리모형을 이해할 수 있다. 합리모형은 정책 대안의 탐색과 결정에 필요한 하나의 기준이나 원형의 역할을 할 수 있다.

요약하면, 합리적 의사결정이란 필요한 모든 정보를 수집하고 각기 다른 선택에 대한 정보를 비교하며, 그것들 중에 가치와 이익을 가져다 줄 수 있는 최선의 것을 선택하는 것이다. 그러나 합리적인 의사결정은 하나의 이상형으로서 실제로는 여러 가지 제약 때문에 그것을 적용하는 데에는 한계가 있다(이태영, 2009).

(2) 합리모형에 대한 수정모형들

합리모형이 설득력이 있는 모형으로 이해되고 있지만, 인간은 합리모형에서 가정하고 있는 것과 같이 합리적이지 않으며, 정책결정가들이 가능한 모든 대안을 고려하여 정책결정을 하기에는 현실적인 여러 가지 어려움이 많다는 점이 합리모형의 한계로 지적된다. 이런 점에서 합리모형을 수정한 만족모형·점증모형·혼합모형 등이 논의되고 있다.

① 만족모형(satisfying model)

만족모형(satisfying model)은 정책 대안을 개발하고 탐색하는 비용을 최소화하면서 정책결과를 최대화할 수 있는 정책결정이론으로 제시되었다. 즉, 정책결정을 단순하게 설명할 필요가 있으며, 이때 하나의 기준은 정책결정자나 결정체제의 만족 수준이라고 보아 이름 붙인 것이다. 만족모형은 정책 결정자 역시 모든 정보를 알 수 없고 전체 문제에 대해 부분적인 정보만으로 의사결정에 임한다고 본다. 즉, 제한된 정보하에서 만족할 수 있는 대안을 결정하는 것이다.

Simon과 March(1958)는 짚더미에서 바늘을 찾는 것에 비유하여 정책대안을 형성하는 만족모형을 설명하였는데, 많은 노력과 시간과 비용을 들여서 최적이라고 할 수 있는 날이 곧고 뾰족한 것만을 찾을 것이 아니라 사용할 천과 시간과 노력을 고려해서 적당하다고 생각되는 바늘을 골라서 사용하면

된다는 것이다. 이것은 바느질하는 사람들이 완벽하지 않지만 만족한 정도의 수준에서 일을 결정하는 것과 같은 이치이다.

인간은 개인적으로 보면 합리적이지만, 조직이나 단체 등의 의사결정에 참여할 때는 합리적이고 고결한 인간으로 행동하지 않는다는 것이다. 즉 합리주의자로 노력할 뿐이다. 다시 말해 단지 현실적인 환경과 조직분위기, 관습과 권위, 일의 분업과 의사전달, 교육과 세뇌 등에 의해서 인간은 자기가 합리적이라고 생각하는 것과 조직의 합리적인 것과의 갈등을 가장 적게 느끼는 수준에서 의사결정을 하게 되고 여기에서 만족한다는 것이다.

그러나 만족모형은 개인적인 의사결정과 조직 수준에서의 결정을 어떻게 항상 구별할 수 있을 것인가 또는 만족한다는 것이 어느 정도의 수준에서 만족한다는 것인가 하는 것 등을 분명하게 구별할 수 없다는 약점이 있다. 너무 현실적이고 보수적인 입장이어서 변화나 혁신을 설명할 수 없다는 단점도 있다.

② 점증모형(incremental model)

점증모형(incremental model)은 문자 그대로 점진적인 변화나 변동을 추구하는 선에서 기존의 정책을 모체로 해서, 새로운 것을 결정하는 것으로 설명할 수 있다. Lindblom(1959)은 합리성과 관련하여 인간의 정보능력은 제한적이기 때문에 의사결정자들은 모든 정보를 가질 수 없고 그 결과 모든 대안의 평가는 불가능하다고 본다. 그는 합리성의 제한이라는 조건에서 더욱 적절하고 현실적인 의사결정 모형을 제시하는데, 그것이 바로 제한적, 계속적 비교(limited, successive comparison) 방법이다. 이 비교의 방법은 현재의 정책으로부터 상대적으로 크게 다르지 않는 대안들로 비교를 제한한다. 이 제한은 조사해야 할 대안들의 수를 줄이며, 각각에 대한 분석의 성격을 단순화시킨다. 이에 따라 이러한 의사결정이 가진 특징은 소규모의 점진적인 변화가 단계적, 지속적으로 이루어지고, 목표달성보다는 합의에 의존하며, 시행착오를 통하여 이루어진다는 것이다. 점증모형은 대안 모색 시 과거의 정책이나 외국 여러 나라의 정책 등 기존의 정책들을 수정하여 점증적으로 개선된 안을 결정해 나가는 것을 강조한다. 특히 다양한 이해관계가 격돌하는 정치의 소용돌이 속에서는 과거의 유산이나 전통, 관습, 제도, 기존의 정책 등을 기초로 해서 한계적인 변화나 변동(marginal change)을 유발할 수 있는 정책대안을 탐색하고 결정하는 것이 현실적으로 타당하고 실현가능성이 크다고 본다.

현실적으로 정책결정권자의 입장에서는 합리적인 방법에 따라서 모든 정보와 자원과 대안을 고려하는 것이 너무 많은 비용과 시간으로 인해 부담이 되거나 능력이나 불확실성 또는 정치적인 부담 때문에 불가능할 수 있다. 또한 기존의 정책이나 체제에 이미 많은 비용이 투자되어 있는 매몰비용(sunk cost)이 과다한 경우에는 점증주의 결정방법이 현실적으로 더욱 타당하다.

그러나 점증모형은 기존의 정책을 준거틀로 삼을 수 없는 경우나 정책환경이나 목표, 가치문제의 성격 등이 급격히 변화된 경우, 위기나 천재지변의 재난, 또는 과거에 없었던 새로운 사업을 시행해야 하는 경우 필요한 정책대안의 탐색과 결정을 설명할 수 없다는 약점을 갖는다. 기술적으로도 어느 정도의 변동이나 변화를 점증이나 점감이라고 할 것인가 하는 측정상의 문제가 있기도 하다(이해영, 2020).

③ 혼합-스캔 모형(mixed-scanning model)

혼합-스캔 모형(mixed-scanning model)은 Etzioni(1968)가 중심이 되어 합리모형과 점증모형을 다 같이 비판하면서 동시에 각 이론의 장점을 취할 수 있는 접근방법으로 제시한 것이다. 즉 혼합-스캔 모형(mixed-scanning model)은 정책 결정의 합리모형과 점증모형을 절충하여 상호 보완적인 내용을 혼용함으로써 현실적이면서도 합리적인 정책을 결정할 수 있다고 보는 이론이다.

이 모형은 우선 합리모형에 따라서 정책을 결정할 만큼 인간의 능력이 발달되어 있지 못하기 때문에 아직까지 현실 그 자체로서 합리모형을 준수할 수 없다고 보았으며 또한 점증이론도 창조적이고 변동적인 정책결정을 완전하게 설명할 수 없다고 보았다(이해영, 2020).

따라서 혼합-스캔 모형의 입장에서는 점증모형보다는 창조적이고 세밀하게 또 변화에 대응할 수 있는 정책대안을 마련할 수 있다고 본다. 그러나 어디까지 합리적인 접근방법을 취할 것이며, 어느 부분에서는 점증이론을 따를 것인가를 결정하기 어려운 애매모호한 입장이 될 수도 있다는 점에서 혼합-스캔 모형은 정책결정의 새로운 접근방법이라기보다는 기존의 합리모형과 점증모형을 절충한 것이라고 볼 수 있다.

(3) 쓰레기통 모형(garbage-can model)

쓰레기통 모형(garbage-can model)은 합리적인 대안을 모색할 수 있는 논의가 이루어지지 않은 상태에서 우연적인 상황이나 혹은 정책 결정권자들의 자의적인 해석 같은 비합리적인 의사결정으로 정책이 결정된다고 본다. Cohen, March와 Olsen(1972) 등은 이러한 조직에서는 합리적 의사결정을 저해하는 조건하에서 의사결정에 필요한 4가지 흐름이 우연히 결합함으로써 정책결정이 이루어진다고 본다.

쓰레기통 모형은 정책결정이 진행되는 과정에서 개인적인 수준에서의 의사결정이 아닌 조직의 역할을 중심으로 조직이론과 제도적 접근방법의 의사결정을 설명한다. 기본적으로 조직에는 문제, 해결책, 참여자, 선택의 기회라고 하는 네 가지의 흐름(streams)이 지배하는데, 일상적인 경우에는 이러한 네 가지의 흐름이 규칙과 가치와 질서에 의해서 작용하지만 선택인 정책을 결정해야 할 시기와 기회가 오면 네 가지 흐름들의 주류가 얽히고 설켜 최종적인 의사결정이 이루어진다고 설명한다. 이런 상황은 마치 쓰레기통 속에서 정책이나 의사가 결정되는 것과 같다고 해서 이것을 쓰레기통 모형이라고 명칭을 붙이고 있다. 그러나 모든 의사결정자가 모든 문제에 항상 참여하는 것은 아니며, 현실적으로 의사결정이 항상 쓰레기통 속에서처럼 상당히 무작위하게 이루어지는 것도 아니다.

쓰레기통 모형은 최근의 정책결정들이 충분한 논의가 이루어지지 않은 채 일방적인 통과 등에 의해 정책이 결정된다는 점을 강조하고자 한다(진혜경, 2012). 보다 현실적으로 보면, 청소년정책의 정책결정자도 인사이동 등으로 인한 잦은 교체로 인해, 정책의제나 해당 문제에 대한 충분한 대안을 검토할 시간이 부족한 경우가 많다는 점을 지적할 수 있을 것이다.

쓰레기통 모형은 조직집단에서 역동적으로 움직이는 조직의 의사결정을 미시적으로 설명한 장점이 있다. 또한 정책결정 과정에서 나타나는 조직단위의 의사결정형태와 문제에 따른 해결책을 제시하지 않았지만 해결책으로 제시된 대안이 더 많은 문제를 발생하게 할 수 있다는 점을 설명한 장점이 있다. 그러나 현실적으로 무엇이 쓰레기통이며 마치 쓰레기통 속과 같이 의사결정에 관련된 각각의 흐름이 혼합되어 어떻게 존재하고 있는지 그 실태를 정확하게 설명하지 못하는 단점도 있다.

3) 정책분석의 방법

(1) 정책논증

정책논증(policy discourse) 또는 정책 논변(policy argument)은 엄격한 과학적 분석을 바탕으로 하는 정책분석론의 타당성을 비판한다. 이 비판은 정책의 본질적 속성이나 인간을 중심으로 하는 가치나 판단, 행복이나 만족의 조건, 정책의 목표 등에 의한 정치적 이해관계나 공공성 등을 전통적인 분석에 통합하고자 하는 Habermas의 담론 개념을 기초로 하고 있다. 담론이론(discourse theory)은 담론 참여의 당사자들이 동의할 수 있고, 모든 사람들의 이해관계를 고려할 수 있는 보편화의 원칙에 따라야 한다는 것을 강조하고 있다. 따라서 담화의 진출입은 공개적이고 평등하게 참여할 수 있으며, 진실을 말할 수 있고, 자신의 입장을 강요당하지 아니할 수 있는 이상적인 담화 상황에서 합리적 논증을 구성할 수 있다는 주장이다(최은광, 2016).

먼저, 정책문제나 과제에 적절한 정보가 정책논변의 시작이 된다. 정책정보를 정책주장으로 이동시키고자 하는 논거(warrant)가 정책주장을 정당화하게 되면 그 다음으로 반증(rebuttal)이 발생한다. 반증에 의하여 정책의 한정된 조건이나 상황이 변화되거나 수용될 수 있다. 정책논변의 진행과정에 따라서 정책결정자와 정책 분석가 및 정책당사자들이 상호간에 의견을 교환하면서 최종적으로 정치적 담합이나 교환, 협상 등에 따라 정책을 결정할 수 있다고 본다.

(2) 미래예측

미래를 정확하고 분명하게 예측한다는 것은 쉽지 않은 일이다. 그러나 정책은 미래의 행동노선(future-oriented actions)이며 그렇기 때문에 미래를 예측하는 방법은 정책분석의 기초에 해당한다. 미래예측은 현재의 지식과 경험, 직관과 정보에 의해서 불확실하면서도 끊임없이 변화하는 미래의 진행방향을 확률적 의미에서 사전에 제시하는 것이다. 정책대안을 개발하고 구성하기 위한 미래예측은 과학적이고 객관적이며 합리적 지식과 정보에 의하여 진행상태를 현재 시점에서 진단하고 분석하는 것이다.

과학적 예측방법(scientific forecasting)의 대표적인 것으로 역사적 경향과 방향의 예측방법인 시계열 분석과 기존의 이론에 의한 미래의 결과와 진행과정을 예측하는 이론 형성에 의한 상관관계나 가설의 검증방법, 지식과 정보에 근거하여 합리적 판단을 이끌어내는 델파이 방법 등이 있다. 일반적으로 가장 많이 이용하는 것으로 정책델파이 방법(policy Delphi method)이 있다. 이것은 다양한 영역의 정책전문가나 관련된 직종에 정통한 전문인의 판단과 여론을 수집하고 교환하면서 기존의 문제점을 개선하거나 미래의 방향을 진단하는 방법이다.

(3) 비용-편익 분석

비용–편익분석(benefit–cost analysis)은 공공분야에서 의사결정의 한 기법으로 이용되고 있는 것으로 파레토 최적이론(Pareto Optimality)이 대표적인 이론이다. 이 경우 어느 한 부분의 효용이나 가치를 손상시키지 않고서는 타 부분의 효용을 증대시킬 수 없는 상황에서 최적의 선택상황을 만들 수 있어야 한다.

비용–편익분석은 시회적 최적 상태를 달성하기 위한 편익과 비용을 개인 수준이 아닌, 공공의 수준에서 평가하는 대표적인 방법이다. 일반적 설차와 원칙으로 정책사업의 총비용에 대한 총편익을 비교해서, 어느 정책 대안이 가장 낳은 순편익을 제공할 수 있을 것인가를 결정하는 것이다.

비용-편익분석은 정책의 비용과 편익의 화폐적 인과관계의 정보를 제공할 수 있을 뿐, 정책 결정 그 자체에 관한 정보를 제공할 수는 없다. 그리고 현재 시점에서 정책의 값을 분석하는 것이므로 과거나 미래의 값을 개발하거나 창조하는 수준의 정보는 제공하기 어렵다. 그럼에도 비용-편익분석은 어떤 정책이 가장 효율적이고 효과적일 것인가 하는 것을 판단하는 계량적인 한계분석 개념을 중심으로 하는 분석방법으로 다양한 분야에서 정부사업이나 프로그램에 광범위하게 활용되고 있다.

(4) 그 밖의 방법들

의사결정 나무분석(decision tree analysis)은 일반적으로 위기상황이나 또는 급한 의사결정을 해야 할 경우에 사용하는 방법으로 일반적으로 네 가지 절차를 갖게 된다. 첫째, 의사결정을 해야 할 과제나 문제를 우선 단순명료하게 정리하면서 의사결정의 나뭇가지(tree branch)에 해당될 요소를 찾아낸다. 둘째, 각각의 구체적인 사건이나 일에서 의사결정자가 판단하고 결정할 수 있는 판단적 확률을 결정한다. 셋째, 의사결정자의 주관적 판단과 평가의 결과를 의사결정자의 선호도와 확률에 따라 0과 1 사이의 값으로 정한다. 넷째, 각각의 정책대안의 선호도와 확률을 계산하여 확률적 선호도가 가장 높은 대안을 선택한다.

공공선택론(public choice theory)은 합리적 경제인으로서의 인간을 전제로 하는 경제이론을 공공분야의 공공재 선택에 도입하여 공공기관, 특히 관료의 행위와 의사결정을 설명하고자 하는 것이다. 공공선택론의 공통적인 기본전제가 되는 개념은 방법론적 개인주의와 경제인, 그리고 교환으로서의 정치 등이다. 방법론적 개인주의가 강조하는 것은 합리적으로 자신의 이익을 극대화할 수 있는 의사를 결정하는 개인을 중심으로 하여 이들의 선호와 선택을 존중하는 것을 기본 입장으로 한다. 개인은 자신의 이익을 중심으로 합리적 결정과 판단을 하면서 이와 같은 결정에서 발생될 효용과 이윤을 극대화하려는 전략을 취한다고 보는 것이다. 즉, 경제인으로서 사익을 추구하는 개인주의적 인간은 자신의 이익을 극대화할 수 있는 최적의 행동을 한다고 전제한다. 한편 사회적 행위에서 자신의 효용가치를 화폐가치로 환산할 수 있는 경제인이 공공선택론의 중심이 된다. 따라서 공공선택론의 차원에서는 개인의 사익을 추구하는 경제인으로 분류할 수 없는 공공관료의 경우에도 공익을 추구하는 것이 아니라 자신의 이해관계를 극대화하는 경제적 인간의 맥락에서 의사결정을 하는 것으로 설명하고 있다.

정책실험(policy experimentation)은 실험방법을 기초로 해서 정책프로그램을 직접 실험집단에 실시한 이후의 결과를 평가하여 정책의 가능성이나 영향력 등의 성공요인을 분석하는 방법이다. 정책실험의 경우 자연과학의 실험방법과 같이 실험집단과 비실험집단인 통제집단 등을 완벽하게 구성할 수 없다. 때문에 소위, 준실험(quasi-experimentation) 또는 사회실험(social experimentation) 방법으로 알려진 자연과학적 실험방법의 생략형을 이용한다. 정책분석의 방법으로 많이 이용되는 준실험 또는 사회실험방법으로는 통제집단을 구성하지 않고 하나의 실험집단과 통제집단을 구성하여 실험조건의 실시 이전과 실시 이후의 상태변화를 조사하는 실험방법이 많이 이용된다. 예를 들면 실험 실시에 따른 종속변수 값의 변화, 즉 실험효과(experimental effect)는 실험 조건을 실시하기 이전에 실험집단을 대상으로 실시한 사전검사 값과 실험조건을 실험집단에 실시한 이후 실험집단을 대상으로 실시한 사후검사 값과의 차이점으로 해석된다. 일반적으로는 하나의 실험집단과 통제집단을 구성하는 방법이 가장 많이 활용되고 있다.

Chapter 04

청소년정책의 발전과정과 특성

1 청소년정책의 시기구분

한국의 청소년정책은 청소년활동을 중심 내용으로 하면서 종래의 교육정책과 차별되는 독자적인 하나의 국가 정책 영역으로 자리매김한 특징을 갖는다. 청소년수련활동을 핵심으로 하면서 점차 청소년참여증진과 권리보장, 자율활동을 강조하는 방향으로 정책전환을 하고 내용을 특성화하는 과정이 전개되어 온 것이다. 이런 점에서 우리나라 청소년정책의 형성과 발전을 시기적 특징을 중심으로 고찰하고 2023년 이후 전개되는 청소년정책의 방향에 대해 알아본다.

우선, 전통적으로 청소년에 대한 이해나 청소년 이슈에 대한 기본적 접근은 가정의 영역으로 인식되어 왔으며 국가 개입은 매우 제한적이었다. 그러나 점차 부모들의 청소년 자녀에 대한 소유적 관점과 시각이 변화하고 청소년의 욕구와 이익은 부모 또는 기성세대와는 다를 수 있다는 인식이 대두되었으며 사회문제로서의 청소년에 대한 정책적 수요가 발생하게 되는 역사적·

문화적 발전과정을 경험하게 된다.

우리나라에서도 해방 후 상당기간은 아동에 대한 복지정책의 연장선에서 청소년을 대상으로 하는 정책적 접근이 이루어졌으며 「미성년자보호법」의 제정(1961)과 중앙청소년보호대책위원회의 설치(1964) 등으로 아동과 다른 '청소년 영역'이 설정되기 시작하였다. 이어서 유엔에서 정한 1985년 '국제청소년의 해'를 계기로 하여 1987년에는 청소년이라는 용어를 사용한 최초의 법률인 「청소년육성법」을 제정하면서 청소년을 중심으로 하는 독립된 정책영역으로 발전하였다. 즉, 이 시기를 전후하여 청소년육성에 대한 정부 책임과 의무강화와 청소년전담 행정부서가 설치되었으며, 이후 청소년정책 장기계획인 "한국청소년기본계획"을 수립하고 1991년에는 기존의 청소년육성법을 「청소년기본법」으로 확대 개편하여 새롭게 제정하게 되었다.

이에 따라 우리나라 청소년정책의 발전과정은 그 기준과 강조점을 달리하면서 다양하게 제시되고 있는데, 그간의 연구물들은 청소년분야 고유 행정조직의 출현과 변화에 따른 논의, 청소년분야 주요 법제의 제·개정을 중심으로 한 논의, 청소년복지, 청소년참여 등 정책영역별 또는 특성별로 구분한 논의 등이 있다. 청소년정책의 발전과정과 관련한 시기구분의 경우에도 해방이후부터 시작하여 현재까지 또는 1987년 청소년육성법 제정 이후부터 현재까지 등 그 전체 기간을 달리하면서, 몇 가지 단계로 구분되고 있다.

김경준 외(2005)는 청소년복지의 발달과정을 ① 해방 이후~1961년 「아동복리법」제정까지의 시기를 '청소년복지의 잠복기,' ② 1962~1987년의 「대한민국 헌법」 개정 및 「청소년육성법」 제정 때까지의 시기를 '청소년복지의 내동기', ③ 1987~2004년까지의 시기를 '청소년복지의 확립기' 등으로 구분하고 있으며, 최근에는 여기에 2005년 이후~2019년까지를 '청소년복지의 확대기'로 하여 추가하여 구분한 것을 찾아볼 수 있다(김도영·이혜징·조자온,

2019). 이에 따르면 정부수립부터 현재까지를 대체로 ① 1948년 정부수립이후~청소년보호대책위원회가 설치된 1964년 9월까지(부처별 산발 추진), ② 1964년 9월~1977년 8월 청소년대책위원회가 설립된 시기까지(부처 차원의 조정), ③ 1977년 8월~1988년 6월 「청소년육성법」이 제정된 시기까지(정부 차원의 조정), ④ 1988년 6년~2005년 4월 청소년위원회가 설치된 시기까지(정부차원의 조정, 부처차원의 총괄집행), ⑤ 2005년 4월~2008년 2월까지 (국가)청소년위원회 운영을 중심으로 한 시기(청소년조직 통합, 단일청소년전담 조직 출범), ⑥ 2008년 3월~2010년 2월까지 보건복지가족부 소관시기(아동정책과 청소년정책의 통합), 그리고 ⑦ 2010년 2월 이후 청소년업무가 여성부로 이관되면서 현재까지 여성가족부 소관으로 수행되는 시기(여성가족부 개편 및 이관) 등으로 구분된다(여성가족부, 2020; 배정수·노자은·이혜경, 2021).

이러한 분석을 바탕으로 우리나라 청소년정책의 발전과정을 정책제도의 변화추이와 함께 정책의 형성배경과 정책내용의 특성 변화에 주목하면 ① 1961~1988년을 청소년정책의 형성기, ② 1988~1998년을 성장기, 그리고 ③ 1998년부터 2023년 현재까지를 전환기로 크게 구분하고 각 시기별 특성을 전담화, 체계화, 특성화로 구분해 볼 수 있다. 특히 청소년육성법이 제정되고 최초의 행정전담부서가 설치된 1988년과 IMF 국가위기와 함께 전개되었던 1998년을 전후한 시기는 한국 청소년정책의 종합적 이해에 특별한 의미를 갖는다. 그러나 1998년의 정책 전환 이후 또 다른 획기적인 정책 내용의 변화를 찾기가 쉽지 않다는 점에서 1998년 이후 현재까지 25년여의 기간이 지났지만 전체적으로 특성화의 특성을 유지하였다는 점에서 따로 세분화하지 않았다.

2 청소년정책의 시기별 특성분석

1) 청소년정책의 형성기(1961~1988): 전담화의 시기

한국청소년정책의 첫 번째 시기는 1961년 미성년자보호법과 아동복지법이 제정된 이후부터 1964년 청소년보호대책위원회가 설치되고 1987년 청소년육성법이 제정되고, 당시 체육부에 전담부서로서 청소년국이 설치된 1988년 6월 이전까지로 규정한다. 이 시기는 우리나라 최초로 청소년이란 용어를 가진 전담기구와 법령 및 전담부서를 가진 특성을 갖는다는 점에서 "전담화"의 시기로 볼 수 있다. 사회 안정과 경제발전이라는 당시의 사회적 여건과 관련하여 대두되는 청소년문제에 대해 주로 규제와 보호를 통한 대책을 모색함으로서 청소년정책의 제도화를 위한 국가차원의 노력이 부분적으로 전개되고 청소년정책의 필요성이 인식됨으로써 "청소년정책"이 처음으로 국가정책의 하나로 인정받게 된 것이다.

이 시기의 청소년관련 행정조직과 기구는 주로 청소년대책위원회를 중심으로 실시되는 특징을 갖는다. 청소년 문제의 심화에 따른 사회적 대책마련에 대한 사회적 요구에 부응하여 1964년에는 청소년보호대책위원회를 설치하게 되는데, 이후 1977년 '보호'라는 용어가 빠진 '청소년대책위원회'로 대체될 때까지 당시의 청소년업무를 주로 맡아하는 기구로서 활동하게 된다. 청소년대책위원회 설치 이후 1983년 3월까지는 국무총리실에서 간사 업무를 맡고 4월부터는 문교부에서 간사업무를 담당하였으며 1985년 1월에는 다시 국무총리실로 업무가 이관되는 등 행정의 일관성이 부족하였다. 전체적으로 이 시기는 청소년업무 자체를 체계적으로 정리하여 어떤 독자적인 영역을 개

척하는 단계에는 미치지 못하고 11개 관련 부처와 산하기관에서 개별적으로 고유업무를 수행하는 과정에서 청소년관련 업무와 대책사업을 확장하는 추세의 한계를 벗어나지 못하였다.

이 시기에 수립된 '청소년문제개선 종합대책'은 국가차원에서 본격적이고 종합적으로 수립한 최초의 청소년관련 정책계획으로 평가된다. '청소년문제개선종합대책'은 그 대책수립의 필요성을 청소년문제의 심각성에서 찾았다. 학생범죄의 증가와 소년강력범의 급신장 등 청소년비행이 심화되면서 국가백년대계 차원에서 청소년문제에 대한 체계적이고 종합적인 정책대응의 필요성이 절실하게 되었다. 당시 종합대책은 청소년문제의 발생요인과 배경을 가정, 학교, 사회의 기능약화와 청소년가치관의 혼란 등에 기인하는 것으로 보았다. 종합대책이 수립되게 된 결정적인 계기는 '대구 디스코 홀 화재사건'(1983년 4월 18일)과 '석관동 맥주홀 화재사건'(1984년 2월 3일)에 따른 청소년문제에 대한 국민적 여론과 언론의 반응이었다. '대구 디스코홀' 화재사건으로 미성년자의 유흥업소 출입문제가 사회문제화되자 청소년대책위원회는 사건직후에 회의를 개최하고 청소년유해환경정화에 역점을 두는 대책을 마련하여 발표하였다. 그러나 뒤이어 '석관동 맥주홀' 화재사건이 나자 일간신문들은 일제히 톱기사로 보도하고 '대구 디스코홀 화재사건'이 재연된 것으로 규정짓고 당국의 무관심과 무책임을 비판하였다. 이에 당국은 무언인가 획기적인 조치를 취하지 않으면 안 되게 되었다. 이와 같이 유흥업소 화재사건으로 청소년문제의 심각성은 국민적 관심사가 되었고 당시의 제5공화국정부는 "청소년문제에 대한 종합적, 체계적 대책"을 마련하도록 지시하게 됨으로써 '청소년문제개선종합대책'이 수립될 수 있었던 것이다.

종합대책은 "미래사회에 효율적으로 적응할 수 있는 청소년의 육성, 건전한 청소년문화의 형성·정착, 청소년비행의 예방과 선도·교화"를 목표로 하고 ① 청소년대책기구 개편, 청소년대책의 기획·조정·통제 기능 확립, ② 청소년문제에 대한 범국민적 관심환기, 청소년보호윤리형성, ③ 건전한 청소년문화 육성 창달을 위한 여건 확충, ④ 가정의 교육적 기능회복, ⑤ 학교의 전인교육기능 강화, ⑥ 청소년유해사회환경의 철저 정화, ⑦ 학교외 청소년에 대한 보호·육성, ⑧ 비행청소년 선도교화체제의 정비 등 8가지를 기본방향으로 제시하였다. 종합대책은 각 부처에서 하는 청소년관련 사업을 포괄한 것이기 때문에 청소년정책으로서 특성이 분명하지는 않다는 한계는 있지만 이후 청소년정책의 방향을 설정하고 집행하는 데 많은 영향을 주었다. 종합대책의 성과 중에서도 청소년대책위원회의 기능강화, 국무총리실에 청소년 전담기구의 설치, 청소년관계법의 입법, 소년교정기관의 개혁, 청소년보호운동의 전개, 청소년활동에 대한 지원, 청소년연구와 개발은 특히 크게 평가되고 있다.

전체적으로 1960년대 이전까지는 별도의 청소년정책으로 명명된 정책은 존재하지 않았다. 1960년대로 들어오면서 교육정책이 먼저 정비되기 시작하였으나 학교교육만을 대상으로 한 정책이었으며, 청소년의 전체적 삶을 아우르는 큰 틀 속에서 정비되지 못한 실정이었다. 청소년육성법이 제정되기 이전까지 청소년에 대한 시각은 경제발전을 위해 사회문제를 일으키지 않도록 대책을 강조하거나 보호해야하는 대상으로 부각될 수밖에 없었다. 마찬가지로 청소년정책 또한 사회부문별로 문제의 소지가 있는 분야에 국한된 소극적인 보호정책만 있었을 뿐이었다.

청소년육성법이 1987년 제정됨으로써 최초로 청소년관련 전문법이라는 의미를 갖게 되었으며, 이전 보다는 다소 적극적 정책으로 그리고 사후통제중심에서 사전예방중심으로 그 내용이 바뀌게 된다. 그러나 청소년육성법은 청소년정책의 목적이나, 청소년, 청소년시설, 청소년단체에 대한 개념정의 위주 혹은 추상적, 선언적 규정 위주로 제시되어 있어 법의 실효성이 미흡한 태생적인 단점을 지니고 있었다(체육청소년부, 1992).

이 시기는 청소년정책이 문제청소년에 대한 선도 · 보호 · 규제 중심의 청소년대책에서 전체청소년을 대상으로 잠재력을 개발하고 전인적 성장을 돕는 내용의 사업과 건전지도와 같은 적극적인 의미의 육성업무가 강화되었음을 확인할 수 있다. 전체적으로 보아 청소년의 중요성은 인정하면서도 여전히 청소년문제 자체를 처방하는 데에만 비중을 두는 수준의 업무를 수행한 것으로 평가된다.

표 4-1 청소년정책 발달의 주요 경과(1961~1987)

미성년자보호법 및 아동복리법 제정(1961.. 12.)
청소년의 달 지정(1964. 5.)
청소년보호대책위원회 설치(1964. 9.)
한국청소년단체협의회 설립(1965. 12.)
스카우트활동에 관한 육성법 제정(1968. 7.)
아동복지법 제정(1981. 4.)
한국청소년연맹육성에 관한 법률 제정(1981. 4.)
한국해양소년단연맹육성에 관한 법률 제정(1984. 12.)
청소년육성법 제정(1987. 11.)

출처: 강병연·황수주(2020). pp. 55-62 재구성.

2) 청소년정책의 성장기: 체계화의 시기(1988~1998)

이 시기는 청소년업무 전담부서로서 청소년국이 체육부에 설치된 1988년부터 1993년의 문민정부를 거쳐 1998년 '국민의 정부'가 들어서고 제2차 "청소년육성5개년계획"이 수립 · 공포되는 이전까지의 단계로 볼 수 있다. 이 시기 동안 청소년행정체계는 중앙부처에 청소년국이 생기고 시 · 도에 청소년과가 생김으로써 중앙과 지방을 연결하는 청소년정책의 전달체계가 비로소 확립되게 되었다. 해방 이후 줄곧 지속되어 온 선도·보호·단속·규제 위주 '청소년대책'이 지원·육성·조장하는 청소년정책으로 보다 더 적극적이고 긍정적이며 진취적인 내용으로 전환하게 된다.

행정체계는 체육부에 청소년국이 설치된 이래 1990년 9월에는 청소년국을 청소년정책조정실로 그 기구를 확대개편하고 12월에는 체육부의 명칭을 체육청소년부로 변경하게 되었으며 전담부서로서의 청소년정책조정실은 문민정부(1993. 3) 수립 이후 청소년정책실 등으로 명칭이 바뀌고 '국민의 정부' 수립(1998. 2) 이후에는 문화관광부 청소년국으로 개편되었으나 청소년정책의 총괄기능을 수행하였다. 종전의 청소년대책위원회는 청소년육성법의 시행에 따라 청소년육성위원회로 바뀌게 되면서 국무총리를 위원장으로 하여 청소년육성종합계획 수립, 관계행정기관 시책 조정 협조, 청소년시설 설치·관리 및 지원, 청소년단체 육성·지원 및 지도자 양성, 청소년의 인격형성 심신단련 및 국제교류사업 등을 추진하도록 하였다.

이 시기와 관련하여 또 한 가지 중요한 정책발전은 청소년보호법이 제정됨에 따라 청소년보호위원회를 설치·운영하게 된 일이다. 청소년보호위원회는 청소년보호법에 규정된 청소년보호업무의 효율적 수행을 위해 1997년 7월 당시 문화체육부 소속하에 합의제 행정기관의 형태로 설치되었으나 1998년 '국민의 정부' 수립에 따라 국무총리실로 그 소속이 바뀌게 되었다. 청소년보호위원회는 유해환경으로부터 청소년보호를 위한 각종 계획의 수립·추진·평가, 유해매체물의 심의결정 및 유해약물·유해업소의 단속, 청소년유해환경에 대한 신고접수 및 처리, 민간·시민활동지원 등의 기능을 수행하였다.

이 시기 한국청소년정책의 발전과정을 정책 방향과 성격 및 영역 확보라는 측면에서 보면 청소년수련활동중심의 정책업무 영역화로 규정되며, "한국청소년기본계획”(1991.6)이 중요한 의미를 갖는다. “한국청소년기본계획”은 청소년활동의 협의적 개념으로 이해되는 ‘수련활동’을 중심으로 하여 한국청소년정책의 업무 영역을 확립하고 이를 제도화하도록 함으로써 정책기반으로 확립한 것으로 평가되기 때문이다. 청소년수련활동은 1991년 수립된 ‘한국청소년기본계획’의 추진을 위한 구체적 정책사업과 프로그램들을 단계적이고 체계적으로 수행함으로써 정책 제도화되었다.

한국청소년기본계획에서는 청소년정책을 청소년활동, 청소년복지, 청소년교류의 세 부분을 중심으로 설정하고 동 계획의 실행을 위한 법제보강과 재정확충 등을 포함하여 5가지 부문을 정책과제로 함께 제시하였다. 이와 같이, 기본계획은 논란이 많은 ‘수련활동’을 ‘청소년활동’으로 명칭을 바꾸고, 청소년복지와 청소년교류를 청소년활동과 같이 중요한 것으로 재편성하였지만 계획의 구성은 수련거리, 수련터전, 청소년지도자, 청소년단체에 관한 것과 수련활동을 제도화하기 위한 내용으로 편중되어 있고, 계획상의 소요예산 중 86.2%가 청소년활동에 소요되는 경비이며 나머지 13.8%만이 청소년복지와 청소년교류를 위해 편성되었다는 점에서 사실상 수련활동을 위한 계획으로 평가되었다.

그러나 수련활동의 정책영역화는 학교교육의 현실에 따른 한계를 안은 채 제도화되었다는 것을 기억할 필요가 있다. 다시 말해 청소년정책이 독자적 영역을 확보하고 발전해 왔음에도 불구하고 정책의 대상이자 주체인 청소년의 대부분인 학생청소년을 효과적으로 참여시키지 못하고 표류하고 있는 것은 바로 이러한 “시간확보와 동기부여” 문제로 기인하는 바가 크다. 이 점에서 청소년정책과 교육현장과의 연계협력에 의한 상호보완은 청소년의 전인적 성장을 위해 매우 중요한 국가적 과제라 할 수 있을 것이다(천정웅 · 김정주, 1999).

표 4-2 청소년정책 발달의 주요 경과(1988~1997)

체육부 청소년국 설치(1988. 6.) 한국청소년연구원 설립(1989. 7.) 한국청소년기본계획(10개년 계획) 수립(1990. 1.) 청소년대화의 광장 설립(1990. 2.) 청소년헌장 선포(1990. 5.) 체육청소년부 청소년정책조정실 신설(1990. 9.) 청소년육성법 개편을 통한 청소년기본법 제정(1991. 12.) 제1차 청소년육성 5개년 계획(1993~1997) 수립 시행(1993. 1.) 한국청소년수련시설협회 설립(1993. 1.) 청소년유해감시단 조직(1993. 3.) 한국청소년자원봉사센터 개소(1996. 6.) 청소년보호법 제정(1997. 3.) 청소년보호위원회 발족(1997. 7.)

출처: 강병연·황수주(2020). pp. 55-62 재구성.

3) 청소년정책의 전환기: 특성화의 시기(1998~현재)

한국청소년정책의 세 번째 시기는 1998년 제2차 "청소년육성5개년계획"을 수립하여 시행함으로써 새로운 세기를 위한 정책비전과 전망을 제시하고 종전과는 다른 정책방향의 전환을 이루었으며, 이후 2003년 청소년기본법과 청소년보호법의 개정 및 청소년활동진흥법과 청소년복지지원법을 제정·시행하고 이원화하여 추진하였던 청소년업무가 다시 통합되면서, 2008년 이후에는 보건복지가족부의 아동청소년가족정책실을 중심으로 아동정책과 청소년정책과의 통합을 추진한 것으로 이어진다. 이 점에서, 한국청소년정책의 방향전환, 정책 내용의 전환, 그리고 정책전담부서가 전환되는 시기적 특징을 갖는다.

중요한 사실은 1998년 2월 국민의 정부 조직개편에 따라 종전의 문화체육부가 문화관광부로 변경되면서, 청소년정책실은 청소년국으로 직제가 축소

·개편되고, 청소년보호위원회가 국무총리실로 소속이 변경되었다. 이러한 결과 청소년업무는 청소년기본법 하에 문화관광부가 육성정책을 맡고, 청소년보호법 하에 국무총리실 소속 청소년보호위원회가 보호정책을 맡고 있는 체제로 이원화되고, 다른 18개 중앙부처에서 소관 청소년관련 업무를 관장하고 있는 형태가 되었다. 이러한 상황은 결국 소모적인 논쟁을 지속하게 되는 원인이 됨으로써, 2004년 12월 정부혁신위원회에서는 이원화된 청소년행정조직을 "국무총리실 청소년위원회"로 통합하기로 의결하고, 이를 위한 청소년기본법 개정안을 2005년 의결하였다. 2005년 4월 27일 국무총리 소속하의 「청소년위원회」를 공식적으로 발족하였으며, 청소년기본법에 따라 2006년 3월 30일에는 「국가청소년위원회」로 명칭을 변경하였다. 한편, 2009년 10월의 청소년정책 행정조직과 기구는 2008년 정부 출범과 함께, 하나의 부처로 통합되면서 아동·청소년정책으로 다시 태어나게 된다. 그 동안 '국가청소년위원회'가 담당했던 청소년정책은 '보건복지부'와 '여성가족부의 가족업무'를 통합하여 새로 탄생된 '보건복지가족부'의 '아동청소년정책실'에서 담당하게 된 것이다.

정부의 중장기청소년정책 가운데 대표적인 것은 1992년부터 2001년까지의 10년 동안을 위한 "한국청소년기본계획"과 이러한 기본계획을 바탕으로 문화와 체육 등의 상호유기적인 연계업무를 추가하여 1993년부터 1997년까지 시행된 "청소년육성 5개년계획"(제1차)이 있다. 두 차례의 정책계획은 청소년정책을 독자적인 국가정책의 하나로 자리매김하고 업무영역을 확보하는데 크게 기여하였다. 종전의 일부 문제청소년을 위한 대책 위주의 정책사업을 전체청소년을 육성하는 차원으로 발전시키고 교육정책과 차별화되는 '육성정책'으로 확립하는 역할을 한 것이다.

그러나 1998년부터 2002년까지 시행되기 위해 수립된 "청소년육성 5개년

계획"(2차)은 업무영역을 더욱 확대함과 동시에 청소년정책의 이념과 철학을 전환하여 새롭게 정립하였다는 점에서 확연히 구분되는 것이다. "청소년육성 5개년계획"은 1차에서 2차로 진행되는 과정에서 수많은 변화들이 나타나고 있으나, 그 가운데에서도 가장 커다란 변화는 청소년에 대한 시각의 전환에 있음을 알 수 있다. 먼저 1차 계획에서는 청소년을 정책대상으로 보았으며 소수문제 청소년이 주 대상이었고, 이들은 수동적으로 선도・보호 되어야 하는 대상이었다. 그러나 2차 계획에서 청소년은 일반적인 모든 청소년들로 확대되었으며, 이들은 주체적으로 정책에 참여하고 활동을 지원받을 수 있는 권리를 가진 "오늘의 주인공"으로 간주되면서 권리보장과 자율참여가 인정되는 존재로 변화되었던 것이다. 이러한 인식전환에 맞추어 청소년정책은 수요자중심의 질적 발전을 꾀하는 방향으로 전환하게 된다.

표 4-3 청소년정책 받달의 주요 경과(1998~현재)

청소년헌장 개정(1998. 10.) 제2차 청소년육성 5개년 계획(1998-2002) 수립 시행(1998. 1.) 국립평창청소년수련원 개원(1998. 11.) 청소년의 성보호에 관한 법률 제정(2000. 2.) 국립중앙청소년수련원 개원(2001. 8.) 청소년대상 성범죄자 신상공개(2001. 8.) 제3차 청소년육성 5개년 계획(2003~2007) 수립 시행(2003. 1.) 청소년활동진흥법 제정(2004. 2.) 청소년복지지원법 제정(2004. 2.) 한국청소년진흥센터 개소(2005. 3.) 문화관광부 청소년국과 청소년보호위원회 통폐합(2005. 4.) 청소년위원회 발족(2005. 5.) 청소년수련활동 인증제 도입(2006. 3.) 국가청소년위원회로 명칭 변경(2006. 3.) 보건복지가족부 출범에 따른 청소년업무 이관(2008. 2.)

출처: 강병연·황수주(2020). pp. 62-80 재구성.

한편 이러한 정책변화와 특성전환은 제3차 "청소년육성계획"으로도 이어졌으며, 현재의 "제7차 청소년정책기본계획"에서도 지속되고 있다. 2003~2007년까지 추진된 제3차 계획은 "참여", "소통", "체험"을 이념으로 삼아, 참여, 인권과 복지를 지속적으로 확대하고 주 5일제에 대비하여 창의적 청소년활동의 기반을 조성하며, 청소년정책과 사업의 범국민적 인식을 제고하는데 중점을 두었다(황여정·임희진·오승근, 2022). 제3차 계획의 주요 성과로는 청소년 행정체계를 통합하여 일원화하고, 위기청소년 통합지원 등 청소년복지의 기반을 조성했으며, 청소년정책과 사업의 추진체계를 정비한 것이 주요 정책성과로 평가된다(여성가족부, 2021a).

제3차 정책계획까지 '육성계획'이라는 이름으로 추진되었던 청소년정책은 제4차 정책부터 지금과 같은 '청소년정책기본계획'이라는 이름으로 변경되었다. 제4차 계획은 아동정책과 청소년정책의 통합을 추진하고, 보편적·통합적 청소년정책을 추진한 것이 주요 특징이다. 세부적으로는 청소년체험활동 기반을 확충하고, 청소년의 정책참여기회를 확대하며, 지역사회 청소년 안전망 기능 강화에 힘쓴 것이 주요 정책성과로 거론된다(여성가족부, 2022).

'제5차 청소년정책기본계획(2013~2017)'에서는 여성가족부가 청소년정책 주무부서를 담당하면서, 자연스럽게 가족·여성정책과의 연계발전 전략을 지향하였다. 또한 청소년정책의 대상을 모든 청소년으로 확대하고, 선제적·균형적 청소년정책을 추진하는 데 중점을 두었다. 제5차 기본계획이 추진되는 동안 '학교 밖 청소년 지원에 관한 법률'이 새롭게 제정되어, 학교 밖 청소년 지원을 위한 법적 근거가 마련되고 인프라가 구축되었다. 또한 청소년 수련활동 신고 인증 및 수련시설 종합 안전점검 평가가 의무화되었고, 청소년정책분석 · 평가의 기반을 마련함으로써 정책실효성을 제고할 수 있는 토대가 구축된 것을 제5차 기본계획의 주요 성과로 볼 수 있다(여성가족부, 2022).

'제6차 청소년정책기본계획(2018~2022)'은 제5차 기본계획의 정책기조와 성과를 계승·발전시켰다(황여정·임희진·오승근, 2022).

제6차 청소년정책기본계획에서는 청소년 참여를 확대하고 청소년을 존중하는 사회적 기반을 조성하며, 청소년활동을 청소년이 주인공이 되어 처음부터 끝까지 주도할 수 있도록 함으로써 청소년 주도성을 강화하는 방향으로 정책의 패러다임 전환을 꾀하고자 하였다. 또한 모든 청소년이 소외되거나 차별받지 않고 성장할 수 있도록 사회적 안전망을 강화하는 것을 주요 정책과제로 설정하였다(여성가족부, 2023).

제6차 청소년정책기본계획은 2018년 3월에 발표되었는데, 여기에는 저출산·저성장과 4차 산업혁명 등 급변하는 사회에 대응하기 위해서 기존 정책의 전환이 필요하다는 인식이 있었다. 2017년 9월부터 2018년 1월까지 학계, 유관기관 및 단체 관계자 등 12명으로 구성된 청소년정책 전략 TF를 운영하고 청소년활동 정책 재편과 위기청소년 사회안전망 구축을 위한 구체적인 방안을 도출하였으며 이를 기본계획에 반영하였다(황여정 외, 2022).

제6차 청소년정책기본계획의 비전은 '현재를 즐기는 청소년, 미래를 여는 청소년, 청소년을 존중하는 사회'로 설정하였고, 청소년 참여 및 권리증진, 청소년 주도의 활동활성화, 청소년 자립 및 보호지원 강화, 청소년정책 추진체계 혁신 등 4대 정책영역에서 12개 중점과제와 144개 세부과제를 제안하였다. 중앙행정기관과 지방자치단체가 함께 추진할 핵심과제로는 청소년 인프라 개편, 다양한 활동과 학습, 참여 기회 제공, 통합 전산화된 청소년 활동·복지 서비스 제공, 위기청소년 조기 발굴, 상담·보호 및 자립까지 지속적·종합적 지원을 제시하였다(황여정 외, 2022).

표 4-4 청소년정책기본계획의 주요 내용 비교(2008-2022)

	제4차(2008-2012)		5차(2013-2017)	6차(2018-2022)
	당초(2007.12)	수정·보완(2010.12)		
비전	건강하고 행복한 청소년, 희망세상 실현	꿈을 키우는 청소년, 희망을 더하는 가족, 밝은 미래사회	청소년이 행복한 세상, 청소년이 꿈꾸는 밝은 미래	현재를 즐기는 청소년, 미래를 여는 청소년, 청소년을 존중하는 사회
핵심 주제	아동과 청소년정책 통합 및 보편적·통합적 청소년정책 추진	다양한 체험활동 기반 확충 및 청소년의 정책참여 기회 확대	청소년 역량 함양 및 미래인재 양성, 안전하고 건강한 생활환경	청소년 주도의 지원적·협업적 청소년정책으로의 전환
주요 내용	•청소년 사회적 역량강화 •청소년인권과 복지증진 •청소년친화적 환경조성 •청소년정책추진 체계 정비	•청소년의 자기주도적 역량강화 •가족기능 및 사회안전망 강화 •건강하고 안전한 성장환경조성 •청소년정책 추진체계 정비	•청소년의 다양한 역량강화 •청소년참여 및 권리증진 •청소년복지 및 자립지원 •청소년친화적 환경조성 •청소년정책추진체계 강화	•청소년참여 및 권리증진 •청소년 주도의 활동 활성화 •청소년 자립 및 보호지원 강화 •청소년정책 추진체계 혁신

출처: 김기헌 외(2016). 재구성.

3 청소년정책 발전의 특성 비교

우리나라의 청소년정책은 각 단계별 정치사회적 시대배경과 청소년분야의 상황을 배경으로 전담 행정조직과 기구의 설치, 관련 법령의 제·개정, 행정계획의 수립 및 주요 정책사업의 시행 등을 통해 규정되고 범주화되어 오면서 점차 보완·발전한 것으로 볼 수 있다.

첫째, 청소년정책의 형성은 정책 전담기구의 확보와 밀접한 관련을 가지며, 정책심의 기구와 전담부서의 설치라는 두 가지 점에서 살펴볼 수 있다. 전자의 경우에는 청소년보호대책위원회(1964)에서 청소년대책위원회(1977)로 이어지고 이는 다시 청소년육성위원회(1987)로 발전되었다. 후자의 경우에는 위원회업무 실무담당기관까지 포함하면, 내무부('64.9~'77.9)에서 국무총리실('77.8~'83.4), 문교부('83.4~'84.12)로 이어지고 1985년에는 다시 국무총리실로 옮겨 전담부서를 설치하였으나 일선 행정기관은 없는 상태였으며 이 전담부서가 확대되면서 체육부 내의 '청소년국'으로 발전된다('88.6.18).

청소년국은 1990년 이후 청소년정책조정실로 확대되고 체육부는 체육청소년부로 개칭하게 되는 과정을 거치게 되지만 1993년 3월의 정부조직개편으로 다시 문화체육부로 되면서 청소년정책실로 변경된다. 한편 이와는 별도로 1997년 7월에는 청소년보호위원회가 설치되어 청소년관련 유해환경의 규제를 중심으로 하는 보호정책을 맡게 되었으며 청소년실은 1998년 2월 새로운 정부의 조직개편으로 문화관광부로 변경되면서 청소년국으로 축소개편된다.

청소년정책의 전담화는 또한 법제화로 뒷받침될 때 가능한 것이다. 청소년정책과 직접적인 관련이 있는 것만 중심으로 보면 우선 청소년을 주 대상으로 한 최초의 법률로서 1961년의 미성년자보호법과 아동복지법('62.12.30)이 세정되었으며 아동복리법은 1981년 아동복지법으로 전면개정되고 1988년에는 소년법이 전면 개정되었다. 한편, 1987년 11월에는 청소년정책을 위한 본격적인 근거법으로 청소년육성법이 제정된다. 1990년 청소년헌장(5.12)이 제정·공포되고 1991년 12월에는 청소년육성법을 전면 개정한 청소년기본법이 제정됨으로써 청소년육성을 위한 기본법제를 갖게 된다. 1997년 7월부터는 청소년보호법이 시행되고 1998년 10월에는 청소년헌장을 새롭게 개정하게 된다.

청소년관련 중장기 정책계획의 수립과 그에 따른 사업수행도 전담화를 통한 정책 형성과 관련이 있다. 우선 청소년이란 대상을 중심으로 하는 정책특성상 각 부처별로 다양하게 입안되고 추진되어 왔으나, 독자적인 정책영역으로서 청소년정책계획이 수립된 것은 1984년 10월 마련된 '청소년종합대책추진방안'이라고 볼 수 있다. 이후 청소년정책계획은 1986년에 제6차 '경제사회발전 5개년계획'에 '청소년부문'으로 포함되었으며 1991년 12월 한국청소년기본계획의 수립으로 장기적이고 종합적인 청소년정책이 마련되는 변천과정을 겪게 되었음을 알 수 있다. 한국청소년기본계획은 이후 1992년 제1차와 1998년 제2차 및 2003년의 "청소년육성5개년계획"으로 보완되었으며, 현재의 "청소년정책기본계획"으로 이어지게 된다.

둘째, 한국의 청소년정책은 정책영역의 독자성 확보를 통한 체계화의 과정을 경험했다. 우선, 청소년정책의 업무내용으로서의 영역을 새롭게 확정하는 데에는 정치사회적 환경변화와 이에 따른 청소년정책 전담부서의 정책적 필요와 의욕이 배경이 되고 있음을 알 수 있다.

청소년문제 대책은 당시 정부의 청소년단체육성 등에서 나타나는 바와 같은 정책적 관심과 유흥업소 화재사건에 따른 사회적 정책요구 등이 종합적으로 작용한 결과 수립된 것으로 볼 수 있다. 1990년 당시 청소년국이 청소년정책조정실로 격상되고 부처의 명칭이 체육부에서 체육청소년부로 바뀐 해이기 때문에 체육청소년부 청소년정책조정실은 청소년정책의 소관부처로서 독자적인 영역을 확보할 필요가 있었으며 수련활동의 제도화를 통해서 그 영역을 구축하고자 하였다.

청소년정책의 체계화는 또한 국가행정계획의 수립 즉, 청소년분야의 중장기계획을 통해 형성되고 영역화된다. 청소년문제대책의 경우는 '청소년문제개선종합대책'의 수립과 관련 시책의 집행으로 나타나며, 수련활동의 정책제도화는 1991년의 한국청소년기본계획이 절대적인 역할을 하였다. 이러한 국가계획의 수립에는 사회적 배경 보다는 정치적 배경이 보다 크게 작용한 것을 알 수 있다. 기본계획은 체육청소년부가 청소년육성업무를 공고히 하고자 설계된 것이다. 기본계획은 따라서 지식위주의 청소년교육을 철저히 비판하면서도 체육과 덕육을 강조하는 청소년육성을 실현하기 위해서 청소년육성체계를 구상하였다.

청소년정책의 업무영역을 새롭게 제도화하는 데에는 중장기 정책계획의 수립과 함께 법제화를 통해 이를 뒷받침하는 일이 필요하다. 청소년문제개선종합대책의 주요내용은 정부관련 부서와 청소년단체 등을 통하여 추진되는 동시에 청소년육성법을 제정함으로써 뒷받침된다. 수련활동은 한국청소년기본계획을 통해 제도화되었지만 동시에 청소년기본법을 통해 공고화되었다.

셋째, 청소년 전담부서와 정책영역의 독자성 확보를 통한 전담화와 체계화는 지속적인 발전과정을 통해, 정책영역을 확대하는 특성화로 연결된다. 1998년 이후에는 청소년참여가 새롭게 영역화되는데, 이 시기는 역사적 정권교체와 IMF관리경제에 따른 개혁과 구조조정의 여러 가지 조치로 국가·사회 모든 부문들이 새롭게 개혁되는 변화를 맞게 되었던 바, 청소년분야에서는 정부조직 개편과 새로운 중장기정책계획을 수립하는 일이 과제로 대두된다.

청소년전담부서는 종전의 문화체육부 청소년정책실에서 문화관광부 청소년국으로 축소, 조정되면서 수련활동을 중심으로 하는 기존의 정책업무를 전담하게 되고 1997년 7월 청소년보호법으로 인해 생긴 청소년보호위원회는 국무총리실로 소속됨으로써 정부의 청소년전담부서가 이원화되는 상황에 이르게 되었다. 이에 따라 전담부서간에는 어느 정도의 경쟁성과 새로운 업무영역을 확보하려는 정책욕구가 있게 되는 한편, 여러 가지 한계들을 느끼게 되었다. 이에 2004년 청소년 관계법들이 제·개정되었고, 국가청소년위원회를 중심으로 정책의 이원화 체제를 통합하게 되었다. 그 연장선상에서 2008년에는 새 정부의 출범과 함께 보건복지가족부로 통합되면서, 현재는 아동정책과 청소년정책이 새롭게 아동·청소년정책으로 전개되고 있는 것이다.

'청소년참여'의 정책영역화는 또한 1998년의 제2차 청소년육성5개년계획의 수립으로 뒷받침된 것이다. 1998년의 청소년육성5개년계획은 1993년도부터 시행된 청소년육성5개년계획이 1997년도에 시행 완료되었으므로 이후부터 시행될 5개년계획을 새로 수립하여 추진하려는 것이었다. 중요한 것은 계획의 내용을 종전과 연계하거나 강화함은 물론 정책의 방향을 '청소년참여'를 핵심개념으로 하여 근본적으로 전환하였다는 점에서 한국청소년정책사에 있어서 큰 의미를 갖는다는 것이다.

'청소년참여'의 법제화에 관해서는 우선 청소년육성5개년계획의 수립과정을 통해 1990년 5월 제정된 청소년헌장을 새롭게 개정해야 한다는 논의가 시작되었으며 이것은 '청소년참여', 즉 청소년인권과 기본권리, 자율적인 참여활동의 보장, 청소년책임과 시민적 자질의 함양 및 청소년권리와 자율참여 보장을 위한 가족과 사회의 역할 등을 명시하는 것을 주요 내용으로 하여 개정되었다. '청소년참여'의 법제화는 또한 2003년의 청소년기본법 개정과 2004년의 청소년활동진흥법과 청소년복지지원법의 제정으로 이어지면서 관련조항이 입법화되고 청소년업무 영역은 더욱 확장되면서 특성화하는 발전을 하게 된다.

표 4-5 청소년정책의 발전과정

구 분	형성기 (1961~1987)	성장기 (1988~1997)	전환기 (1998~현재)
기본 시각	보호, 대책(미성년자, 소년)	육성, 수련, 보호(청소년)	참여, 활동(시민청소년)
정책 대상	일부 문제청소년	전체 청소년	전체 청소년 (위기청소년, 학교밖 청소년 등)
정책 목표	문제 대책	문제 예방	개발과 참여
정책 특성	정책 영역으로 인정 (전담업무 필요성 인식)	청소년육성중심 독자적 영역 확립 (정책 조정 필요)	정책 전환과 정책영역 확대 본격화(자율참여)
행정 조직	전담기구 최초 설치 (보호대책위원회) 전담행정조직 최초 설치 (체육부 청소년국)	청소년육성위원회 체육청소년부-문화체육부 (보호위원회)	문화관광부 보호위원회-국가청소년위원회 보건복지부 여성가족부
법령	미성년자보호법 아동복리법-아동복지법 청소년육성법	청소년기본법 청소년헌장 청소년보호법	청소년헌장 개정 청소년활동진흥법 청소년복지지원법 청소년기본법 개정 청소년보호법 개정
정책 계획	청소년문제개선종합대책 (1984) 제6차 경제사회발전 5개년 청소년부문	최초 청소년정책 시작 한국청소년기본계획 (1992~2001) (청소년수련활동의 제도화) 제1차 청소년육성5개년계획 (1993~1997)	청소년정책 본격화 제2차 청소년육성5개년계획 (1998~2002) (정책방향 전환, 정책비전 변화) 제3차(2003~2007) 제4차(2008~2012) 제5차(2013~2017) 제6차(2018~2022) 제7차(2023~2027)
청소년 기관	한국청소년단체협의회	한국청소년연구원 (한국청소년개발원)	한국청소년정책연구원 한국청소년상담개발원 한국청소년활동진흥원
종합	전담화	체계화	특성화

출처: 천정웅(2021). p. 93.

4 2023년 이후의 청소년정책

우리나라 청소년정책의 발전은 1998년 이후 25년 이상이 지났지만 앞서 구분한 세 개의 시기구분(1961년부터의 형성기, 1988년부터의 성장기, 1998년 이후의 전환기)에 또 다른 시기구분을 추가할 정도의 근본적 정책변화와 특징을 찾아보기가 쉽지 않다.

첫째, 우리나라에서 청소년분야 최초의 입법인 「청소년육성법」이 제정된 1988년과 그후 1990년을 전후하여 청소년복지를 비롯한 현재의 청소년업무의 종합적 기본 틀을 제시한 것으로 평가되는 '한국청소년기본계획(1992~2001)'의 수립 그리고 기존의 「청소년육성법」을 개편하여 '한국청소년기본계획'의 주요 내용을 추가함으로써 「청소년기본법」을 새롭게 제정했던 일과 같은 획기적인 정책화의 노력은 그 후 나타나지 않았다.

둘째, '한국청소년기본계획' 이후 이를 5년 단위로 다시 구분하여 제1차 청소년육성5개년계획(1993~1997)을 수립하고 그 후 제2차(1998~2002), 제3차 청소년육성5개년계획(2003~2007)을 마련하였으며, 제4차(2008~2012)부터는 '청소년정책기본계획'으로 이름을 바꾸어 제5차(2013~2017), 그리고 제6차 청소년정책기본계획(2018~2022) 등으로 지속적으로 수립·실시하였다. 그러나 청소년정책의 성격과 내용은 물론, 철학과 이념을 제시한 측면에서 볼 때, 1998년의 제2차 '청소년육성5개년계획'에서 제시되었던 '자율과 참여'의 정책방향 전환에 비길 정도의 정책적 전환이나 적극적 내용발전은 다른 중장기정책계획에 담겨 있다고 보기 어렵다.

특히, 오늘날의 청소년정책의 주요한 내용이 되고 있는 청소년인권이나 청소년참여 등과 관련한 정책내용은 제2차 청소년육성5개년계획에서 대두된 것으로 매우 중요한 의미를 갖는다. 2004년도에 청소년복지지원법과 청소년활동진흥법 등을 제정함으로써 청소년정책 관련 법체계를 확보했다는 평가가 있으며, 이는 기존의 청소년기본법의 주요내용을 중심으로 활동과 복지지원 등으로 구분한 법률명으로 형태를 갖추고 내용을 보완하여 새롭게 시행한 것으로 볼 수 있는 것이다(김민, 2018; 조혜영, 2019).

이런 점에서 우리나라 청소년업무 분야의 전반적 발전을 위해서는 지금까지의 청소년업무의 정책철학과 이론적 토대를 다시 마련하고, 청소년과 청소년업무에 대한 기본발상을 새로운 차원으로 크게 전환할 필요가 있다. 이는 오늘날의 시대가 제4차 산업혁명의 시대, SNS시대, 글로벌화의 시대 등에 따른 인간 소외와 생명의식, 상실과 단절 등의 총체적 위기 속에서 나아가고 있는 것과 무관하지 않다. 더욱이 최근의 COVID-19 팬데믹(pandemic)에 따른 코로나의 세계적인 대유행으로 청소년들의 생활과 삶의 모습의 변화상황을 볼 때 이에 대응하는 복지적 노력과 청소년업무의 효과적 대응은 가장 중요한 국가·사회적 과제가 되고 있다. 이런 점에서 2023년부터 5년간 적용되는 제7차 청소년정책기본계획은 제6차 기본계획의 한계점을 극복하는 방향으로 수립되었으며, 코로나19 영향과 비대면 수요 증가로 디지털 일상화를 반영한 정책의 필요성이 제기됨에 따라 비대면 수요, 디지털 전환 등 환경변화에 따른 디지털 관련 지원이 확대되는 내용을 담고 있다.

제7차 청소년정책기본계획은 '디지털 시내를 선도하는 글로벌 케이(K) 청소년'을 비전으로 삼았으며, '청소년 성장기회 제공', '안전한 보호 환경 조성'을 2대 목표로 설정하였다. 동 기본계획은 또한 청소년의 역량 강화를 위한 플랫폼 기반 청소년 활동 활성화, 데이터를 활용한 청소년 지원망 구축, 청소년의 안전을 위한 유해환경 차단 및 보호 강화, 청소년의 주도적 참여 및 권리 보장 강화, 청소년정책의 효과성 증진을 위한 총괄·조정 기능 내실화 등을 기본 방향으로 설정하였다(관계부처합동, 2023).

표 4-6 제7차 청소년정책기본계획(2023~2027)의 비전과 목표

비전	디지털 시대를 선도하는 글로벌 K-청소년	
목표	청소년 성장기회 제공	안전한 보호 환경 조성
정책과제	1. 플랫폼 기반 청소년활동 활성화	• 청소년 디지털 역량 활동 강화 • 청소년 미래역량 제고 • 다양한 체험활동 확대 • 학교안팎 청소년활동 지원 강화
	2. 데이터 활용 청소년지원망 구축	• 위기청소년 복지지원체계 강화 • 청소년 자립 지원 강화 • 청소년 유형별 맞춤형 지원
	3. 청소년 유해환경 차단 및 보호 확대	• 청소년이 안전한 온-오프라인 환경조성 • 청소년범죄 예방 및 회복 지원 • 청소년 근로보호 강화
	4. 청소년의 참여·권리 보장 강화	• 청소년의 참여활동 강화 • 청소년 권익 증진
	5. 청소년정책 총괄 조정 강화	• 청소년정책 인프라 개선 • 지역 맞춤형 청소년정책 추진체계 구축

출처: 관계부처합동(2023). p. 19.

「제7차 청소년정책기본계획(2023~2027)」의 대과제와 대과제별 주요 과제를 중심으로 그 내용을 살펴보면 다음과 같다. 첫째, 플랫폼 기반 청소년활동 활성화를 위해서는 드론·인공지능(AI) 등 디지털 활동 프로그램 확대 운영, 맞춤형 디지털 교육 강화, 디지털·미디어 문해력 함양을 위한 교육, 맞춤형 금융·경제 교육 프로그램 제공 및 경제교육 플랫폼 구축, 과학기술·해양산업·산림 등 전문 분야별 진로탐색 기회 제공, 국립 청소년 수련시설을 통한 교과 연계 체험프로그램 개발 및 운영, 청소년 방과 후 아카데미 운영 확대 등을 정책 과제로 포함하고 있다.

둘째, 데이터 활용 청소년 지원망 구축을 위해서는 위기청소년 발굴부터 자립까지 지원과정에 대한 데이터를 통합관리할 수 있는 위기청소년통합지원정보시스템을 구축하는 동시에, 전국 240곳 고위기 청소년 집중 심리 클리닉 운영, 학교밖청소년지원센터 플랫폼 단계별 고도화, 「청소년 복지 지원법」 개정 추진, 은둔형 청소년, 가족돌봄청(소)년 등의 실태 파악 및 지원체계 마련 등의 정책과제를 포함하고 있다.

셋째, 청소년 유해환경 차단 및 보호 확대와 관련하여서는 아동·청소년의 '잊힐 권리' 실현 지원, 청소년의 미디어 과의존 진단조사 개선 및 치유 지원, 룸카페 등 신·변종 유해업소 합동점검, 청소년 맞춤형 온·오프라인 도박 문제 상담 서비스 및 치유 프로그램 제공, 마약류 예방 교육, 아동·청소년성착취물 실태조사 신규 실시 등을 포함하고 있다.

넷째, 청소년의 참여·권리 보장 강화를 위해서는 청소년이 지역 내에서 자신과 밀접한 환경에서 다양한 의사결정과정에 직접 참여할 수 있도록 '지역사회 청소년 참여 활동 활성화 사업'을 확대 운영하며, 청소년의 참여역량을 높일 수 있도록 선배위원과의 멘토링의 밤 개최 등의 교류를 지원한다. 또한 청소년의 신체건강 증진을 위한 식습관 개선 교육자료의 개발·보급과 학교 밖 청소년 대상 건강검진 항목 확대 및 급식 지원 강화 등을 포함하고 있다.

다섯째, 청소년정책 총괄 조정 강화와 관련하여서는 청소년정책이 효과적으로 작동할 수 있도록 법과 재원 등 정책 인프라를 개선하고 현장감 제고를 위한 지역 맞춤형 정책을 활성화한다. 이를 위해 「청소년 기본법」 개정 추진, 청소년지도자를 위한 보수교육 등 강화, 지역사회 청소년 성장지원 네트워크 확대 및 지자체 특성과 여건을 반영한 지역 맞춤 청소년 프로그램 운영 등을 계획에 담고 있다.

표 4-7 제7차 청소년정책기본계획 정책과제

대과제	중과제	소과제
플랫폼 기반 청소년활동 활성화	• 청소년 디지털 역량 활동 강화	• 디지털 활동 및 교육 지원 • 청소년활동 지원체계 디지털 기반 개선
	• 청소년 미래역량 제고	• 미래역량 제고 활동 확대 • 진로체험 및 교육지원
	• 다양한 체험활동 확대	• 테마별 활동기회 제공 • 자기주도적 활동 프로그램 확대 • 안전한 청소년활동 기반 마련
	• 학교안팎 청소년활동 지원강화	•학교 연계 청소년활동 지원 •지역사회 연계 학교안팎 청소년활동 강화
데이터 활용 청소년 지원망 구축	• 위기청소년 복지지원 체계 강화	• 위기청소년 발굴 및 치유지원 강화 • 지역중심 위기청소년 지원 확대 • 정보시스템 기반 위기청소년 지원체계운영
	• 청소년자립지원 강화	• 학교 밖 청소년 지원 사각지대 해소 • 가정 밖 청소년 보호· 및 자립지원 확대 • 후기청소년(19-24세) 안정적 삶 지원
	• 청소년 유형별 맞춤형 지원	• 다문화 청소년지원 강화 • 청소년(한)부모 생활·양육 지원 • 신 소외 청소년 발굴 및 지원 • 장애 및 경계선지능 청소년 지원
청소년 유해환경 차단 및 보호 확대	• 청소년이 안전한 온·오프라인 환경 조성	• 디지털 역기능 예방 • 사이버 및 학교폭력 예방 강화 • 청소년 유해행위 차단 • 청소년 친화형 생활 환경 구축
	• 청소년 범죄 예방 및 회복 지원	• 청소년 대상 성범죄 대응 강화 • 청소년 성범죄 피해 지원 및 예방 교육 확대 • 청소년 선도·보호 및 회복 지원
	• 청소년 근로보호 강화	• 근로유형별 청소년보호 강화 • 근로청소년 부당처우 예방 및 보호 • 청소년과 사용자의 근로보호 인식 확산
청소년의 참여·권리 보장 강화	• 청소년 참여 활동 강화	• 청소년의 다양한 참여기회 활성화 • 청소년 참여 역량 제고 및 소통 강화
	• 청소년 권익 증진	• 청소년 권리보장 및 대표성 제고 • 청소년 건강 및 생활 지원

청소년정책 총괄 조정 강화	• 청소년정책 인프라 개선	• 법·재원 등 청소년정책 기반 체계화 • 청소년 지도자 지원 및 전문성 제고 • 청소년 시설·기관·단체 운영 개선·지원
	• 지역 맞춤형 청소년정책 추진체계 구축	• 지자체 청소년정책 전달체계 내실화 • 지역 단위 청소년정책 협력 강화 • 인구감소 지역 청소년지원

출처: 관계부처합동(2023). pp. 23-85 재구성.

PART 02

정책 거버넌스와 인프라 구조

Chapter 05

정책 거버넌스와 법적 기반

1 거버넌스의 개념적 이해

청소년정책은 정부 당국을 비롯한 기관·단체 등 다양한 행위자들에 의해 개발되고 실행된다. '거버넌스(governance)'라는 용어는 간략히 정의할 수 없는 복잡한 용어이지만, '청소년정책을 관리하는 권력의 행사 방법'으로 보면 정책형성의 주체와 정책집행의 방법 및 정책결정에 대한 책무성 등을 중심으로 이해할 수 있다. 거버넌스(governance)에 관한 논의는 1970년대까지는 국민국가 차원에서 정부(government)와 동일한 의미로 사용되어 왔지만, 점차 그 의미와 적용범위가 확장되어 오늘날은 글로벌 거버넌스(global governance), 뉴 거버넌스(new governance), 사이버 거버넌스(cyber governance) 등과 같은 개념으로 확장되고 있다.

1970년대를 전후하여 주로 경제·사회적 발전을 위한 공공서비스의 배분과 집합적 행동을 촉진하기 위해 작동하는 공식적이고 제도적인 체계 및 과정들과 관련하여 언급되었던 것이 1980년대 들어 국가중심 관리체계의 위상과 역할의 한계성이 논의되면서 정부 중심의 통치양식에서 분리되었으며, 1990년대에 들어와서는 각 국가에서의 NGO의 역할이 증대되면서 시민사회 내 비중이 증대되는 과정을 거치게 된 것으로 본다(Stoker, 1998; 오해섭 외, 2007). 2000년대 이후에는 세계화와 정보화의 급속한 진전과 함께 국가 운영의 틀을 전면적으로 재구축하기 위한 노력이 있었는데, 이를 위한 이론적 자원으로 거버넌스 개념이 활용되면서 정책적인 차원에서 본격적으로 전개되었다.

새로운 정치·경제·사회 변화 속에서 기존 행정 또는 정책과정과 구별되는 새로운 '다스림'으로 거버넌스를 규정하고 그 특징적 양상을 알아보는 노력도 나타나고 있다(윤영진 외, 2011). 이전에는 정부, 행정, 또는 정책이라는 말로 지칭했던 것도 현재는 거버넌스라는 말을 사용하고 있다. 지방 정부 또는 지방행정 대신에 지방 거버넌스라는 말을 사용하고 환경정책, 교육정책, 인터넷정책이라는 말 대신 환경거버넌스, 교육거버넌스, 그리고 인터넷 거버넌스라는 말을 사용한다. 글로벌 거버넌스, 연구개발(R&D) 거버넌스 등 많은 분야에서 이 용어가 사용되고 있는 것이다(이명석, 2017). 거버넌스를 '다스려지는 방식' 또는 '관리되는 방식'을 의미하는 개념으로 이해하는 경우에는 코퍼레이트 거버넌스(corporate governance), 즉 기업 지배구조로 번역되는 경우를 포함할 수 있으며, '정부가 조직되고 일하는 방식의 변화 또는 더 나아가서 정부와 민간부문 사이의 협력을 나타내는 협치'를 의미하는 것으로 이해하거나 그렇게 사용되기도 한다.

그러나 거버넌스라는 용어가 갖는 다양한 의미에는 기존의 전통적인 개념의 부정적인 이미지를 대체하는 '뭔가 새롭거나 개혁적인 것'이라는 뉘앙스를 갖고 있다는 점을 생각할 필요가 있다. 이는 '정부 또는 공공부문에 대한 뿌리깊은 불신에서 출발한 새롭고 개혁적인 무엇인가에 대한 열렬한 지지'에 바탕을 두고 있다고 볼 수 있다(이명석, 2017). 이런 점에서 거버넌스는 정부(government) 이상의 '그 무엇'을 의미하는 개념으로 이해할 수 있으며 정부뿐만 아니라 다양한 사회 구성원들의 협력에 의한 사회문제 해결과정을 강조하는 개념이며, 정부뿐만 아니라 정부를 둘러싸고 있는 정치제도 전반을 강조하는 것이다. 예를 들면 세계은행은 거버넌스를 '국민들이 통치되고 국가의 사무가 관리되고 규제되는 방법을 의미하며 … (축약) … 따라서 정부의 범위를 초월하여 정치적 차원까지 포함하는 것'으로 정의한다(Nanda, 2006).

전통적 행정학의 관료제적 패러다임에서 행정은 언제나 관료제, 또는 통제 등과 동의어로 인식되어 왔다. 여기서 관료제적 패러다임의 핵심은 단일 권력중추를 갖는 계층제적 구조로 특징 지어지는 관료제적 행정을 통한 사회적 조정의 우월성 또는 불가피성을 당연한 것으로 받아들이는 것이라고 할 수 있다. 그러나 사회적 조정은 계층제적 통제에 의해서만 가능한 것이 아니다. 흔히 계층제와 시장, 그리고 네트워크로 불리는 사회적 조정 양식이 존재하는 것이다 여기서 사회적 조정(social coordination)은 집합행동의 문제를 극복하기 위한 노력을 말한다. 사회적 문제와 관련한 집합행동의 경우, 조정은 사회적 딜레마 극복을 위하여 상이한 이해관계를 가진 개인이나 조직을 함께 일하도록 하는 행위, 즉, 사회적 딜레마 극복에 필요한 집합행동을 가능하도록 하는 행위라고 할 수 있다(이명석, 2017). 이런 점에서 거버넌스는 다양한 사회문제 해결방법 또는 사회적 조정 양식을 모두 포괄하며, 정부가 조직되고, 관리되고, 정책이 결정되고, 집행되는 다양한 방법까지를 포함하는 것으로 볼 수 있다.

또한, 거버넌스는 공공의 목적을 수행하기 위하여 공공기관, 정부, 민간 및 시민영역의 경계를 넘어 사람들을 건설적으로 참여시키는 정책의사결정과 관리의 과정 및 구조로 이해할 수 있다(Emerson et al., 2012). 이러한 접근은 정부의 의사결정이 더 이상 일방적이고 독점적일 수 없게 되면서, 민간부문의 역량이 증대되어 가는 추세가 반영된 것이며, 수평적이고 자발적인 네트워크(network)의 역할을 강조하게 되는 것으로 이어진다(오세제·김동희, 2020). 1990년대 이후 공공부문인 정부조직과 자발적 조직과 사적 부문인 민간조직이 정책네트워크를 통해 정책을 수립하고 평가·집행하는 전반적인 정책과정에서 상호협력하여 통치하는 거버넌스 방식이 강조되기 시작한 것이다. 이는 주체로서의 행위자로 정부, 기업, 시민사회, 개인이 모두 참여하는 것으로서 국정운영의 패러다임이 정부 축소와 거버넌스 확대의 방향으로 전환되는 것을 의미하는 것이다(이소영, 2019).

이와 같이 보면, 거버넌스는 용어가 사용되는 맥락에 따라서 포괄적이거나 행정체계 또는 사회적 조정의 의미 등으로 논의될 수 있으며 정책망, 공공관리, 공사 간 협력관계, 방향잡이 등으로도 사용되고 있음을 알 수 있다(오승은, 2006). 거버넌스의 개념적 이해는 또한 시장, 계층제, 네트워크라는 세 가지 사회적 조정양식 또는 유형에 대한 이해에서 출발할 수 있다. 따라서 거버넌스의 개념을 종합하면 광의적 측면, 일반적 측면, 그리고 협의적 측면의 세 가지로 구분하여 이해할 수 있을 것이다.

첫째, 광의적 거버넌스는 공공문제는 물론, 개인적인 문제를 포함하는 다양한 문제를 해결하는 방법 즉, 일반적인 의미의 사회적 조정을 의미한다. 거버넌스를 포괄적으로 정의한다면 거버넌스는 공동의 문제에 직면한 행위자들의 관계 및 권한과 의무의 유형, 또는 권력과 권한의 형태와 관련된 것을 의미한다고 할 수 있다. 즉, 거버넌스는 공적 또는 사적인 공동의 문제를 함께 해결하기를 원하는 행위자들의 상호작용과 관련된 권리와 의무를 규정하는 방법을 의미한다. 여기에는 앞서 언급한 세 가지 사회적 조정 양식인 계층제와 시장, 그리고 네트워크가 모두 포함된다(이명석, 2017). 거버넌스를 관료 중심의 집권적 행정체계에서 탈피하여 경쟁과 성과, 참여와 네트워크를 중심으로 내부운영체계와 행동양식을 변화시키는 것으로 이해하는 것이다(정정길, 2000).

둘째, 일반적 거버넌스는 사회문제 또는 공공문제를 해결하는 방법 또는 사회적 조정 양식을 총칭하는 개념으로 정의된다. 광의적 정의와 다른 것은 개인적인 문제가 아니라 공공문제 만을 대상으로 한다는 점이다 전통적으로 정부의 계층제적 지시 또는 계층제적 통제가 공공문제를 해결하는 유일한 방법으로 간주되어 왔다. 이러한 이유로 거버넌스는 국가의 자원을 관리하는 과정에서 권력이 사용되는 유형이나 방법이라고 정의되기도 한다(이명석, 2017). 일반적 정의에는 계층제뿐만 아니라 시장과 네트워크도 포함된다. 이런 점에서 시장주의 또는 신제도주의 경제학의 경쟁원리와 고객주의를 공공부문에 도입하는 것으로 서비스의 공급은 민간부문에 맡기고 정부는 유인책을 통하여 방향잡기에 주력하는 것으로 본다. 내부적 경영혁신에 더하여 민간과의 협력을 통한 정부기능의 축소까지를 포함하는 개념이다(정정길, 2000).

셋째, 협의적 거버넌스는 공공문제를 해결하는 방법 또는 사회적 조정 양식의 특정한 유형으로 정의된다. 이 경우 거버넌스는 시장과 계층제의 대안이라고 할 수 있는 제3의 조정 양식인 연계망, 네트워크를 의미한다(이명석, 2017). 구체적으로 협의적 거버넌스는 인사나 예산 및 내부관리에서의 통제완화, 분권화, 재량권의 확대, 민간기법의 도입과 같은 행정내부적 변화 또는 관리혁신으로 보는 경우를 포함한다.

따라서 거버넌스는 넓은 의미로는 국가통치행위를 의미하여, 제도수준의 규정과 규칙, 계층구조 등 구조적 요소와 대내외적 관리활동 및 외부환경과의 상호작용을 포함한 국정관리로 이해할 수 있으며, 다음으로 신공공관리

(new public management)와 유사한 의미로 보아, 시장과 정부의 새로운 역할 정립, 운영원리를 포함한 새로운 관리방식 등으로 볼 수 있으며, 좁은 의미로는 일종의 공공서비스 연계망으로 좁혀 비정부조직 등 다양한 서비스 공급주체와 이들 간의 네트워크의 등장으로 볼 수 있는 것이다(윤영진 외, 2011).

그러나 일반적으로 거버넌스 연구에서는 협의적 거버넌스를 의미하는 용어로 많이 사용되는데, 경우에 따라서는 모든 사회적 조정양식을 총칭하는 광의적 거버넌스와 네트워크만을 의미하는 협의적 거버넌스가 혼용되어 혼란을 주기도 한다. 여기에서는 청소년정책의 성격과 특성을 고려하여 거버넌스를 광의적으로 정의하고, 그에 따른 전체적 관리구조와 협력적 관계 등에 주목하기로 한다. 청소년정책의 거버넌스를 관리적 집행구조와 다양한 행위자들 간의 협력관계를 중심으로 이해하는 것이다.

2 청소년정책의 거버넌스와 법적 기반

앞서 우리는 거버넌스(governance)라는 개념이 다양하고도 광범위하게 이해되고 있다는 점에서 종합적으로 이를 정리하여 단일하게 개념을 정의하는 것이 쉽지 않은 복잡한 용어로 이해하였다. 거버넌스라는 용어가 갖는 개념적 디의성에도 불구하고 많은 학자들이 거비넌스라는 용어를 즐겨 사용하는 것은 환경변화에 따르는 새로운 개념의 등장이 필요하다는 점과 거버넌스라는 용어가 가지고 있는 포괄적 의미의 편리성 때문일 것이다(오승은, 2006). 이런 점에서 청소년정잭 분아의 경우 중앙정부 주도의 일방적인 정책기획과 집행의 틀에서 벗어나 지방정부나 민간청소년기관 등과의 긴밀한 연계성을 유지하는 거버넌스에 기반한 접근은 정책의 효율적 추진과 실질적 성과를 얻기 위해서 매우 중요한 작동기제로 볼 수 있을 것이다(오해섭 외, 2007).

특히 선진국의 경우 민간단체들이 청소년관련 영역의 현장에서 정부와 긴밀한 관계를 통해 지역사회 단위로 다양한 활동을 전개하고 있으며, 청소년 관련 산업도 사회공헌활동의 측면에서 적극적인 기금 조성에 기여하고 있으며, 청소년정책 연구기관들도 정부와 민간기관과의 협력관계를 통해 정책개발과 시행과정의 효과를 증대시키고 있다(오해섭 외, 2007). 그러나 우리나라의 청소년정책은 여전히 중앙정부 차원을 중심으로 정책형성과 집행 및 예산 투입 등의 여러 측면에서 편중되어 있으며, 지방정부의 행정체계가 실질적인 역할을 하기에는 미흡하고, 민간 청소년기관의 인프라는 여러 가지로 부족한 상황이다.

이런 점에서 우리나라 청소년행정이 변화하는 내외적 상황변화에 대응하는 역량을 제고하기 위해 거버넌스 또는 뉴 거버넌스에 대한 관심과 그 적용 가능성을 모색하고 청소년정책에 적극 도입할 필요성이 강조되고 있다. 최근에는 청소년 또는 청년정책과 관련한 협력적 거버넌스로서 계층제적 위계질서와 시장의 이윤추구활동, 신뢰와 상호의존에 입각한 시민사회의 네트워크적 협력을 조합하는 최적의 시나리오를 찾아 청소년 또는 청년층을 둘러싼 복잡한 문제를 해석하고, 참여자 간의 공동목표를 달성하여 공적 가치를 창출하는 조정양식으로써의 청소년정책 또는 청년정책 거버넌스의 중요성에 대한 관심이 높아지고 있다(오세제·김동희, 2021).

청소년정책을 국가적 사회서비스 정책으로 보면 정책결정과 정책전달과정의 거버넌스적 특성을 확인할 수 있는데, 다음과 같은 세 가지 요소를 지적하고 있다(윤영진 외, 2011). 첫째, 다양한 행동주체들의 인정과 상호의존적 협력관계의 특성이 있다. 공공서비스가 공급되는 지역거버넌스체제 아래에서는 지역내 기업, 비영리기관, 지방정부, 지역대학 등과 같은 다양한 기관들이 의사결정의 주체로 관련하여 의사결정과정, 서비스 공급과정, 환류적인 평가과정에 참여하거나 서비스의 생산주체로 활동하게 된다. 다양한 행위자들의 상호작용방식이 일방적이거나 계층제적 형식에 따르기보다 상호협력하는 방식으로 전환되는 특징이 있다는 것이다.

둘째, 자원과 정보의 교환과 책임과 신뢰공유의 특징이 있다. 거버넌스체제 아래에서 다양한 행위주체들 간의 상호의존관계는 서로 필요한 요소와 자원을 교환하고 의존하게 될 때 형성되고 유지되는데, 이러한 자원교환과 지식의 공유에 따른 지속적인 협력관계는 행동주체 상호간의 신뢰관계를 구축할 수 있게 해주는 것이다. 행정기관이 자원을 독점하거나 일정 부분을 시혜적으로 배분하는 관계에서는 상호의존적인 네트워크체제를 형성하기 어렵다. 정책집행과정상의 순응을 확보하기 위해 동원된 방식으로 행위자들을 포섭하는 방식도 거버넌스의 형성과 유지를 어렵게 한다.

셋째, 문제해결을 위한 네트워크의 결절(node)로서 정부부문의 핵심적 역할이 있다는 특성이다. 거버넌스를 복잡한 환경, 상호의존 및 갈등, 사회적 변화 상황에서 의도한 과제를 달성하기 위해 발휘될 수 있는 조정으로 이해할 수 있다는 점에서 보면, 다양한 행위자들의 가치, 이해관계, 요구를 제도적으로 수렴하고 그것이 거버넌스의 시스템 안에서 자리 잡게 하는 과정은 매우 중요하며 정부부문은 이러한 점에서 가장 핵심적인 역할을 담당하게 된다. 행위자들 간 긴장관계가 있을 경우, 이에 대응하는 역량이 부족할 경우 이른바 거버넌스의 간극(governance gap)이 발생하고 통치와 관리 불능(governability)의 문제가 발생할 수도 있는 것이다(윤영진 외, 2011).

특히 윤영찬 등(2011)은 청소년정책을 사회서비스 정책에 포함하면서 거비넌스의 개념적 특성에 바탕하여 사회서비스 정책과정의 거버넌스적 성격을 ① 사회서비스 관련 주체 간 관계 및 역할 변화, ② 재정지원방식의 변화와 시장관리 및 경쟁원리의 도입, ③ 중앙정부와 지방정부의 주도적 조정자 역할의 강화, ④ 정보와 품질관리를 통한 규제방식의 변화, 그리고 ⑤ 지역사회 사회서비스 네트워크 구축을 위한 노력 등으로 제시하고 있다.

첫째, 사회서비스의 생산, 구매, 제공, 이용, 관리 주체들 간의 관계변화가 나타나고 있다는 것이다(사회서비스 관련 주체 간 관계 및 역할 변화). 사회서비스의 경우 일부 취약계층을 대상으로 하던 기존의 일방적이고 획일적인 서비스와는 다른 내용과 성격을 지닌 서비스가 제공되고 있으며, 기존에 단일한 성격의 역할에 한정되었던 관련 주체들이 중층적이고 복합적인 역할을 수행하게 되면서 이들 간의 관계에도 많은 변화가 나타나고 있다는 것이다. 특히 지방정부는 중앙정부의 단순집행기관이 아니라 사회서비스 사업의 개발, 기획, 조정자로서의 적극적 역할이 증대되고 있으며, 전체적인 사회서비스 제공에 있어서 지역 내 협력 네트워크체제 구축의 중요성이 강조되고 있다.

둘째, 전통적인 정책과 서비스에서 중앙정부의 획일적 지침에 따라 공적부조가 제공되거나 보조금 지급이 이루어짐으로써 지방자치단체, 공급기관, 이용자 간의 관계가 상대적으로 단순하고 단선적이며 제한적이었던 것이 최근에는 바우처 방식의 도입과 같은 재정지원방식의 변화로 인해 관련 주체들 간의 상호관계를 복잡하게 전환시키고 있다는 것이다(재정지원방식의 변화와 시장관리 및 경쟁원리의 도입). 2007년부터 사회복지정책과 관련하여 시행한 바우처 제도는 특정 상품이나 서비스를 이용자가 직접 자발적으로 선택하여 이용할 수 있는 구매권 제도를 의미하는 것으로, 이용자가 서비스 공급기관을 선택할 수 있는 고객으로서의 주권적 위상을 갖고 공급기관은 우월적인 지위나 전문가적 입장에서 이용자에게 접근하는 옛 방식으로부터의 변화를 초래하고 있다. 이용자의 개인부담금 제도의 도입으로 이용자가 서비스 이용의 권리주체라는 인식이 확대되고 있을 뿐만 아니라, 선택권의 행사로 인해 자연스럽게 서비스 공급기관 간의 서비스 이용자 확보를 위한 경쟁을 가져오게 됨으로써 서비스 공급기관은 기존의 지시와 통제라는 위계적 운영방식보다는 서비스 가격과 품질을 통한 경쟁원리를 적용하게 됨으로써 서비스 공급기관과 지방정부 간의 관계변화는 물론, 공급기관과 이용자 간에도 새로운 관계가 정립되고 있다.

셋째, 사회서비스 정책 수행에서 정부부문의 역할이 강화되면서 중앙정부는 제도적 기반 구축 노력을 중요시하게 되고, 지방정부는 지역 내 이용자의 욕구 사정과 공급기관과 연계시켜 주는 조정자와 상담자의 역할이 강조됨으로써 지역상황에 적합한 서비스를 구상하고 공급할 수 있도록 하는 공급기관과의 협력적 관계를 형성하게 된다(중앙정부와 지방정부의 주도적 조정자 역할의 강화). 제도적 기반은 다양한 공급기관 간에 서로 공정하게 경쟁하고 역량을 발휘할 수 있도록 하여 사회서비스 시장이 작동할 수 있도록 관련 제도와 정책을 마련하는 것을 의미한다. 공급기관은 보조금을 지급받는 통제대상으로서가 아닌 지역주민들에게 서비스를 제공하는 지방정부의 협력 파트너가 되도록 육성하고 지원하는 관계형성이 필요한 것이다. 이 과정에서 일방적이고 정부주도적인 시장 통제가 아니라 공급기관과의 조정과 협력 즉 거버넌스 과정의 형성과 발전이 중요하게 작용하게 된다.

넷째, 사회서비스 정책 거버넌스에서도 일반적 거버넌스 체제에서 요구되는 행위자간의 정보 공유와 신뢰구축이 중요하게 되면서, 기존의 중앙정부, 지방정부, 공급기관 및 이용자 간의 일방적·종속적 관계나 직접적인 통제방식에서 벗어나 공급기관에 대한 정보와 품질관리를 중심으로 쌍방적·협력적 관계를 중시하는 간접적 규제방식으로의 전환이 요청되고 있다(정보와 품질관리를 통한 규제방식의 변화). 이용자의 서비스 선택과 공급기관 간의 경쟁이 이루어지기 위해서는 공급기관의 인력, 시설, 서비스 제공방식 등에 대하여 신뢰할 수 있는 정보를 정부차원에서 수집하고 공개할 필요가 있으며, 서비스의 이용과정, 예상되는 긴급상황에 대한 대응역량, 시설과 제공인력에 대한 기초정보와 기관들이 품질관리 노력에 대한 정보 등을 종합적으로 수집·평가·공개할 수 있게 하는 공공부문의 간접규제가 중요하게 되는 것이다.

다섯째, 사회서비스를 필요로 하는 청소년을 포함한 다양한 대상 집단이 사회적 주류 흐름에서 배제 없이 포함되도록 하는 가능성을 높이기 위해서는 분절화된 서비스 제공에서 벗어나서 지역사회 서비스 제공 기관과 단체 간의 네트워킹을 통한 통합적 서비스 제공의 방향으로 전환될 필요가 있는 것이다(지역사회 사회서비스 네트워크 구축 노력). 취약 청소년이나 개인적 역량이나 가족적 지원이 부족한 대상이나 집단들에 대한 정책은 개별적 서비스로는 한계가 있으므로 교육지원과 훈련 프로그램을 병행하는 접근이나 연계적 서비스의 제공 등이 요청된다는 점에서 기관 간의 네트워킹을 조율하고 개인의 욕구와 연결하는 거버넌스적 접근은 중요한 의미를 가질 것이다.

Williamson 등(2021)은 청소년정책은 지역사회에서 로컬 및 국제적 수준, 그리고 정부 간 수준 등에 이르는 모든 수준에서 광범위한 행위자와 구조에 의해 관리되고 있다고 보고, 청소년정책은 하나의 포괄적이고 상위적인 개념(umbrella term)으로 불릴 수 있으며, 반드시 단일한 기관과 관련하거나 단일한 전략 문서를 통해서만 제시될 필요가 있는 것이 아니며, 각기 다른 입법 및 집행 행위자들이 개발하여 수립한 일련의 정책 실천(policy practices)으로 볼 수 있다고 본다. 특히, 청소년정책 거버넌스는 국가 차원에서는 법적 기반(legal basis), 입법(legislative)과 집행당국(executive authorities)이라는 세 가지가 중요하다는 점에 초점을 두고 논의하면서 청소년정책의 관리에서 거버넌스는 다음과 같은 세 가지 영역에서 권력이 실행되는 방법으로 이해한다.

- 청소년정책의 형성을 위한 의사결정에 목소리를 갖는 사람은 누구인가?
- 청소년정책결정은 어떻게 집행되는가?
- 청소년정책결정을 책임지는 사람은 누구인가?

청소년정책 거버넌스의 법적기반과 입법 및 집행 당국의 세 가지 측면 가운데에서도 법적 기반은 국가 및 지방자치단체의 정책집행의 기초가 되며, 청소년 관련법에서 규정하고 있는 내용을 바탕으로 국가는 청소년정책을 실행하고 지방자치단체는 국가의 법률과 제도를 바탕으로 해당 자치단체의 조례를 마련하여 수행하는 것이다. 또한, 입법적 기반 위에서 정부는 5년 주기로 청소년정책기본계획을 수립하여 정책의 핵심내용을 집행하고 있다. 즉 청소년기본법 제13조에서는 '청소년육성에 관한 기본계획의 수립'을 토대로 매 5년마다 기본계획을 수립하여 시행하도록 규정하고 있으며, 현재는 제7차 청소년정책기본계획(2023~2027)을 수립하여 시행하고 있다.

청소년정책은 인적자원 서비스 정책의 성격을 가지며 정책의 체감도와 필요성 측면에서 실효성 높은 정책추진이 요청된다는 점에서 서비스 혜택을 직접 수행하고 지방자치단체 현장 중심의 정책추진 기반 확보와 같은 지방자치단체가 가진 정책수행 역량이 매우 중요하다. 실제로 변화하는 정책 환경변화에 대응하고 지역시회에서 청소년의 변화를 빠르게 포착하여 정책으로 연계해야하며, 지방자치단체별 연도별 시행계획에 대해서도 입법화를 추진하는 것이다(최인재·오해섭 외, 2022).

국가의 몇 가지 기본적인 법률들에서 청소년과 청년에 대한 언급을 명시적이거나 묵시적으로 제시한다. 대부분 국가에서는 적어도 투표권(투표 자격)을 행사할 수 있는 연령 개념을 담고 있다. 헌법에 청소년에 관해 언급하는 조문을 포함하고 있는 국가들도 많이 있다. 우리나라에서는 헌법뿐만 아니라 헌법의 하위법으로 청소년기본법을 비롯하여 청소년복지지원법, 청소년활동진흥법, 청소년보호법, 아동·청소년의 성보호에 관한 법률, 학교 밖 청소년 지원에 관한 법률 등 청소년을 구체적으로 명시하고 있는 법률들이 있다. 청소년정책 거버넌스로서 법적기반 또는 입법적 토대는 입법 체계나 정책개입의 형태를 기준으로 구분하거나, 정책 분야나 영역 또는 정책 내용 등을 기준으로 나누어볼 수 있다. 이런 점에서 우리나라의 경우 법령체계와 기본법적 성격 및 청소년정책과의 적실성의 정도를 기준으로 헌법과 청소년기본법, 주요 청소년법령, 기타 청소년관련법 등으로 입법적 범주를 구분할 수 있을 것이다(진혜경, 2012; 천정웅 외, 2020).

3 헌법과 청소년기본법

1) 헌법과 청소년정책

헌법(constitution)은 국가의 기본조직과 통치작용의 원칙을 정하고, 국민의 기본권을 보장하는 규정을 가진 국가의 최상위법으로써 가장 강력한 효력을 갖는다. 입법체계상 모든 법률과 명령은 헌법의 하위에 있으며, 헌법에 위반되어서는 안 된다(천정웅 외, 2022). 헌법은 기본원리 및 이념으로 전문에서 “자율과 조화를 바탕으로 자유민주적 기본질서를 더욱 확고히 하여 정치·경제·사회·문화의 모든 영역에서 각인의 기회를 균등히 하고 능력을 최고도로 발휘하게 하며, 자유와 권리에 따르는 책임과 의무를 완수"하도록 함을 밝히고 있으며, 제1조 제2항은 "대한민국의 주권은 국민에게 있고 모든 권력은 국민으로부터 나온다."고 하여 국민 주권을 명시하고 있다는 점에서 국민의 한 사람인 청소년은, 헌법에서 보장하고 있는 민주주의와 기본권을 보장받고 있는 것이다.

특히, 헌법 제10조 "모든 인간은 인간으로서의 존엄과 가치를 가지며 행복을 추구할 권리가 있다. 국가는 개인이 가지는 불가침의 기본적 인권을 확인하고 이를 보장할 의무를 진다"고 규정하여 인간의 존엄과 가치를 명시하고 있다. 이러한 행복추구권과 기본권의 보장 의무는 청소년정책의 근간이 되는 민주주의의 기본적 가치를 제시하고 있는 것으로 본다. 또한, 국민이 갖는 기본 권리인 평등권, 자유권, 참정권, 청구권 등에 대해 헌법의 제2장 제11~37조에 규정하고 있다. 즉, 평등권에 대해서는 헌법 제11조에 "모든 국민은 법 앞에 평등하다. 누구든지 성별·종교 또는 사회적 신분에 의하여 정치적·경제적·사회적·문화적 생활의 모든 영역에 있어서 차별을 받지 아니한다."고 규정하고 있으며, 제31조에서는 교육을 받을 권리를 규정하고 있다.

헌법에서 청소년이라는 용어를 직접 명시한 조항은 제34조 제4항에서 찾아볼 수 있는데, 국가는 "청소년의 복지 향상을 위한 정책을 실시할 의무를 진다"고 하고 있으며, 제32조 제5항에서는 "연소자의 근로는 특별한 보호를 받는다."고 규정하고 있다. 이는 우리나라 헌정 역사상 처음으로 청소년과 연소자라는 용어를 포함하여 직접적으로 규정하고 있는 법조문의 의미를 갖는다. 헌법은 법체계의 가장 상위에 있다는 점에서 청소년기본법 등 관련 법령은 헌법의 이 조항에 근거하고 있다고 볼 수 있다(진혜경, 2012).

표 5-1 헌법의 주요 규정

조항	규정 내용	비고
제1조 제2항	대한민국의 주권은 국민에게 있고, 모든 권력은 국민으로부터 나온다.	주권
제10조	모든 국민은 인간으로서의 존엄과 가치를 가지며, 행복을 추구할 권리를 가진다. 국가는 개인이 가지는 불가침의 기본적 인권을 확인하고 이를 보장할 의무를 진다.	행복추구권
제11조 제1항	모든 국민은 법 앞에 평등하다. 누구든지 성별·종교 또는 사회적 신분에 의하여 정치적·문화적 생활의 모든 영역에 있어서 차별을 받지 아니한다.	평등권
제31조 제1항	모든 국민은 능력에 따라 균등하게 교육을 받을 권리를 가진다.	교육권
제32조 제5항	연소자의 근로는 특별한 보호를 받는다.	연소자 근로
제34조 제1-4항	모든 국민은 인간다운 생활을 할 권리를 가진다. 국가는 사회보장·사회복지의 증진에 노력할 의무를 진다. 국가는 여자의 복지와 권익의 향상을 위하여 노력해야 한다. 국가는 노인과 청소년의 복지향상을 위한 정책을 실시할 의무를 진다.	청소년복지

출처: 김영화 외(2021). p. 335 참조.

2) 청소년기본법

청소년기본법은 1987년에 제정된 청소년육성법을 폐지하고, 1991년에 제정된 법률로 청소년의 권리 및 책임, 가정·사회·국가·지방자치단체의 청소년에 대한 책임을 정하고 청소년정책에 관한 기본적인 사항을 규정하고 있다. 1997년 제정된 청소년보호법과 2004년에 제정된 청소년활동진흥법, 청소년복지지원법의 기본법적 성격을 가지며 청소년활동, 보호, 복지 등을 포괄한다. 제1장 총직, 제2장 청소년정책의 총괄·조정, 제4장 청소년시설, 제5장 청소년지도자, 제6장 청소년단체, 제7장 청소년활동 및 청소년복지 등, 제8장 청소년육성기금 등의 내용으로 구성되어 있다.

특히, 청소년기본법에는 청소년특별회의, 청소년참여위원회 등 청소년의 참여보장에 관한 내용을 포함하고 있으며, 2020년에는 장관을 위원장으로 하는 청소년정책위원회에 청소년위원이 참여할 수 있도록 하였다(제10조). 이는 국가 청소년정책의 최상위 기구에 청소년의 참여를 보장하는 것으로 중요한 의미를 갖는다(진혜경, 2021). 청소년시설과 청소년지도자 등은 지역사회에 있는 청소년 수련관, 청소년문화의 집, 청소년상담복지센터 등과 관련된다는 점에서 사회복지사와 학교사회복지사들에게도 연계활동이 있을 수 있다(유해숙·김영빈, 2022).

기본법이라 함은 일반적으로 국정의 중요한 비중을 차지하는 분야에 대해서 국가의 제도·정책 등에 관한 기본방침·프로그램·대강을 명시한 것으로 당해 정책의 이념이나 기본이 되는 사항을 정하고 그에 의거하여 시책을 추진하거나 제도의 정비를 도모하는 입법유형이다(박영도, 2008; 박정훈, 2009). 기본법의 기능은 정책의 이념이나 기본의 사항을 정하고 시책을 추진하거나 제도의 정비를 도모한다는 점에서 국가정책의 방향을 제시하고 추진하는 기능을 한다. 또한 해당 분야의 제도 및 정책의 전체상을 제시하고 종합화와 체계화를 추진한다. 청소년기본법은 제4조에서 "이 법은 청소년육성에 관하여 다른 법률보다 우선하여 적용하여야 하며, 청소년육성에 관한 법률을 제정하거나 개정할 때에는 이 법의 취지에 맞도록 하여야 한다"고 규정함으로써 청소년육성정책 및 행정의 기본법전으로서의 성격, 정책수단의 총괄규범(관리규범) 등 청소년정책에 관한 기본법적인 성격을 지니고 있다고 할 수 있다(김윤나, 2012).

「청소년기본법」이 가지는 사회적 의미는 첫째, 「청소년기본법」을 통해 청소년의 권리와 의미, 이를 지향하기 위한 참여의 적극성을 조장한 것이다. 둘째, 청소년들의 참여보장을 위한 기성세대의 중대한 책임을 언급하였다. 청소년들의 참여는 기성세대의 나눔과 협력적 배려가 전제되어야 하는 것이므로 이를 위한 심리적 공감대를 이루고자 하였다. 셋째, 청소년들은 학생이어야 하기에 권리의 유예, 생활의 척박성, 삶의 제약 등 많은 당연시되는 문제의 일반화를 경험하는 대상으로 인식된다. 「청소년기본법」은 청소년들의 이러한 사회적 약자로서의 크나큰 심리적 박탈감을 증명하려 한 중요한 기제이다. 넷째, 「청소년기본법」은 지금까지 나타났던 일부 청소년지원을 넘어 포괄적인 관점에서 청소년정책의 구체성을 담보하려는 의지의 표현을 내재하고 있다. 다섯째, 청소년을 바라보는 시각을 확장하였다는 점이다. 청소년은 주어진 공간에서 주어진 방향에 따라 체계적으로 성과를 얻기만 하는 존재가 아니며 스스로 주체적 삶을 이끌어간다(김영한·서정아·권일남, 2019).

표 5-2 청소년기본법의 전반적 구조와 주요 내용

구분	내용
총칙	목적, 기본이념, 정의, 다른 법률과의 관계, 청소년의 권리와 책임, 청소년의 자치권 확대, 가정의 책임, 사회의 책임, 국가 및 지방자치단체의 책임, 교육 및 홍보 등
청소년정책의 총괄·조정	청소년정책의 총괄·조정, 청소년정책위원회, 지방청소년육성위원회의 설치, 청소년육성에 관한 기본계획의 수립, 연도별 시행계획의 수립 등, 계획 수립의 협조, 청소년의 달
청소년시설	청소년시설의 종류, 청소년시설의 설치·운영, 청소년시설의 지도·감독
청소년지도자	청소년지도자의 양성, 청소년지도사, 청소년지도사 자격의 취소, 부정행위자에 대한 제재, 청소년상담사, 청소년지도사·청소년상담사의 배치 등, 청소년지도사·청소년상담사의 채용 등, 청소년지도사·청소년상담사의 보수교육, 청소년육성 전담공무원, 청소년육성 전담기구의 설치, 청소년지도위원
청소년단체	청소년단체의 역할, 청소년단체 임원의 결격사유, 벌금형의 분리 선고, 청소년단체에 대한 지원 등, 수익사업, 한국청소년단체협의회, 지방청소년단체협의회
청소년활동 및 청소년복지 등	청소년활동의 지원, 학교교육 등과의 연계, 청소년 방과 후 활동의 지원, 청소년복지의 향상, 청소년유익환경의 조성, 청소년 유해환경의 규제, 근로 청소년의 보호를 위한 신고의무, 청소년 근로권익 보호 지원
청소년육성기금	기금의 설치 등, 기금의 조성, 기금의 사용 등, 지방청소년육성기금의 조성
보칙	국유·공유 재산의 대부 등, 조세 감면 등, 감독 등, 포상, 유사명칭의 사용금지, 수수료 등, 권한의 위임·위탁, 벌칙 적용에서 공무원 의제
벌칙	벌칙, 양벌규정, 과태료

3) 청소년헌장

청소년헌장은 1990년에 국제사회의 흐름에 발맞추어 청소년의 권리와 책임에 대해 규정한 것이 첫 시작이다. 그 이전에는 청소년과 아동의 개념조차 혼동되어 산발적·복합적으로 이해되었고, 이들에 대한 차별적이고 명확한 복지정책의 방향이 정립되지 못했다. 그러한 상황에서 청소년헌장은 청소년을 한 계층으로 보고, 권리와 책임을 구체화하고 동시에 국가와 사회의 책임 또한 분명하게 명시하였다는 점에서 의미가 있다. 1998년 국민의 정부에서 청소년헌장을 시대적 흐름에 따라 개정하였는데, 개정된 청소년헌장에서는 청소년의 인권, 시민권의 측면이 강화되어 사회구성원으로서 청소년의 인정과 주체적이고 자율적인 청소년의 모습이 강조되었다. 1998년 10월 25일로 공표된 개정 청소년헌장은 전문과 청소년의 권리(12개 항) 및 청소년의 책임(9개항)으로 구성되어 있다.

4 주요 청소년법령

1) 청소년활동진흥법

청소년활동진흥법은 청소년의 정책참여를 보장하고, 수련활동을 신흥하기 위하여 청소년활동인증제를 도입하며, 청소년활동을 청소년수련활동, 청소년 문화활동, 청소년교류활동으로 범주화함으로써 다양한 청소년활동 진흥을 위해 청소년활동 관련사항을 교육부와 교육청이 각각 여성가족부장관 및 지방자치단체와 상호 협의하여 결정하도록 하였다. 또한 청소년 행정기관 및 활동 시설은 매년 연초 연간학교계획 작성지원, 학교와 연계한 수련거리 등 활동거리 개발, 자료요청 등 학교 및 교육청과의 연계를 강화한 것이 특징이다.

2013년 5월 28일 일부개정을 통해서는 이동 · 숙박형 청소년활동에 대한 관할기관 신고를 의무화하고, 아동학대 전력자 등 부적합자에 대한 이동 · 숙박형 청소년 활동 참여를 제한하였으며, 청소년수련시설에 대하여 국가와 지방자치단체가 종합 안전점검을 실시할 수 있도록 하였다. 2014년 1월 21일의 일부개정을 통해서는 청소년수련활동 신고 의무화 및 인증을 강화하고, 숙박형 등 청소년수련활동의 안전관리 강화 및 정보제공을 확대하였으며, 청소년수련시설의 관리 · 감독을 강화하였다.

표 5-3 청소년활동진흥법의 전반적 구조와 주요 내용

총칙	목적, 정의, 관계 기관의 협조, 청소년운영위원회
청소년활동의 보장	청소년활동의 지원, 한국청소년활동진흥원의 설치, 정관, 임원, 사업계획서 등의 제출, 자료의 요청 등, 보조 및 출연 등, 민법의 준용, 유사명칭의 사용금지, 벌칙 적용 시의 공무원 의제, 지방청소년활동진흥센터의 설치 등, 청소년활동 정보의 제공 등, 학교와의 협력 등, 숙박형 등 청소년수련활동 계획의 신고, 건강상태 확인 및 의료조치 의무 등, 숙박형등 청소년수련활동 관련 정보의 공개, 숙박형등 청소년수련활동 관련 정보의 표시·고지, 숙박형등 청소년수련활동의 제한, 관계 기관과의 협력
청소년활동 시설	청소년활동시설의 종류, 수련시설의 설치·운영 등, 수련시설의 허가 요건, 수련시설의 등록, 수련시설의 운영대표자, 결격사유, 수련시설 운영의 위탁, 수련시설 운영 위탁계약의 해지, 수련시설의 시설기준, 수련시설의 안전점검 등, 안전교육, 감독기관의 종합 안전·위생점검, 수련시설의 운영기준, 수련시설의 종합평가 등, 시정명령, 운영 중지 명령, 금지행위, 허가 또는 등록의 취소, 청문, 이용료 및 수련비용, 보험 가입, 수련시설의 승계, 수련시설운영의 휴지·폐지 등, 수련시설 건립 시 타당성의 사전 검토, 민간인의 참여 유도, 수련시설의 이용, 다른 법률에 따른 인·허가 등의 의제, 보고 등

청소년수련 활동의 지원	청소년수련거리의 개발·보급, 청소년수련활동 인증제도의 운영, 청소년수련활동 인증 절차, 인증의 사후 관리, 인증의 취소 등, 인증수련활동의 결과 통보 등, 유사명칭의 사용 금지, 청소년수련활동의 위탁 제한, 한국청소년수련시설협회, 지방청소년수련시설협회, 청소년수련지구의 지정 등, 수련지구조성계획, 둘 이상의 시·군·구에 걸치는 수련지구의 지정 등, 수용 및 사용, 조성계획에 따른 시설 설치 등, 다른 법률에 따른 인·허가 등의 의제
청소년교류 활동의 지원	청소년교류활동의 진흥, 국제청소년교류활동의 지원, 지방자치단체의 자매도시 협정 등, 교포청소년교류활동의 지원, 청소년교류활동의 사후 지원, 청소년교류센터의 설치·운영, 남·북청소년교류활동의 제도적 지원
청소년문화 활동의 지원	청소년문화활동의 진흥, 청소년문화활동의 기반 구축, 전통문화의 계승, 청소년 축제의 발굴지원, 청소년동아리활동의 활성화, 청소년의 자원봉사활동의 활성화
보칙	조세 감면 등, 감독, 수수료, 권한의 위임 등
벌칙	벌칙, 양벌규정, 과태료

2) 청소년복지지원법

청소년복지지원법은 청소년의 복지향상에 관한 헌법 제34조 제4항의 취지를 구현하기 위하여 가출·학업중단·비행·저소득계층·북한이탈·혼혈 청소년 등 특별한 보호가 필요한 청소년에 대하여는 기초생활보장, 의료지원 및 직업능력을 강화 등을 통하여 자립·자활할 수 있는 복지서비스 제공을 제도화하는 한편 모든 청소년에 대한 인권의 보장, 건강·안전의 보장 및 경제적 자립지원 등에 대한 가정·사회 및 국가의 책임과 의무를 정하고 이를 실천하기 위한 기본적 사항을 규정하여 미래사회의 주역이 될 청소년의 삶의 질 향상과 최적의 성장·발달을 도모하려는 데 의의가 있다.

청소년복지시설로 가출청소년을 위한 쉼터, 가정·학교·사회로 복귀하여 생활하기 어려운 청소년의 자립을 돕는 청소년자립지원관, 학습·정서·행동상의 장애를 가진 청소년을 위한 청소년치료재활센터, 소년보호로 감호위탁 처분을 받은 청소년을 위한 청소년회복지원시설 등을 규정하고 있다(제31조). 청소년복지시설은 청소년들의 학교생활 적응을 위한 시설이라는 점에서 학교사회복지사는 해당 기관의 사회복지사들이나, 청소년지도사, 청소년상담사들과 긴밀히 협력할 필요가 있다(진혜경, 2021).

표 5-4 청소년복지지원법의 전반적 구조와 주요 내용

구분	주요 내용
총칙	목적, 정의, 실태조사
청소년의 우대 등	청소년의 우대, 청소년증
청소년의 건강보장	건강한 성장지원, 체력검사와 건강진단, 건강진단 결과의 분석 등, 건강진단 결과의 공개 금지
지역사회 청소년 통합지원체계 등	지역사회 청소년통합지원체계의 구축·운영, 운영위원회, 주민의 자원활동지원, 상담과 전화 설치 등
위기청소년 지원	상담 및 교육, 위기청소년 특별지원, 특별지원의 신청 및 선정, 청소년가출 예방 및 보호·지원, 이주배경 청소년에 대한 지원
예방적·회복적 보호지원	예방적·회복적 보호지원의 실시 등, 시설의 설치·운영 등, 보호지원후견인
청소년복지지원기관	한국청소년상담복지개발원, 정관, 사업계획서의 제출 등, 보조금 및 출연 등, 임원, 이사장, 민법의 준용, 청소년상담복지센터, 이주배경 청소년지원센터
청소년복지시설	청소년복지시설의 종류, 청소년복지시설의 설치, 가출청소년의 청소년쉼터 계속 이용, 휴업·폐업 등의 신고, 청소년복지시설의 종사자, 시설개선, 사업정지, 폐쇄 등, 청문
보칙	비밀 누설의 금지, 동일 명칭의 사용 금지, 감독, 예산의 보조, 기관·시설 등의 평가, 권한 등의 위임 및 위탁, 청소년복지지원기관 등의 위탁운영
벌칙	벌칙, 양벌규정, 과태료

3) 청소년보호법

청소년보호법은 1997년에 제정되었으며, 청소년에게 유해한 매체물과 약물 등이 청소년에게 유통되는 것과 청소년이 유해한 업소에 출입하는 것 등을 규제하고 청소년을 유해한 환경으로부터 보호·구제함으로써 청소년이 건전한 인격체로 성장할 수 있도록 함을 목적으로 한다. 제1장 총칙, 제2장 청소년유해매체물의 결정 및 유통 규제, 제3장 청소년의 인터넷게임 중독예방, 제4장 청소년유해약물 등, 청소년 유해행위 및 청소년유해업소 등의 규제, 제5장 청소년 보호 사업의 추진, 제6장 청소년보호위원회 등으로 구성되어 있다. 특히 제3장 청소년인터넷 게임 중독예방 중 제26조에는 심야시간대의 인터넷게임 제공시간 제한을 명시하고 있는데, 16세 미만 청소년에게는 오전 0시부터 오전 6시까지 인터넷게임을 제공하여서는 안 된다고 규정하였으며, 제27조에는 인터넷게임 중독으로 심각한 신체적, 정신적, 사회적 기능 손상을 입은 청소년에 대해 상담 및 재활 등의 서비스를 지원할 수 있다고 밝히고 있다.

4) 아동 · 청소년 성보호에 관한 법률

아동 · 청소년의 성보호에 관한 법률은 아동 · 청소년의 성을 사거나 이를 알선하는 행위, 아동 · 청소년을 이용하여 음란물을 제작 · 배포하는 행위 및 아동 · 청소년에 대한 성폭력행위 등으로부터 아동 · 청소년을 보호 · 구제하여 청소년의 인권을 보장하고 건전한 사회구성원으로 성장할 수 있도록 함을 목적으로 하는 법률로, 시행일은 2010년 1월 1일이다.

전부개정 이전에는 청소년의 성보호에 관한 법률을 명칭으로 하였으나, 아동도 이 법에 따른 보호대상임을 명확히 하기 위해 개정을 통해 명징을 변경하였으며, 2012년 6월 19일부터 아동 · 청소년대상 성보호가 한층 강화되었다. 특히, 피해자가 가해자의 처벌을 원하지 않는다는 의사를 표시하면 처벌

할 수 없는 범죄인 반의사불벌죄가 전면 폐지되었다. 더불어 아동・청소년대상 성범죄를 막기 위해 아동・청소년대상 성범죄자의 취업제한시설도 확대하였다. 현행 취업제한시설인 유치원, 어린이집, 학교, 청소년 활동・복지시설을 포함해 경비업, 일반 PC방, 복합 유통게임 제공업, 청소년활동 기획업소, 대중문화 예술기획업소 등이 추가되었다. 또한, 성폭력 예방교육 의무기관이 유치원, 어린이집, 학교에서 국가기관과 지방자치단체 및 공공기관·단체까지 확대되었다. 한편, '성범죄자 알림e' 사이트를 통해 공개했던 성범죄자의 신상은 기존 공개사항을 포함해, 성범죄자의 상세주소(도로명과 건물번호)와 성폭력범죄 죄명 및 횟수까지 확인할 수 있다.

표 5-5 아동·청소년의 성 보호에 관한 법률의 전반적 구조와 주요 내용

총칙	목적, 정의, 해석상·적용상의 주의, 국가와 지방자치단체의 의무, 사회의 책임, 홍보영상의 제작·배포·송출
아동·청소년대상 성범죄의 처벌과 절차에 관한 특례	아동·청소년에 대한 강간·강제추행 등, 예비, 음모, 장애인인 아동·청소년에 대한 간음 등, 13세 이상 16세 미만 아동·청소년에 대한 간음 등, 강간 등 상해·치상, 강간 등 살인·치사, 아동·청소년성착취물의 제작·배포 등, 아동·청소년 매매행위, 아동·청소년의 성을 사는 행위 등, 아동·청소년에 대한 강요행위 등, 알선영업행위 등, 피해자 등에 대한 강요행위, 신고의무자의 성범죄에 대한 가중처벌, 형법상 감경규정에 관한 특례, 공소시효에 관한 특례, 형벌과 수강명령 등의 병과, 재범여부 조사, 판결 전 조사, 친권상실청구 등, 피해아동·청소년의 보호조치 결정, 수사 및 재판 절차에서의 배려, 영상물의 촬영·보존 등, 증거보전의 특례, 신뢰관계에 있는 사람의 동석, 서류·증거물의 열람·등사, 피해아동·청소년 등에 대한 변호사선임의 특례, 비밀누설 금지, 양벌규정, 내국인의 국외범 처벌
아동·청소년대상 성범죄의 신고·응급조치와 피해아동·청소년의 보호·지원	아동·청소년대상 성범죄의 신고, 신고의무자에 대한 교육, 피해아동·청소년의 보호, 피해아동·청소년 등의 상담 및 치료, 성매매 피해아동·청소년에 대한 조치 등, 피해아동·청소년 등을 위한 조치의 청구, 피해아동·청소년 등에 대한 보호처분의 판결 등, 피해아동·청소년 등에 대한 보호처분의 변경과 종결, 가해아동·청소년의 처리, 보호시설, 상담시설, 아동·청소년대상 성교육 전문기관의 설치·운영, 성매매 피해아동·청소년 지원센터의 설치

성범죄로 유죄판결이 확정된 자의 신상정보 공개와 취업제한 등	등록정보의 공개, 등록정보의 고지, 고지명령의 집행, 고지정보의 정정 등, 공개명령의 집행, 계도 및 범죄정보의 공표, 아동·청소년성착취물 관련 범죄 실태조사, 비밀준수, 공개정보의 악용금지, 아동·청소년 관련기관 등에의 취업제한 등, 성범죄의 경력자 점검·확인, 취업자의 해임요구 등, 포상금, 권한의 위임
보호관찰	보호관찰, 보호관찰 대상자의 보호관찰 기간 연장 등, 보호관찰 대상자의 신고 의무, 보호관찰의 종료
벌칙	벌칙, 과태료

5) 학교 밖 청소년 지원에 관한 법률

2015년 5월 29일부터 시행된 「학교 밖 청소년 지원에 관한 법률」(약칭: 학교밖청소년법)의 주요 내용에는 국가 및 지방자치단체가 매년 학교 밖 청소년 지원계획을 수립하고, 국가는 학교 밖 청소년 실태조사를 실시하여 정책수립에 활용해야 하며, 학교 밖 청소년 지원센터를 설치하거나 지정하고, 학교 밖 청소년 지원을 위한 다양한 프로그램을 마련하여 제공하도록 하는 등 국가와 지방자치단체의 책무를 강화하는 내용을 담고 있다.

학교 밖 청소년 지원에 관한 법률은 학교 밖 청소년의 정의, 국가와 지방자치단체의 책무, 학교 밖 청소년 지원 계획, 지역사회 청소년통합지원체계와의 연계, 벌칙 및 과태료 등 체계적인 지원 규정을 두고 있다. 의무교육 대상자인 학교 밖 청소년의 경우 동의 없이 지원센터에 개인정보를 제공하되, 1년 이내에 동의를 받지 못하거나 개인정보 처리정지 요구를 받으면 즉시 파기하도록 하였고(제15조제4항 및 제5항 신설), 학교 밖 청소년 실태조사의 주기를 3년에서 2년으로 변경했다(제6조제1항). 또 학교를 그만두는 청소년을 조기에 발굴·지원할 수 있도록 취학관리 전담기구, 학업중단숙려제 운영기관 등에 꿈드림센터가 참여하도록 하고, 개인정보제공 동의 범위를 부모나

법정대리인에게까지 확대하는 등 법·제도를 정비하였다.

6) 유엔아동권리협약(Convention on the Rights of the Child: CRC)

아동의 권리를 '선언'에서 '협약'으로 바꾼 '유엔아동권리협약'은 오랫동안 논쟁을 거쳐서 1989년 유엔총회에서 만장일치로 채택되었으며 우리나라는 1991년에 가입하였다. 유엔아동권리협약에서는 아동을 '만 18세 미만의 자'로 규정하면서 아동은 성인과 똑같은 가치를 지닌 인간으로서 권리의 당당한 주체이고, 자신에게 영향을 미치는 모든 문제에 대해 의견을 표명할 수 있는 존재로 규정한다. 이는 아동을 단순히 보호대상으로만 바라보던 소극적인 시각에서 민주시민으로서의 자질을 키워나갈 자율적인 권리주체로 바라보는 시각으로 인식이 변화하였다는 점에서 의의가 있다(천정웅, 2021).

우리나라는 1991년에 비준하여 1994년 11월에 첫 보고서를 제출하였으며 국제법이 표방하고 있는 아동의 권리를 적극적 권리 주체로 인정하는 것처럼 우리나라도 국제협약에 가입함으로써 아동의 권리를 적극적 권리로 인정하고 유엔에 보고서를 제출하는 등의 국가책임을 다한다는 면에서 의의가 크다. 아동권리협약은 전문과 총 54개의 조문으로 구성되어 있다. 제1부에는 아동이 누려야 할 권리들과 그 실현을 위한 국가의 의무를 규정하고 있다. 제2부에는 유엔 아동권리위원회의 설립과 관련 활동 등이 규정되어 있다. 제3부에는 서명, 비준, 가입, 개정, 유보, 폐기, 수탁자, 원본 등에 관한 규정을 두고 있다.

아동권리협약은 그 사회에 있어서 아동에 대한 대우, 그들의 보호 및 참여에 관한 몇몇 기본적 가치에 기초를 두고 있다. 위 협약의 토대를 이루는 기본적 가치를 '일반원칙'이라고 하였으며 최선 이익의 원칙, 의견 존중의 원칙, 생존과 발달의 원칙, 차별금지의 원칙으로 구성된다. 또한, 유엔아동권리협약에서 규정하고 있는 아동의 기본적 권리는 다음과 같은 네 가지로 이해할 수 있다.

첫째, 생존권은 적절한 생활수준을 누릴 권리, 안전한 주거지에서 살아갈 권리(27조), 충분한 영양을 섭취하고 기본적인 보건서비스를 받을 권리(24조) 등 기본적인 삶을 누리는 데 필요한 권리 즉, 최적의 인간다운 삶을 유지할 수 있는 권리를 의미한다.

둘째, 보호권은 모든 형태의 학대와 방임(19조), 차별, 폭력, 고문, 징집, 부당한 형사처벌, 경제적 착취 및 아동노동으로 부터의 보호(32조), 과도한 노동, 성적 착취(34조), 인신매매(34조), 기타 아동에게 어떠한 측면에서라도 해가 되는 모든 형태의 착취(36, 39조) 등 유해한 환경에서 보호 받을 권리이다.

셋째, 발달권은 잠재능력을 최대한 발휘하는 데 필요한 권리로 교육 받을 권리(28조), 여가와 문화활동(31조), 정보를 얻을 권리(13조, 17조), 생각과 양식, 종교의 자유를 누릴 권리(14조), 집회 결사의 자유(15조), 신체적·지적·정신적·도덕적·사회적 발달(27조) 등 아동이 자신의 잠재력을 향상시키는 데 필요한 것들을 지원받을 수 있는 권리 등을 말한다.

넷째, 참여권은 아동의 의사에 반하여 부모로부터 분리되지 않으며, 어떠한 절차에서도 그 절차에 참여하여 자신의 견해를 표시할 기회가 주어져야 하고(9조), 자신의 나라와 지역사회 활동에 적극적으로 참가할 수 있는 권리로서 자신의 의견을 표현하고, 자신의 삶에 영향을 주는 문제들에 대해 발언권을 지니며(12조), 단체에 가입하거나 평화적인 집회에 참여할 수 있는 권리이다.

유엔아동권리협약은 권고적 효력만을 가지며 당사국에 대하여 법적인 구속력을 가지진 않는 국제법상의 한계점을 가지고 있으나, 전 세계에서 아동과 청소년과 관련된 사회 전반적인 변화의 촉매가 되고 있다. 유엔아동권리협약에 따라 우리나라의 아동과 청소년의 위상이나 정책의 우선순위가 변화하고, 특히 1990년대 이전과 이후 가정·학교·지역사회 전반에서 매우 큰 변화와 파급효과를 가져오고 있다는 점에서 중요한 영향을 끼치고 있다(진혜경, 2012).

7) 그 밖의 청소년정책 관련법

청소년정책은 청소년 또는 청소년 육성과 직·간접적으로 관계가 있는 주요 청소년법령 외에도 청소년 연령층이 재학관계를 구성하는 특성과 청소년 연령범주가 아동이나, 청년의 연령규정과 중복되는 점 등으로 인해 연령범주와 호칭이 유사한 법령들이 존재한다. 아동복지법은 물론, 청년기본법, 학교폭력예방 및 대책에 관한 법률 및 소년법 등이 관련되며, 청소년단체에 대한 개별지원법으로는 스카우트활동 육성에 관한 법률, 한국청소년연맹육성에 관한 법률, 한국해양소년단연맹육성에 관한 법률이 있다(강병연, 2008). 또한, 아동학대범죄의 처벌 등에 관한 특례법, 아동의 빈곤예방 및 지원 등에 관한 법률도 있으며, 근로기준법 등도 관련되는 법으로 볼 수 있다. 교육기본법 등의 학교교육관련 법령과 한부모가족지원법, 건강가정지원법, 다문화가족지원법 등의 가족관련법도 입법내용상의 청소년 연령에 속하는 지원대상을 규정하고 있다.

청소년정책 관련법을 보다 넓게 보면, 진로교육법, 인성교육진흥법 등도 있으며, 청소년을 지원대상으로 포함하는 사회복지사업법, 사회보장기본법, 국민기초생활보장법, 국민건강증진법, 국민건강보험법, 장애인복지법 등의 사회복지법도 관련된다. 특히 국민기초생활보장법은 생활이 어려운 자에게 필요한 급여를 지급하는 내용을 담고 있다는 점에서 취약계층 청소년과도 관련된다(진혜경, 2021). 이 밖에도 영화 및 비디오물의 진흥에 관한 법률, 공연법, 식품위생법, 공중위생관리법, 학교보건법, 옥외광고물 등 관리법, 풍속영업의 규제에 관한 법률, 성폭력방지 및 피해자 보호 등에 관한 법률, 마약류관리에 관한 법률, 화학물질관리법 등이 청소년과 관련한 내용을 규정하고 있다.

Chapter 06

정책전달과 재정 및 정책연구

1 청소년정책의 전달

1) 정책전달의 구조와 의회 제도

중앙정부와 지방정부와 관련한 청소년정책에서의 행위자와 구조는 국가적 관습과 정부의 정책적 우선순위, 전반적인 거버넌스의 성격 및 개별 국가에서의 정책적 이슈와 과제들의 본질 등과 관련된 것으로 국가별로 그 양상이 다양하게 나타나고 있다. 가장 기본적인 형태로 다음과 같은 구조와 청소년 정책 기구의 설립 유형을 확인할 수 있다(Williamson et al., 2021).

첫째, 통합적 국가청소년정책(consolidated national youth policy)을 실시하는 구조이다. 정부의 청소년정책은 단일한 국가청소년정책 문서에 의해 통합적으로 실행된다. 둘째, 주류화 또는 부문별 청소년정책(mainstreamed or sectoral youth policy)의 형태를 갖는 구조가 있다. 국가의 다른 정책 영역의 한 부문으로 청소년정책을 주류화하여 포함시킨(mainstreamed)형태로 실행하는 것이다. Williamson 등(2021)은 유럽의 경우 전자에는 핀란드와 스웨덴 같은 국가들이 해당되며, 후자의 경우에는 오스트리아, 노르웨이, 덴마크 같은 국가의 접근법이 해당된다고 본다.

그러나 많은 국가들이 이러한 두 가지 유형을 결합하여 통합적이거나 주류화하는 정도를 다양화한 형태를 갖는다. 분권화된 청소년정책(decentralized youth policy)은 지역단위, 연방 단위 또는 지방당국(municialities 등)을 포함하며, 세계적으로 다양한 방식의 접근들을 찾을 수 있지만, 전체적으로 다음과 같은 세 가지의 제도적 유형이 있는 것으로 나타난다(Williamson et al., 2021).

첫째, 분권화 제도 모델(decentralized (or fedeal) institutional model)이다. 이 모델은 지역들 간의 차이가 매우 크며, 그 구성부분들 간의 호환성(compatibility)을 찾기도 어렵다. 잉글랜드, 스코틀랜드, 웨일즈 및 북 아일랜드 등을 포함한 영국과 스위스 등이 여기에 속하지만 사실상 이 모델은 매우 드물다. 유럽국가들 중 구성부분들 간의 그렇게 큰 정책차이를 허용하는 국가들이 거의 없다.

둘째, 부수적 또는 보완적 제도 모델(subsidiary (or complementary) institutional model)이다. 유럽의 경우, 독일이나 벨기에 같은 연방 국가에서 전형적인 모습을 찾을 수 있다. 여기에서는 각기 다른 수준의 청소년정책들이 상호 보완하며, 차이가 있음에도 불구하고, 동일한 시스템의 일부와 같이 실행되고 있다.

셋째, 중앙화 또는 수직적 제도 모델(centralized or hierarchical institutional model)이 있다. 이 모델의 경우 지역적 정책과 지방청소년정책은 중앙 수준의 기관에 의해 조정되거나 종속된다. 폴란드 같은 경우가 대표적인 국가로 볼 수 있다.

유럽의 많은 국가들은 혼합모델에 속하며, 부수적 시스템(subsidiary

system)과 수직적 체계를 절충한 형태를 갖는다. 독일과 에스토니아의 경우는 중앙정부와 지방정부 및 지역 당국 간의 수직적으로 협력하는 두 가지 공통 모델의 대표적인 국가로 볼 수 있다. 독일은 연방모델(federal model)의 형태이며, 에스토니아는 단일모델(unitary model)의 형태를 갖는다.

독일은 연방국가 구조로 인하여 청소년정책 거버넌스가 공공/정부 및 비정부에서의 각기 다른 행위자들로 작동하는 복잡한 체계의 한 부분을 이루며 각 수준(연방, 지방, 지역)들은 각기 다른 책임을 갖는다. 에스토니아의 경우, 청소년정책은 교육연구부와 그에 속한 청소년부서의 범위에 속해 있다. 더욱이 이 부서의 특별기관인 "에스토니아 유스워크 센터(Estonian Youth Work Centre: EYWC)"가 유스워크를 위한 국가 센터의 역할을 수행한다.

정부의 청소년정책기구의 구조에서 알 수 있는 바와 같이, 청소년정책에 대한 의회의 감시와 책무성에 대한 접근도 국가별로 매우 다른 모습을 갖는다. 그러나 크게 유형화하면, 두 개의 유형으로 나눌 수 있으며 의회 내에 ① 청소년 업무를 다루는 특별위원회를 설치하고 있는 국가와 ② 기존의 위원회에서 청소년업무를 함께 다루고 있는 국가가 대표적인 형태이다. 유럽의 경우에도 청소년정책에 대해 의회는 이상의 두 가지 유형으로 나타난다(Williamson et al., 2021).

의회의 감독 활동에는 ① 공공행정 활동의 통제, ② 입법제안에 대한 고려와 의견, 그리고 ③ 공적 조사를 일반정책 이슈(청문회 등)에 포함하도록 하는 것 등이 포함된다. 청소년정책의 경우, 공공행정에는 청소년정책의 개발과 실행을 책임지는 계층제 형태의 부서와 집행기구들의 활동이 포함된다. 이러한 일반적인 감독활동은 의회의 힘이 강한 정도와 그러한 힘의 사용이 강하거나 약한 정도에 따라 영향을 받는다.

2) 정책실행과 인프라구조

국가 수준의 청소년정책 거버넌스는 정책을 개발하는 책임을 맡는 핵심 기관의 문제일 뿐만 아니라 재정적 기반과 정책의 실행을 책임지는 기구, 그리고 정책의 실행을 위한 제반 가용 인프라구조(infrastructure) 등과 같은 여러 가지 요인들의 영향을 받게 된다. Williamson 등(2021)은 청소년정책을 실행하는 것에는 적어도 청소년정책을 맡아하는 전담 기관(dedicated institutions)이 있는 경우 또는 단일한 부처에서 청소년업무를 맡아하는 경우(a single line ministry), 그리고 두 개 이상의 여러 부처에서 나누어서 맡고 있는 경우(multiple line ministry) 등의 세 가지 방법이 있는 것으로 제시하였다.

첫째, 전담 기관(dedicated institutions) 실행은 청소년업무에 대해 책임이 있는 하나의 부처, 한 개의 국가 전략 또는 청소년 기관(arm's length body: 팔 길이 기관, 즉 정부로부터 경영의 자율성을 부여 받지만 결과의 통제를 받는 기관)을 가지고 청소년부문에서의 국가 정책을 실행하는 국가들이다. 이러한 특별한 형태를 유럽의 경우 많이 찾아볼 수는 없지만, 그러한 구조가 오스트리아(Austria), 벨기에(Belgium), 에스토니아(Estonia), 아일랜드(Ireland), 룩셈부르크(Luxembourg), 몰타(Malta), 그리고 슬로바키아(Slovakia), 독일(Germany) 등과 같은 국가에서 존재하고 있다고 본다. 대형 연방국가의 형태로 복수의 요소들을 결합한 특별한 실행 시스템을 가지고 있다. 많은 유스워크 분야에서, 자원적 지지기관들은 대부분의 서비스와 시설을 제공하는데, 각기 자율적이며 국가별 법체계의 준거틀 속에서 일의 내용과 목적을 설정한다.

둘째, 단일 부처(a single line ministry) 실행은 전담기관을 가지고 있지 않지만, 하나의 부처가 청소년 사안을 맡아하고 있으며, 항상 청소년업무에 직접 연결된 사안들만이 아닌 일들도 업무 범위에 포함하는 국가를 의미한다.

예를 들면, 문화사회부, 교육부, 스포츠부 등과 같은 경우가 해당한다. 이 경우에는 이러한 부처에 특별한 청소년 실무부서(department)를 설치하는 것이 전형적인 정부의 모습이다. 유럽의 경우 벨기에의 불어권 지역과 라트비아(Latvia), 이탈리아(Italy) 및 크로아티아(Croatia)가 이에 해당한다.

셋째, 복수의 부처(multiple line ministry) 실행의 경우는 청소년업무를 책임지는 특별한 부처도 가지고 있지 않으며, 청소년업무를 다루는 실무부서(department)를 가지고 있지도 않은 국가들이 해당한다. 청소년에 관한 질문들은 그때그때 특별한 청소년 관련사안에 따라 각기 다른 부처에서 맡아 처리하는 것이다. 유럽의 경우, 폴란드(Poland), 스위스(Switzerland) 등이 해당하는데, 사회부, 교육부, 과학과 문화부 등과 같은 부처에서 각기 고유의 업무와 관련한 청소년 사안(youth affairs)을 맡아 한다.

2 한국의 청소년정책 전달

1) 중앙정부와 지방정부

우리나라 청소년정책의 정부구조는 기본적으로는 중앙정부 부처인 여성가족부가 업무를 맡아하고 있으며, 한국청소년활동진흥원과 한국청소년상담복지개발원을 설치하여 운영하는 것으로 볼 수 있다. 그러나 여성가족부 외의 다른 부처에서도 청소년관련 업무를 수행하고 있다는 점에서 보면, 앞서 고찰한 청소년정책 실행과 관련한 세 가지 형태와 관련하여 단일 부처가 주로 실행하면서 유관부처가 협력하는 것으로 볼 수 있을 것이다. 지방정부의 구조와 관련하여서는 행정자치부도 관련되는데, 각 지방자치단체는 청소년담당부서를 조직하고 있으며, 해당 지역사회 내에 있는 각종 청소년관련 기관과 단체, 시설 등과 연결하여 청소년정책과 관련한 다양한 정책사업들을 수행하고 있다.

청소년관련 핵심적인 서비스는 주관부서인 여성가족부를 중심으로 보건복지부 등에 다양하게 분산되어 있다. 이는 청소년관련 서비스가 독립된 업무라기보다는 각 부처의 소관업무 중 청소년과 관련된 업무의 하나로 취급되고 있으며, 집행적인 성격이 강하기 때문이다. 그러나 핵심적인 청소년관련 서비스 전달체계는 여성가족부에서 설정된 프로그램이 행정자치부의 지방행정체계를 통하여 전달되고 있다. 여성가족부에서 설치·운영하는 한국청소년활동진흥원과 한국청소년상담복지개발원에서도 전국 시·도에 해당 시·도 청소년활동진흥센터와 시·도 청소년상담복지센터를 각각 설치하고 있으며 이를 통해 각 기관별 고유의 업무를 수행하고 있다.

우리나라에서 청소년정책기구의 구조가 오늘날과 같은 모습으로 된 것에는 사실 오랜 기간 다양한 모습으로 전개되어온 청소년정책의 변천과정의 역사가 바탕이 되었다. 청소년정책의 출발점에 대해서는 여러 가지 의견이 있지만, 중앙정부 청소년정책의 경우는 1983년도 문교부에서 청소년과를 두고 처음으로 업무로 시작한 것을 출발로 본다. 그후 1987년의 청소년육성법과 이를 전면 개편한 1990년 청소년기본법 제정을 통해 청소년정책의 법적 근거가 마련되었으며, 1990년도 정부 부처명칭에 처음으로 청소년을 명기한 체육청소년부의 등장으로 소관 부처를 갖게 되었고, 이는 1993년 문화체육부로 청소년정책 주관 부서가 변경되는 과정을 겪게 되면서 오늘날까지 여러 차례 바뀌는 역사를 갖게 되었다(최인재 외, 2022). 2004년에는 행정위원회 형태인 국가청소년위원회를 중심으로 청소년정책이 수행된 바 있으며, 2008년에는 주관 부처의 명칭을 '보건복지가족부'로 바꾸면서 기존의 보건복지부의 기능을 확대한 바 있다. 당시 정부조직법(법률 제8852호, 2008. 2. 29.)에서는 아동, 노인, 장애인과 함께 청소년 부처의 사무를 맡아하는 것으로 명시하였다. 이후 2010년도에는 다시 청소년정책을 여성가족부가 맡아하는 것으로 정부조직을 개편하게 되었다(정은진·김기헌, 2018).

한편, 청소년정책을 위한 지방자치단체의 정부구조는 ① 청소년정책 관련 위원회와 ② 청소년 업무 담당 행정조직, 그리고 ③ 청소년 업무 공무원 등을 중심으로 제시되고 있다(여성가족부, 2023). 시·도 등 지방자치단체에는 청소년과가 편재되어 있고, 청소년관련 업무를 주관한다. 지방정부 수준에서 지역별 청소년대책협의회와 청소년육성위원회를 통해 업무의 수준과 전문성을 조율하고 있다. 시군구 등 기초 자치단체의 청소년계에서는 청소년을 대상으로 직접적인 서비스를 제공하는 역할을 수행하며, 청소년관련 시설에 대한 지원업무를 수행한다.

첫째, '청소년정책 관련 위원회'는 「청소년기본법」 제10조와 제11조에 근거하여 중앙의 '청소년정책위원회'와 지방의 '지방청소년육성위원회'를 설치하고 있다. 즉, 「청소년기본법」 제11조 제1항에 "청소년육성에 관한 지방자치단체의 주요 시책을 심의하기 위하여 지방자치단체장 소속으로 설치하고 그 구성·조직 및 운영 등에 필요한 사항은 조례로 정한다."로 규정하고 있다. 먼저, 청소년정책위원회가 심의·조정하는 사항은 "청소년육성에 관한 기본계획의 수립, 청소년정책의 분야별 주요 시책, 청소년정책의 제도개선, 청소년정책의 분석 및 평가, 복수의 행정기관이 다루는 관련된 청소년정책의 조정, 그 밖의 청소년정책을 수립 및 시행할 때 필요한 사항으로 대통령령으로 정하는 사항(청소년기본법 제10도 제2항)" 등이다. 지방청소년육성위원회의 역할은 지자체마다 다소 차이가 있지만 주로 자문기구와 심의기구의 역할을 담당하고 있다.

① 청소년정책위원회

청소년기본법 제10조의 규정에 의해 위원장(여성가족부 장관)을 포함한 30인 이내의 위원으로 구성된다. 위원은 기획재정부 차관 등 13개 중앙부처의 차관들과 그 밖에 대통령령으로 정하는 관계 중앙행정기관의 차관 또는 차관급 공무원, 청소년정책에 관하여 학식과 경험이 풍부한 사람 중에서 위촉하여 구성하며 청소년정책과 관련된 활동실적 등이 풍부한 청소년을 포함한다. 위원회는 2개 이상의 행정기관에 관련되는 청소년정책의 조정에 관한 사항, 여러 부처가 협력하여 추진해야하는 청소년정책에 관한 사항 등을 협의하는 것이 주요 기능이다.

② 청소년특별회의

청소년기본법 제12조의 규정에 의해 청소년정책과제의 설정·추진 및 점검 등을 위하여 청소년분야의 전문가와 청소년이 참여하는 청소년특별회의를 매년 개최한다. 특별회의의 지역단위에서 추천하는 청소년, 청소년관련 기관 및 단체가 추천하는 청소년, 청소년과 관련된 기관·단체·학계의 관계자, 여성가족부 장관이 공개모집을 통하여 선정한 청소년 등으로 구성한다. 청소년정책의 수혜자인 청소년이 관련 정책과제에 직접 참여하여 자신들의 의사를 전달함으로써 청소년의 권익증진에 기여하는 의미를 갖는다.

둘째, '청소년 업무 담당 행정조직'으로 17개 시·도에 청소년 업무를 담당하는 조직이 운영되고 있으며, 그 직군은 '청소년 업무 담당자', '청소년 업무 공무원', 청소년 업무겸직 공무원', '청소년정책 전담공무원' 등으로 분류되고 있다. 청소년 업무를 담당하는 실·국 차원의 명칭은 주로 '여성', '가족' 등의 용어와 함께 '보건, 복지, 평생교육' 등의 명칭에 포함시켜 사용하고 있다.

청소년 업무 담당과의 명칭은 대체적으로 '청소년'과 함께 '아동, 가족, 교육' 등의 용어가 함께 사용되고 있다. 예를 들어, 청소년정책과, 아동청소년과, 교육청소년과 여성가족청소년과 등의 명칭으로 운영되고 있다. 그 중에 일부 시도에서는 '청소년'이라는 용어를 해당 부서의 명칭에 포함하지 않는 경우도 있다(최인제 외, 2022).

셋째, '청소년 업무 공무원'은 청소년 업무 겸직공무원과 청소년정책 전담공무원으로 구분되는데, 이 중 청소년 업무 겸직 공무원의 비율은 전국 평균 19.48%로 조사되었다(여성가족부, 2021). 청소년 업무 공무원은 소폭 증가하고 있으며, 청소년정책 전담공무원은 다소 감소하고 있으나, 1명 이상의 청소년정책 전담공무원이 배치된 지방자치단체는 증가하고 있는 경향이다.

2) 청소년전문 현장업무 전담기관의 운영

우리나라 청소년정책의 전문현장업무는 주무부처에서 운영하는 한국청소년활동진흥원과 한국청소년상담복지개발원을 중심으로 실행되고 있으며, 각기 전국 시·도별 청소년활동진흥센터와 각급 시·도 청소년상담복지센터를 설치하고 있다.

(1) 한국청소년활동진흥원

한국청소년활동진흥원은 청소년활동진흥법 제6조에 의해 청소년활동 현장과 정책을 총괄 지원하여 청소년 육성을 지원하고자 설립된 공공기관이다. 주요 정책지원 사업으로는 청소년활동프로그램을 인증하고 그 기록을 유지·관리·제공하는 '청소년수련활동 인증제', 청소년 자원봉사활동의 지원과 기록 관리, 청소년들이 신체단련·자기개발·자원봉사·탐험활동을 고르게 수행하여 지속적으로 자기 개발을 할 수 있도록 지원하는 '국제청소년성취포상제', 수련시설 종합 안전점검 지원 및 안전 관련 컨설팅 홍보, 그리고 국내·외 청소년 및 청소년지도자의 글로벌역량강화를 위한 교류활동의 진흥 및 지원 사업 등이 있다.

표 6-1 한국청소년활동진흥원의 사업

1. 청소년활동, 청소년 기본법 제3조 제4호에 따른 청소년복지, 같은 법 제3조 제5호에 따른 청소년보호에 관한 종합적 안내 및 서비스 제공
2. 청소년육성에 필요한 정보 등의 종합적 관리 및 제공
3. 청소년수련활동 인증위원회 등 청소년수련활동 인증제도의 운영
4. 청소년 자원봉사활동의 활성화
5. 청소년활동 프로그램의 개발과 보급
6. 국가가 설치하는 수련시설의 유지·관리 및 운영업무의 수탁
7. 국가 및 지방자치단체가 개발한 주요 청소년수련거리의 시범운영
8. 청소년활동시설이 실시하는 국제교류 및 협력 사업에 대한 지원
9. 청소년지도자의 연수
9의2. 제9조의 2에 따른 숙박형 등 청소년수련활동 계획의 신고 지원에 대한 컨설팅 및 교육
10. 제18조의3에 따른 수련시설 종합 안전·위생 점검에 대한 지원
11. 수련시설의 안전에 관한 컨설팅 및 홍보
11의2. 제18조의2에 따른 안전교육의 지원
12. 그 밖에 여성가족부장관이 지정하거나 활동진흥원의 목적을 수행하기 위하여 필요한 사업

이와 함께 청소년 활동 활성화의 근간이 되는 국립 청소년수련시설의 운영과 청소년지도자 양성 및 전문성 제고를 위한 역할을 수행하고 있다(여성가족부, 2023). 국립청소년수련시설은 현재 국립중앙청소년수련원(충남 천안), 국립평창청소년수련원(강원 평창), 국립청소년우주센터(전남 고흥), 국립청소년농생명센터(전북 김제), 국립청소년해양센터(경북 영덕) 등 총 5개소를 각 원별 특성을 살려 운영하고 있다. 청소년지도자 양성과 관련하여 국가 자격증인 청소년지도사(1급, 2급, 3급) 자격 부여를 위한 자격연수와 함께 현직 청소

년지도사에 대한 보수교육을 운영하고, 청소년지도사 자격관리 업무를 전담하고 있으며, 다양한 전문연수과정 운영을 통해 청소년 전문인력 양성과 전문성 함양을 위해 노력하고 있다.

(2) 한국청소년상담복지개발원

한국청소년상담복지개발원은 청소년복지 지원법 제22조에 의해 설립된 공공기관이며, 주요 기능으로는 지자체가 설치·운영하는 청소년상담복지센터를 중심으로 한 지역사회 위기청소년 통합지원체계(청소년안전망) 관계자 회의, 지도·지원 등을 실시하고, 종합정보망을 운영하고 있다. 또한, 청소년상담복지정책에 대한 중장기적 연구를 수행하고, 맞춤형 프로그램 개발과 청소년 상담기법의 연구 및 상담 자료의 제작·보급에 주력하면서 청소년기본법에 근거하여 청소년상담사 국가자격제도를 위탁 운영하여 자격연수 및 보수교육을 담당하고 있다. 이 외에도 청소년 상담복지 관련 종사자들의 전문성 강화를 위한 직무연수를 실시하고 있으며 부모교육, 또래상담자 양성, 인성 및 품성교육 등을 실시하고 있다.

표 6-2 청소년상담복지개발원의 사업

1. 청소년 상담 및 복지와 관련된 정책의 연구
2. 청소년 상담·복지 사업의 개발 및 운영·지원
3. 청소년 상담기법의 개발 및 상담자료의 제작·보급
4. 청소년 상담·복지 인력의 양성 및 교육
5. 청소년 상담·복지 관련 기관 간의 연계 및 지원
6. 청소년상담복지센터, 청소년복지시설 및 학교 밖 청소년 지원에 관한 법률 제12조에 따른 학교 밖 청소년 지원센터에 대한 지도 및 지원
7. 청소년 가족에 대한 상담·교육
8. 통합정보시스템의 운영
9. 국가가 설치하는 청소년치료재활센터 및 청소년보호법 제35조 제1항에 따른 청소년보호·재활센터의 유지·관리 및 운영
10. 그 밖에 청소년상담원의 목적을 수행하기 위하여 필요한 부수사업

한국청소년상담복지개발원은 경제적, 환경적 어려움이나 새로운 진로를 찾기 위한 이유로 학교를 그만두거나, 보호시설 등에 입소한 학교 밖 청소년들을 대상으로 자립의지를 심어주고, 학교복귀, 진로 및 취업을 지원하는 등 학교 밖 청소년 지원사업을 운영하고 있으며, 가정 내 학대, 가정해체 등의 사유로 보호자로부터 이탈된 가정 밖 청소년들을 조기발견하여 생활보호, 심리상담, 학업지원, 취업지원, 자립지원 등을 할 수 있도록 청소년복지시설 내실화사업을 운영하고 있다. 또한, 국립청소년 인터넷드림마을을 위탁 운영하여 인터넷·스마트폰 중독 예방·해소사업을 수행할 뿐만 아니라 상담·치료, 대안교육, 자립지원 등의 장·단기과정을 수행하고 있으며, 개인상담·집단상담·심리검사 등의 전문상담과 사이버 상담 등을 운영하고 있다.

3 청소년정책 재정과 행위자

1) 청소년정책 재정 개요

청소년정책 재정구조와 행위자는 작동하고 있는 청소년정책 시스템과 정책에 대한 일반적 접근, 특히 사회정책과 교육정책에 의해 좌우된다. 청소년정책의 재정은 일반적으로 ① 국가 예산, ② 지역정부 및 지역 간 정부 예산, ③ 조세와 기금, ④ 민간 이니시어티브, ⑤ 국제적인 공적 재정 등을 포함한다(Williamson et al., 2021). 우리나라의 경우, 주체에 따라 중앙정부나 지방자치단체 등 공공부문에 의한 공공재원, 민간단체와 기관에 의한 민간재원, 그리고 이 두 가지 성격을 가진 재원의 기금으로 구분한다. 공공재원은 중앙정부재정의 일반회계와 특별회계에서 지출되는 국고부담과 지방자치단체의 재정에서 부담하는 지방비로 구성된다(전희일 외, 2018).

표 6-3 청소년정책 재원의 종류

구분	주체	세부재원
공공	중앙정부	일반회계, 특별회계
	지방정부	지방재정 보조금, 지방양여금
민간	민간기관, 기업체	민간기관 투자비, 기업체 출연금, 개인출연금 등
기금	중앙정부	국고출연금, 국민체육진흥기금 전입금, 사회특별적립금 전입금, 민간출연금, 예금이자
	지방정부	지방비, 민간출연금, 예금이자

출처: 한국청소년개발원(2006).

청소년정책의 재정과 관련한 핵심 이슈는 재원들이 어떻게 할당되고 우선순위를 갖게 되는가 하는 것이다. 청소년정책의 초점이 좁고 예산이 제한된 선진 국가들은 청소년정책예산의 대부분을 상징이 되는 대표 프로젝트(flagship projects)나 우선순위가 높은 프로그램(priority programmes)에 주로 사용한다. 청소년정책과 전략을 담고 있는 문서에 제시되어 있는 다양한 영역과 프로그램 또는 우선순위들 간에 균형 있게 사용되도록 고려하는 일은 드문 편이다. 예를 들면 청소년정책의 초점이 좁은 국가들은 현장활동중심의 청소년업무(youth work), 비형식 교육 및 학습에 자원을 배분하는 경향이 있다. 그러나 광의적 청소년정책 접근을 가진 국가들의 경우에는 교육과 고용을 포함하여 모든 측면의 청소년관련 이슈들에 자원을 함께 사용한다(Williamson et al., 2021).

다른 한편, 청소년정책이 통합적인 정책이라기보다는 범부문적이거나 주류화된 접근법을 갖는 청소년정책을 가진 국가들에서는, 정책결정 기구와 조정 기관들은 재정에 영향력을 갖지 못한다. 예를 들면 영국의 경우, 현재는 디지털, 문화, 미디어, 스포츠부(Department for Digital, Culture, Media and Sport: DCMS)라는 계선형 부처(line ministry)가 청소년업무를 책임지고 있지만, 주요한 재정제공자는 아니며, 개별 부처나 부서들이 관련 정책과 프로그램에 대한 재정을 맡아하고 있다. 네덜란드의 경우에는 건강복지스포츠부(Ministry of Healt, Welfare and Sport), 안전과 정의부(Ministry of Security and Justice), 교육문화과학부(Ministry of Education, Cultrue and Science), 그리고 사회업무와 고용부(Ministry of Social Affairs and Employment) 등과 같은 네 개 부처가 모든 청소년관련 정책을 공동으로 책임지고 있기 때문에, 청소년에 할당된 공적 지출은 개념정의하기가 쉽지 않다(Williamson et al., 2021).

2) 청소년재정의 구분

(1) 공공부문의 청소년정책 재원

첫째, 중앙정부의 청소년육성재원은 크게 여성가족부가 자체적으로 청소년정책분야에 투자하는 국고예산으로서 일반회계(청소년정책부문과 각종 사업 등으로 구성)와 특별회계(농어촌 특별회계 등으로 구성)로 나누어진다. 청소년육성정책의 특성상 관련된 다양한 중앙행정기관의 고유업무를 추진함에 있어서 청소년과 관련한 사업에 투자하는 예산도 포함된다.

일반회계는 국가 고유의 기능 수행을 위한 예산으로 일반적인 국가 활동에 관한 세입과 세출을 포함하는 회계이다. 일반적으로 예산이라고 할 때는 일반회계 예산을 말하며 주로 기본적 경비로 지출된다. 국가재정법에서 일반 회계는 조세수입 등을 주요 세입으로 하여 국가의 일반적인 세출에 충당하기 위하여 설치하는 것으로 개념을 규정하고 있다. 청소년정책 예산 중에서 일반 회계로 지원되는 사업은 청소년정책연구, 청소년인권증진, 한국청소년활동진흥원 운영 지원 및 한국청소년상담복지개발원 운영지원 등이 대표적이다.

특별회계는 국가 재정법에서 "국가에서 특정한 사업을 운영하고자 할 때, 특정한 자금을 보유하여 운영하고자 할 때, 특정한 세입으로 특정한 세출에 충당함으로써 일반회계와 구분하여 계리할 필요가 있을 때에 법률로서 설치" 하는 예산으로 규정하고 있다(제4조, 제3항). 예산은 하나로 편성하는 것이 바람직하지만, 사업 중에는 능률적 운영을 위하여 별도의 예산 편성이 필요한 경우가 있으며, 특별회계의 성격에 따라 일반적인 특례를 인정하고 있다. 청소년정책의 재정 중에는 청소년시설확충을 위해 특별회계가 사용되고 있으며, 광역 지역자치단체에는 일반 회계보다 더 많은 예산이 구성될 때가 많다(여성가족부, 2022).

둘째, 지방정부의 청소년육성재원은 지방자치단체의 청소년정책을 위해 필요한 예산을 의미하는데 지방정부 재정의 궁극적인 모형은 지방자치단체별로 지역의 업무를 스스로 처리할 수 있는 재원을 자주적으로 조달하는 자주재정권을 기초로 지방정부가 직접 조달하는 재원인 지방비를 통해 재원을 완전히 확보하는 것을 추구한다. 그러나 현실적으로 지방자치단체별로 재정자립도가 달라 자주적으로 충당하는 것은 사실상 불가능하기 때문에 지방정부의 재원은 중앙정부 세원의 일부를 국세로 징수해서 일정한 기준에 따라 지방자치단체에 배분하는 지방재정조정제도를 통해 중앙정부와 지방정부의 재정이 긴밀히 연결되고 있다. 지방재정 조정제도는 중앙정부와 지방정부 간의 수직적 재원조정과 자치단체 상호 간의 수평적 재원조정을 함으로써 지방자치단체의 재원을 보장하여 국가적 차원에서 국민생활의 평균화를 이루고자 하며, 그 재원도 지방재정교부금, 국고보조금, 지방양여금 등 다양한 성격으로 구성하고 있다.

(2) 민간부문에 의한 청소년육성재원

청소년육성사업은 민간부분의 참여 없이는 소기의 목적을 달성할 수 없다. 민간재원은 공공부문의 부족에 대한 해결책으로 제시할 수 있고 자발적인 선택에 의하여 자유로이 조직되어 전부 혹은 일부를 민간재원에 의해 기획, 운영되는 사업에 대한 재원에 집중되어야 한다. 특히 우리나라의 지방청소년육성사업에 대한 재정 자립도는 매우 낮고, 향후 지속적으로 증가할 청소년육성사업의 수요를 감안하면 민간부분의 투자는 매우 중요한 의미를 가진다. 민간에 의한 청소년육성재원을 참여형태에 따라 다음과 같이 구분할 수 있다.

첫째, 민간의 직접 투자형태 사업이다. 이것은 민간 기업이 직접 수행하는 방법으로 민간기관의 자발적인 선택에 의해 조직되고 시행되는 사업을 뜻한다. 예를 들면, 전액 출자 형태인 민간 자원으로 민간수련시설의 건립과 운영사업 대부분이 이에 해당한다.

둘째, 민간기관의 간접 지원 사업이다. 이것은 공공부문에서 시행하는 사업에 대해 보조적인 역할을 수행하거나 도움을 주는 정도의 사업을 의미한다. 예를 들면 대기업의 각종 공공행사의 개최 지원이나 참가 등이 있다,

셋째, 민간위탁 형태의 사업이나. 이것은 공공부문의 재원으로 설립한 각종 시설이나 기관 운영의 효율성을 높이기 위해 민간기관에 위탁하는 형태의 사업을 의미한다. 이는 민간기관에게 위탁, 운영하게 함으로써 공익성을 보호하는 범위 내에서 어느 정도 경제성과 투자의 수익성을 보장하고, 각종 지원정책의 수혜자로서 특권을 부여하는 방식이다.

(3) 청소년육성기금에 의한 청소년육성재원

기금의 형태는 공공기금과 사적 기금으로 구분하는데, 이상적인 기금모델은 공공부문과 사적 부문이 상호밀접한 협력체계를 유지하는 형태이다. 우리나라의 경우 청소년을 위한 공공과 민간의 공동노력을 위해 청소년육성기금을 설치하여 운영하고 있으며(청소년기본법, 제53조). 청소년기본법 제54조에 의하면 청소년육성기금의 재원은 정부출연금, 국민체육진흥기금의 전입금(국민체육진흥법 제22조 제4항 제1호), 경륜・경정법에 따른 출연금, 사회특별적립금의 전입금, 민간출연금, 개인・법인 또는 단체가 출연하는 금전・물품이나 그 밖의 재산, 기금의 운용으로 생기는 수익금. 그 밖에 대통령령으로 정한 다른 기금으로부터의 전입금과 여성가족부장관이 인정하는 수입금, 예금이자 반납금 등으로 구성된다. 이외에도 청소년기본법에 의해서 시도지사는 관할지역 안의 청소년육성을 위한 사업지원에 필요한 재원을 확보하기 위하여 지방청소년육성기금을 설치할 수 있도록 규정하고 현재 경기도 몇몇 지방자치단체에서 설치, 운영하고 있다(청소년기본법 제56조).

청소년육성기금의 주요 조성재원은 기금 조성의 초기에는 정부출연금, 국민체육진흥기금 전입액 등이 수입 재원이었으나 현재는 경륜·경정사업 법정분담금과 복권기금전입금으로 주로 조성되고 있다. 그나마 2011년에 「경륜·경정법」 시행령의 개정으로 수익금의 30%를 받던 것이 19.5%로 축소되었다. 청소년육성기금은 여성가족부장관이 관리・운용하지만 한국청소년단체협의회, 한국청소년활동진흥원, 한국청소년정책연구원, 또는 서울올림픽기념국민체육진흥공단 등의 기관 중에서 선정하여 기금의 관리・운용에 관한 사무의 전부 또는 일부를 위탁할 수 있게 되어 있다(청소년기본법 제53조 제3항).

표 6-4 청소년육성기금의 용도(청소년기본법 제55조)

청소년기본법	제55조(기금의 사용 등) ① 기금은 다음 각 호의 사업에 사용한다. 〈개정 2015. 2. 3.〉 1. 청소년활동의 지원 2. 청소년시설의 설치와 운영을 위한 지원 3. 청소년지도자의 양성을 위한 지원 4. 청소년단체의 운영과 활동을 위한 지원 5. 청소년복지 증진을 위한 지원 6. 청소년보호를 위한 지원 7. 청소년정책의 수행 과정에 관한 과학적 연구의 지원 8. 기금 조성 사업을 위한 지원 9. 그 밖에 청소년육성을 위하여 대통령령으로 정하는 사업
청소년기본법 시행령	제37조(기금의 용도) 법 제55조제1항제9호에서 “대통령령이 정하는 사업”이란 다음 각 호의 사업을 말한다. 1. 청소년육성에 관한 홍보 2. 청소년의 포상 및 격려 3. 기금의 운용 및 관리 4. 그 밖에 여성가족부장관이 청소년육성 등을 위하여 필요하다고 인정하는 사업

3) 청소년정책 재정의 향후 과제

청소년정책은 상대적으로 다른 인구집단을 대상으로 하는 정책에 비해 매우 취약한 재정구조를 가지고 있다. 정책예산의 총액을 보면, 전체 예산 중에서 적은 규모이며, 일반회계를 통해 비교적 안정적으로 운영되는 비중보다는 청소년육성기금에 의존하는 비율이 높은 편으로 볼 수 있다. 특히 청소년정책은 많은 경우 국고보조금과 지방비를 각 50%씩 지원받아(매칭) 운영하는 형태가 많은데, 지방자치단체의 특화사업을 기획하고 운영하는 데에는 지방자치단체가 유리하지만, 재정자립도가 낮은 지방자치단체의 재정적 취약성과 영세성을 고려하면 청소년정책에 따른 재정은 중앙정부의 책임이 더 중요하다고 볼 수 있다(진혜경, 2012). 각 지방자치단체의 조세 수입의 편차가 크고 특히 지역사회 인프라가 미흡한 지역에서는 청소년관련 센터나 전문인력의 충원이 절실하지만, 지방재정이 열악하고 국고보조금과 매칭할 수 있는 여건이 되지 못하는 경우가 많기 때문이다. 지방자치단체를 위해서는 국고보조금을 통해 전액 시행되거나 비율을 높이는 방향으로 검토할 필요가 있다.

이런 점에서 청소년정책의 위상을 높이기 위해서는 재정 확충은 가장 중요한 선결조건이라고 할 수 있다. 2022년까지 지속된 제6차 청소년정책기본계획에서도 '청소년정책 위상 강화'를 정책과제로 설정하고 이를 위해 '청소년정책 관련 재원의 안정적 확보'를 제시하였지만, 실제로 지난 5년 간 청소년육성기금 재원은 이전과 유사하며 예산 규모도 큰 변화가 없었다는 점에서 가시적인 성과는 얻지 못한 것으로 본다(황여정 외, 2022). 따라서 향후에는 전체 청소년정책 예산 규모를 확대하기 위해 육성기금 재원을 다각화하고 규모를 확충하는 방법과 지방자치단체 교육경비지원과 연계하는 접근이 강조되고 있다. 특히, 현재 지방자치단체의 교육경비 보조에 관한 규정에 의해 지방자치단체는 해당 지역 안에서 이루어지는 교육사업에 경비를 보조할 수 있게 되어 있지만, 청소년과 관련하여 활용할 수 있는 범위가 '학교교육과 연계하여 학교에 설치되는 체육·문화공간 설치사업' 등에 국한되어 있다. 따라서 해당 규정을 개정하여 '학교 밖 청소년 지원센터'와 같은 청소년시설이 학교 밖 청소년을 위한 기능을 분담하고 있다는 점을 고려하여 지방자치단체 교육경비 보조의 범위에 청소년시설과 청소년사업을 포함하는 방안을 모색할 필요가 있다(황여정 외, 2022).

4 증거기반연구와 청소년정책연구

1) 정책연구와 정책분석

청소년정책을 포함하여 우리가 특정 정책에 대하여 관심을 갖고 정책의 내용, 정책형성 과정, 그리고 정책결과 등에 관심을 가지고 연구하는 것은 문제해결을 위한 정책이 그 의도한 효과를 달성했는지를 알아보기 위해서이다. 여기서 정책연구의 궁극적인 목적은 정책이 문제의 해결에 있어서 보다 바람직한 결과를 초래하도록 하는 데에 있다(이태영, 2008).

우선, 정책연구는 정책 및 정책과정에 대한 지식(knowledge of policy and the policy process)과 정책과정에 사용될 지식(knowledge in the policy process) 등의 두 가지 유형의 지식을 필요로 한다(Lasswell, 1971). 전자는 정책의 형성, 결정, 집행, 그리고 산출에 대한 체계적, 경험적 연구를 의미하며, 후자는 정책과정에서 활용되어 의사결정에 도움이 되는 지식을 말한다. 이런 점에서 정책연구와 정책분석이 자주 혼용되어 쓰이고 있는데, 이 두 가지 개념은 유사하기도 하지만, 목표로 하는 바가 다른 것으로 본다. Hogwood와 Gunn(1984)은 이와 관련하여 정책연구를 다음과 같이 분류한 바 있다.

첫째, 정책내용(content) 연구가 있다. 이는 정책의 기원, 의도, 운영에 초점을 둔다. 정책결정자에게 정보를 알려주기는 하지만, 그 주된 목적은 정책에 대한 기술이다.

둘째, 정책과정(process) 연구이다. 이는 정책과정의 각 단계에서 다양한 참여자들이 취하는 행동의 측면에서 실제로 정책이 어떻게 만들어졌는가에 관심을 갖는다. 사례연구를 하거나 정책결정의 성격에 대해 일반화를 시도하기도 하지만 주로 기술적인 접근을 한다.

셋째, 정책산출(outputs) 연구가 있다. 정책 산출의 지표 또는 정부지출의 배분양식의 결정요인들을 파악하려는 것이다. 대체로 경제, 사회, 정치적 특성과 관련된 변수들과 정책산출 사이의 관계를 통계적인 기법을 통하여 분석한다.

넷째, 평가(evalluation) 연구가 있다. 특정 정책의 결과(outcomes)가 정책의 목표를 어느 정도 달성했는지에 대하여 평가하는 것이다. 이는 정책을 형성하는 요인들에 대한 이해를 증진하는데 도움을 주는 기술적인 목적을 가지고 있을 뿐 아니라 미래의 정책결정에 이용될 수 있는 정보를 제공하기 위해서도 행해질 수 있다.

다섯째, 정책결정을 위한 정보가 있다. 이는 정책결정을 돕거나 정책대안의 의미를 권고하려는 특정 목적을 가지고 자료를 수집하거나 분석하는 것으로 주로 대학, 정책기관, 정부연구기관 등에서 수행한다. 이러한 연구나 분석은 정책결정에 명백히 공헌하기 위해서 행해진다는 점에서 정책내용연구와 구별된다.

여섯째, 과정옹호(process advocacy) 연구가 있다. 이는 정책결정과정의 단순한 이해보다는 그것을 보다 합리적인 측면에서 변화시키고자 하는 것을 목적으로 한다. 특정 접근방법, 절차, 기술 등에 더 높은 가치를 두며, 특정 정책이 무엇이 되어야 한다는 것 보다는 정책이 어떻게 만들어져야 하는가를 강조한다.

일곱째, 정책옹호(policy advocacy) 연구가 있다. 이는 특정 정책을 위한 논증(argument)을 하기 위해 기존 정책을 분석한다. 정책옹호자는 정치적 행동가로서의 분석가와 분석가로서의 정치적 행위자가 있는데, 이들의 역할에 대해서는 논쟁의 여지가 있다. 이는 정책옹호자로서 정책과정에 개입하는 분석가는 학문의 객관성을 유지하기 어렵고, 정치적 행위자, 즉 정치인, 고급관료들은 스스로의 입장을 옹호하기 위해 정책을 분석하기 때문이다.

Hogwood와 Gunn(1984)은 이러한 접근방법들 중에서 내용연구, 과정연구, 산출연구, 평가연구를 정책연구로 본다. 정책연구는 기본적으로 정책을 기술하고 설명하는데 목적이 있으며, 이것이 Lasswell이 제시한 정책 및 정책과정에 대한 지식(knowledge of policy and the policy process)인 것이다. 한편, 평가연구, 정책결정을 위한 정보, 과정옹호, 정책옹호는 정책연구라기보다는 정책분석에 해당하는 것으로 본다. 정책분석은 Lasswell이 말한 두 가지 유형의 지식 중에서 정책과정에서 사용될 지식(knowledge in the policy process)에 해당하는 것으로 처방적인 성격이 강한 편이다(이태영, 2008).

따라서, 이러한 분류에 따르면, 정책연구는 기존 정책의 정책내용을 분석하거나 그 정책의 형성과정을 분석하는 데 초점을 두는 반면, 정책분석은 정책을 개발하거나 정책에 영향을 미치기 위하여 행하는 분석이라고 볼 수 있다. 그러나 이러한 분류는 절대적인 것은 아니며, 정책분석이라는 의미를 포괄적으로 사용할 때에는 정책에 대한 분석, 즉 정책연구까지도 포함하는 의미로 사용되고 있다(노화준, 1995).

2) 증거기반 청소년정책

청소년정책에서 증거 기반(evidence-based) 접근이 강조되고 있다. 연구 증거를 통해 청소년정책을 형성하는 것이 효과적인 실천을 위해서 바람직한 것으로 보는 것이다. 그러나 연구유형을 결정하는 것과 증거가 무엇을 의미하는 것인지는 그 자체가 논쟁이 되고 있다. 증거 기반 청소년정책(evidence-based youth policy)은 '지식기반 정책(knowledge-based policy)'과 유사한 용어이며, '의견 기반 정책(opinion-based policy)'과는 반대되는 용어이다. 청소년정책발전에 보편적인 증거 기준은 없고 그러한 범주화가 문제가 되기도 하지만, '2018 유럽연합 청소년전략(2018 EU Youth Strategy)'에서는 청소년들이 살고 있는 실제 조건들에 대한 분석에 기반한 정책 개발의 필요성이 강조되었다. 일부 회원 국가들은 정책 증거에 대한 세부 지침을 개발하였다.

증거기반 정책결정은 질 높은 청소년정책(quality youth policy)의 핵심적 특징이며, 청소년정책은 정치적 목표와 도덕적 목표와의 일치뿐만 아니라 사회 전반을 통한 청소년들의 사회적 상황과 그들의 변화하는 기대, 태도 및 라이프스타일 등에 관한 정확한 경험적 정보에 입각하여 개발되어야 한다는 신념에 입각하고 있다. 지식 기반 정책(knowledge-based policy)은 두 가지 차원의 지식으로 구성된다. 즉, 하나는 연구/과학적 지식(research/scientifc knowledge)이고 다른 하나는 실제적/실험적 지식(practical/experimental knowledge)이다. 양자는 모두 정책의 발전과 청소년에 관한 최신 연구를 수집하는데 다 같이 중요하다. 기존 자료들이 불충분한 상태에 있는 곳에서는 이러한 지식기반 연구를 시범적으로 할 필요가 있다.

증거 기반 정책을 위해 어떠한 증거가 유용한가에 대해서는 논의가 지속되고 있지만, Davies(2004)는 '좋은 연구 증거(good research evidence)'를 유형화하여 제시한 바 있다. 여기에는 증거의 유형으로 기술분석적(descriptive analytic) 증거, 공공태도와 이해(public attitude and understanding), 통계적(계량경제학적) 모델링(statistical (and econometric) modelling), 체계적 검토(systematic reviews), 단일연구, 파일럿스터디 및 사례연구(single studies, pilot studies, and case studies), 영향(impact) 증거, 실행(implementation) 증

거, 전문(expert) 증거 등의 8가지가 포함된다.

증거기반 접근은 최근 청소년 분야에서 지표를 활용한 정책 평가가 강조되면서 그 필요성이 더욱 부각되고 있는 상황이다. 특히, 유럽평의회에서는 이러한 '좋은 연구 증거(good research evidence)' 중에서도 기술 분석적 증거(기술적 서베이와 행정 데이터), 공공의 태도와 이해, 그리고 전문적 증거 등에 주목하고 이를 보다 실제적으로 정의하고자 하였다. 예를 들면, 기술 분석적 증거를 서술적 서베이(노동력 서베이)와 행정 데이터(교육 달성도 등)에 기반한 '객관적' 지표로 보았고, 공공의 태도와 이해는 공공의견서베이(즉, Eurobarometer 등)에 기반한 '주관적' 지표로, 그리고 전문적 증거는 분석/해석 및 지표의 사용을 통해 뒷받침된다는 것이다(Ecorys, 2011).

그러나 연구 증거가 정책형성에 핵심적 자료가 되어야 하지만, 단지 이들에만 기반하여 새로운 정책을 만든다는 것은 쉽지 않다는 점도 사실이다. 여기에는 두 가지 이유가 있는데, 하나는 특정 주제에 관한 연구기반 증거(research-based evidence)가 질적, 양적으로 부족하고 다른 하나는 그러한 것이 가능하다고 해도, 과학적 지식의 대부분은 특히 사회과학 영역에서는 그 자체가 불확실하거나 논쟁이 되고 있기 때문이다. 실제로 정책결정에는 연구 증거 외에도 다양한 요인들이 불가피하게 영향을 끼치게 된다. 이러한 요인들에는 정책결정자의 경험, 전문성 및 판단, 가용 자원(시간, 사람, 예산), 광범위한 사회적/문화적 가치(이데올로기, 문학, 정치적 신념), 로비스트, 이익집단 및 자문가 등에 의한 압력, 제도적 습관, 전통 및 만일의 사태(contingencies, 의회 용어, 시간표, 절차, 비형식적 습관 등)가 포함된다.

많은 기관과 자원들(sources)이 청소년정책 분야에서의 증거와 연구들을 제공하고 있는데, 우리나라의 경우에는 청소년분야의 국가정책연구를 전담하는 연구기관을 1989년 7월 1일 한국청소년연구원이라는 명칭으로 설립한 바 있으며, 이후 1993년 1월 한국청소년개발원으로 명칭이 바뀌었다가 2007년 5월 이후 한국청소년정책연구원(National Youth Policy Institute: NYPI)으로 운영되고 있다. 정책연구의 대표적인 형태로는 ① 국제 조직, ② 국가 공적 주체와 민간주체들(정부 연구센터와 대학들), ③ 싱크 탱크(think tanks)와 지식집단, 청소년 연구기관, 그리고 ④ 국제 및 지방 시민사회와 자선 단체들의 정책연구보고서 등을 들 수 있다(Willamson et al., 2021).

3) 한국청소년정책연구원의 정책연구

한국청소년정책연구원은 설립 당시 청소년육성법 제19조에 근거를 두었으며, 이후 청소년기본법 제50조에 의거하여 확대, 개편되었고, 1999년 1월 29일 정부출연연구기관 등의 설립·운영 및 육성에 관한 법률의 시행에 따라 국무총리 산하 '인문사회연구회'에 소속되었다. 인문사회연구회는 2005년에 '경제·인문사회연구회'로 이름이 바뀌어 현재에 이르고 있다. 한국청소년정책연구원은 청소년 기초조사 및 정책연구 수행, 청소년정책평가 및 자문·지원, 국내·외 교류 및 협력사업 추진, 정책 및 연구자료 제공 등 국책연구기관으로서의 역할을 수행한다.

특히 국가·지방자치단체의 청소년 관련 정책수립을 위한 연구 및 정책 현안에 대한 대응방안과 프로그램을 개발하고, 민간부문에서 이루어지는 각종 청소년 관련 사업의 원활한 추진을 위한 지원 및 자문을 제공하는 등 청소년 분야의 중추정책기관으로서의 역할을 수행하고 있다. 주요 기능은 세 가지로 나타난다. ① 청소년의 육성 및 보호를 위한 기초조사 및 이론연구를 수행하고, 그 결과를 바탕으로 미래를 전망한다. ② 청소년정책 연구 및 평가·분석을 통한 고객 만족을 실현한다. ③ 국내·외 교류협력과 결과 홍보를 통하여 청소년분야 국책 연구기관으로서의 위상을 제고한다.

한국청소년정책연구원의 사업은 크게 기관고유사업과 특수사업으로 구분되는데, 기관 고유사업 중 기본연구사업은 5가지 연구목표와 방향을 토대로 추진된다. 첫째, 연구원의 정관상 설립목적 및 전문화된 특성, 둘째, 연구원의 경영목표 및 중장기 발전방향, 셋째, 국정과제 및 국가의제, 넷째, 연구목표 및 방향에 대한 수요조사 결과, 다섯째, 사회적·정책적 환경 및 시대적 요구 변화와 관련한 사항이다. 여성가족부 위탁사업으로 '청소년정책분석평가센터'와 교육부 위탁사업으로 '학업중단예방·대안교육지원센터', '학교폭력예방교육지원센터', '청소년진로개발센터' 등을 운영하고 있다. 특히. '청소년정책분석평가센터'는 중앙과 지방의 체계적이고 실효성 있는 청소년정책 구현 및 지방자치단체의 청소년정책 추진의 책임성 강화와 정책 효과성 제고를 목적으로 운영하고 있다. 또한, '청소년 통계아카이브센터'를 두어 NYPI 한국 아동·청소년 통합조사시스템을 구성하고 한국청소년패널조사, 한국아동·청소년패널조사, 다문화청소년패널조사, 학업중단청소년패널조사 자료를 제공하고 있다.

Chapter 07

정책 인프라와 협력 거버넌스

1 청소년정책 인프라구조(infrastructure)

청소년 인프라는 지방수준과 지역수준의 현장중심의 청소년전문업무(youth work) 서비스를 포함하여 청소년정책 프레임과 그 실행과 밀접하게 연결되어 있다. 교육과 학습 정책과 그 인프라의 경우에서와 같이 중앙과 지방의 정부는 재정지원이나 법령 제정 등의 여러 측면에서 청소년 인프라에도 기여하는 중요한 역할을 한다. 지역 당국과 민간 사회단체 및 청소년 집단 등과 같은 수많은 지역 행위자들은 청소년 공간과 인프라에 일상의 실제를 형성하고 그 욕구, 관심, 지역적 조건 및 가용한 지지에 따라 자원들을 제공한다. 국가와 지역사회의 정치적 발전에 의해 영향을 받거나 이를 고려해야하기도 한다.

청소년 공간과 인프라는 그 질적 수준, 범위 및 명분(rationale)의 여러 측면에서 다른 점이 많이 있다. 우선, 청소년 공간을 제공하는 가장 규율성 있는 부문과 인프라 영역은 교육(education)과 관련되며 여기에는 학교밖 교육(out-of-school)과 관련한 측면을 포함한다. 청소년 공간과 인프라 제공의 또 다른 핵심 영역으로는 지역 현장에 있는 각종 청소년센터들(youth centers)이다. 이들은 특별한 목적을 갖고 영속적으로 청소년 서비스를 제공하는 혁신적인 NGO 단체들뿐만 아니라 국가와 민간/시민 사회 단체들이 운영하는 경우가 많다. 또한 청소년정책에 대한 중앙정부의 기능이 강한 국가에서는 중앙정부로 부터의 상당한 재정적인 지원과 인프라에 기반하여 지역 수준에까지 현장중심의 청소년전문업무(youth work)와 청소년 서비스가 적절히 운영되도록 필요한 준비와 노력을 하고 있다. 이는 많은 청소년 서비스들이 국가기관에 의해 전달되고 있다는 것을 의미한다. 특히 지방 정부나 지역사회 내의 현장 기관·단체들은 청소년서비스를 제공하는 핵심 주체가 되고 있다.

현장중심의 청소년전문업무 또는 유스 워크(youth work)는 청소년을 위해 청소년과 함께하는 사회적, 문화적, 교육적, 정치적 성격을 가진 제반 활동(activities)들을 줄여 표현하는 용어로 볼 수 있다. 실제로 세계 각 국가는 나름의 구조와 제도적 상황에 따라 각기 다른 표현을 쓰고 있기도 하지만, 분명히 청소년전문현장업무(youth work)의 개념에 속하는 여러 가지 아이디어들이 발전하고 있으며, 때로는 국가별로 겹치거나 합의적 맥락이 없이 각기 다르게 운영되고 있는 것이 사실이다. 서구에서 유스 워크(youth work)라고 부르는 현장중심의 청소년업무들은 국가별로 다양한 운영형태와 방법을 갖고 전개되고 있다. 국가에 따라서는 공적 당국에 의해 인정받고, 진흥되며 재정지원을 받고 있는 경우도 있지만 현장중심의 청소년업무에 대한 지원이 부족하여 미약한 수준에 있는 국가도 있으며, 전적으로 민간에 의해 자발적으로 수행되는 것으로 여기고 있는 국가들도 많이 있는 현실이다.

그러나 유스 워크(youth work) 또는 현장중심의 청소년전문업무의 세계적 동향을 보면 청소년들에게 자신의 미래를 형성하는 기회를 제공하는 것을 주 목적으로 하고 있다는 공통점을 찾아 볼 수 있다. 우리나라 청소년정책에서도 통상 청소년활동(youth activity)으로 불리는 영역과 관련한 정책적 노력과 업무내용들에서 이와 유사한 목적과 현장중심의 실천적 양상이 나타나고 있다. 이러한 유사성은 서구에서의 유스 워크(youth work) 또는 청소년전문현장업무들이 점차 현장중심 청소년전업 활동(youth work activities)의 형태로 전개되면서 청소년을 위한 스포츠와 다양한 서비스를 포함하는 것으로 나타나고 있다는 점에서도 알 수 있다. 우리나라에서 청소년기관, 단체, 시설 등을 중심으로 전개되고 있는 여러 가지 청소년활동 프로그램들을 이러한 서비스에 속하는 성격을 가진 것으로 볼 수 있기 때문이다. 이러한 인식은 서구에서의 유스 워크(youth work)에 대한 일반적 인식들이 현장중심 청소년업무라는 것이 "학교 밖(out-of-school)" 교육 영역에 속하며, 비형식이나 무형식 학습(non formal or informal learning)의 성격을 갖는 것으로 본다는 점에서도 뒷받침된다.

실제로 우리나라의 청소년정책의 형성은 청소년단체를 중심으로 하는 다양한 학교밖 활동과 프로그램을 중심으로 발전해 온 역사를 가지고 있으며, 이러한 청소년단체활동 또는 사회교육적 접근들이 1990년대 이후 청소년수련활동을 중심으로 이루어지도록 정책화하였음을 알 수 있다. 이에 따라 오늘날 각종 청소년기관과 단체 및 시설을 중심으로 청소년활동이 수행되면서 청소년지도자를 비롯한 전문인력을 양성하는 형태로 청소년활동정책이 전개되고 있는 것이다. 이러한 청소년전문현장업무(youth work)의 일반적 목적은 청소년을 사회에 통합하고 포함하는 것이며, 청소년을 의존으로부터 벗어나서 개인적, 사회적 해방으로 나아가게 하는 것까지 포함하는 넓은 스팩트럼을 갖는 것으로 여겨지고 있다. 우리나라에서의 청소년 사회교육, 청소년단체활동, 수련활동, 그리고 체험학습 등과 같은 다양한 형태와 접근들이 그러한 스팩트럼 속에 포함될 수 있을 것이다. 유스 워크(youth work) 또는 현장

중심의 청소년업무는 또한, 사회복지와 교육시스템 모두와 관련되며, 국가에 따라서는 법에 의해 규율되고 특히 지역수준에서는 공무원이 업무를 관리한다는 특징을 갖는다(Williamson et al., 2021).

한편, 우리나라의 청소년정책 추진 인프라를 "청소년시설, 청소년지도자, 청소년단체, 청소년관련 행정기관, 청소년관련 연구・개발기관, 청소년정책 재정기반" 등으로 제시하고 있다(여성가족부, 2023). 또한, 추진기반과 유사하게 추진체계라는 용어도 사용하고 있는데, 이는 엄밀하게 보면 차이가 있지만 정책 추진기반을 조성하여 체계를 만드는 것으로 보면 유사한 것으로 이해할 수 있다. 이런 점에서 청소년정책 추진체계는 청소년단체와 청소년지도자 등을 포함한다(최인재 외, 2019). 이에 따라 앞에서 살펴본 거버넌스 논의와 관련하여 청소년단체와 청소년시설 및 청소년 전문인력 등을 현장 중심 청소년업무와 관련한 핵심적인 정책인프라로 고찰하기로 한다.

2 현장업무와 청소년단체 인프라(infrastructure)

1) 청소년단체의 범위와 공유목표

청소년단체는 일반적으로 그룹, 서클, 클럽, 동아리, 협의회 등 다양한 형태를 포함하고 있으며, "건전한 활동을 통하여 청소년 개인의 자아실현을 도모하고 나아가 국가·사회발전에 참여, 봉사할 수 있는 인간을 육성하려는 목표 아래 청소년을 지도하는 비정부적 단체"로 이해되고 있다(임성택·김영한·장동현, 2000). 법률적 정의로 청소년기본법 제3조에서 청소년육성을 주된 목적으로 설립된 법인이나 대통령령으로 정하는 단체로 나타나며, 청소년기본법 시행령 제2조(청소년단체의 범위)에서는 청소년활동, 청소년복지 또는 청소년보호를 주요 사업으로 하는 단체로서 여성가족부장관이 인정하는 단체를 말한다고 규정하고 있다.

청소년단체가 학교와 다른 점은 청소년단체는 설립 주체가 다양하고 각 단체별로 각기 다른 목적을 가지고 설립하며 학교가 주로 학습을 통하여 지적인 발달에 주력하는 데 비하여 청소년단체는 신체발달, 오락활동, 집단봉사활동, 여가선용활동 등과 같은 다양한 활동에 주력하는 경향이 있다. 교육적인 측면에서 보면, 청소년들의 성장은 가정과 학교 이외에도 사회적인 영향을 많이 받는데, 청소년단체는 학교 밖의 가장 적절한 청소년의 활동 장소 중의 하나라는 점에서 관심을 받는다. 특히 학교교육이 체계적인 지식의 습득과 입시준비에 전력을 쏟게 되면서 청소년들의 개성을 고려하지 못하며 전인 교육을 소홀히 하고 있다는 점에서 그 역할이 강조되고 있다(차경수, 2000).

우리나라의 청소년단체는 크게 보면 종교적 배경을 가지고 있는 종교이념단체, 청소년들의 복지 증진을 목적으로 하는 청소년복지단체, 사회봉사단체, 학술진흥단체 등의 유형으로 구분할 수 있다. 미국의 경우 청소년단체의 종류는 ① 취미. 교과목 및 학생친교 단체, ② 생애교육 및 직업훈련 단체, ③ 스포츠 단체, ④ 정치 단체, ⑤ 전인적 인격개발 단체, ⑥ 사회복지 지역개발 단체, ⑦ 종교적 단체, ⑧ 자연보호 및 인도주의 교육 단체, ⑨ 학교 및 지역사회봉사 단체, ⑩ 자립·자조 단체, ⑪ 유해물질 오·남용방지·예방 단체, ⑫ 제대군인 및 군사애국 단체, ⑬ 인종·민족의식 계승 단체 및 ⑭ 기타 청소년 공제조합과 ⑮ 농·축산 관계 단체 등 각 영역별로 다양하게 나타나고 있다(Erickson, 1998).

미국과 유럽 등 외국에서 활동하고 있는 대부분의 청소년단체들은 그 역사가 길다. 산업혁명 이후 청소년문제가 사회적으로 관심을 받게 되자, 청소년을 건건하게 육성하고 비행청소년에 대해서는 재생의 길을 열어준다는 의미에서 민간단체가 청소년 보호운동에 나섰던 것이다. 길게는 15세기 초기에도 이러한 움직임이 있었으나 본격적으로 활동이 나타난 것은 19세기 말엽이다. 1970년대에 오면서 미국에서 실시되고 있는 비행청소년의 교정 프로그램 개발에 민간 청소년단체가 참여한 것이 이 시기의 커다란 특징이라 할 수 있다.

청소년 비행이 많아지고, 청소년기의 특징이 사회. 심리, 정신분석적인 측면에서 밝혀지자 청소년지도를 위한 책임을 청소년단체에 대폭 맡기게 된 것이다. 특히 평생교육이 강조되고 장소와 시기를 가리지 않고 사람의 일생동안 학습이 진행되어야 한다는 학습사회가 전개되면서 청소년단체의 교육적 기능이 중시되었다. 단순한 오락이 아니라 직업훈련과 시민의 자질향상 등을 위한 교육 프로그램의 강화가 바로 그것이다. 이러한 외국 청소년단체의 활동 경향과 시설의 설립은 우리나라 청소년단체에도 커다란 영향을 주고 있다 (차경수, 2000).

Erickson(1998)은 청소년단체가 공유하고 있는 목표들을 다음과 같이 15가지로 제시하였다.

① 우정을 나눌 수 있는 동료 집단과 다른 사람들과 함께 즐거움을 나누고 협력하며 일하는 기회를 제공한다.
② 청소년과 성인이 서로 의사소통하며 다른 사람으로부터 배울 수 있는 환경을 제공한다.
③ 청소년의 관심과 문제를 토론하기 위한 공개 토론의 장(forum)을 제공한다. 공공 정책의 형성에서 청소년을 위한 대변자로서 이바지한다.

④ 중요한 가치를 지지함으로써 가족생활을 강화하며 가족 내에서 공유되는 활동들을 제공한다.
⑤ 최대한 가능한 물리적, 지적, 사회적, 감성적, 도덕적 발전을 촉진한다.
⑥ 기술과 상황에 대해 통달할 자신감을 개발한다.
⑦ 자신에 대한 자각(self-awareness)을 개발하고 자부심(self-esteem)을 증가시킨다.
⑧ 새로운 체험을 통하여 시야를 확장시킨다.
⑨ 직업 탐구와 바람직한 직무 태도와 습관을 형성하는 기회를 제공한다.
⑩ 타인의 복지와 사회 제도에 대한 관심을 증진한다.
⑪ 같은 의견을 갖고 있는 사람들이 자신의 의견을 제시하고 전달하는 것을 통해 표현의 통로를 제공한다.
⑫ 민주적인 의사 결정의 체험과 시민권의 기초를 제공한다.
⑬ 지도력 기술과 책임감을 함양한다. 시간을 계획하고 관리하는 것을 가르친다.
⑭ 자연 환경과 그것의 이용과 보전에 대한 관심을 증대시킨다.
⑮ 지역사회에 대한 의미 있는 서비스의 기회를 제공한다.

2) 청소년단체 운영의 공통특징

청소년단체는 나름의 설립목적을 가지고 설립되어 독자적 조직이나 사업계획을 가지고 운영하면서 재정적으로는 단체 자체의 회비나 사업수입 및 민간재단의 원조나 기부금을 중심으로 운영하고 있다. 우리나라는 청소년단체들의 경우 설립취지나 목적, 이념 등이 분명한데도 불구하고 조직 형태와 활동내용을 보면 매우 유사하거나 중복되는 특징을 보이고 있으며 재정적 영세성과 높은 정부의존성을 갖는 것으로 지적되고 있다(신홍기, 2011).

Erickson(1998)은 청소년단체들이 전국적 기준(national standards)에 부합하는 요건을 갖춤으로써 공인을 받고 전국적 조직에 가맹하게 되는 과정을 거치며, 그 구체적인 적용요건과 충족 정도는 각기 다르다고 보았다. 특히 지역 수준에 있어서는 전국적인 수준에 미치지 못하는 경우가 많다고 보면서, 종류와 활동 형태의 다양성에도 불구하고 다음과 같은 공통적 특징이 있다고 본다.

첫째, 회원의 자격 필요조건이란 점에서 청소년단체 중에는 모든 청소년들에게 개방되어 있는 것도 있고 성별, 기술의 종류와 수준 또는 관심 분야에서 공통성을 가지는 사람들만이 회원이 되는 단체도 있다. 이러한 회원 자격조건은 그 단체의 목적과 밀접하게 관련되어 있는데, 청소년 상호간의 이해와 올바른 인식을 촉진하기 위해 각기 다른 배경을 가지고 있는 청소년들이 한데 어울려 활동한다는 목적을 가진 단체에서는 대개 회원 자격 필요조건을 제한하고 있지 않다. 그러나 특정한 사회적, 종교적, 또는 인종적인 목적을 가진 단체에서는 회원 자격 필요조건은 보다 엄격하다.

둘째, 지도력 훈련과 관련한 특징으로 모든 단체는 지도자들의 훈련을 위해 노력한다. 그러나 실상은 각 단체마다 상당히 다양하다. 지역적으로 이용가능한 훈련은 선임지도자와 "이야기를 나누는 것"같은 비공식적인 것일 수도 있으며 잘 설계된 일련의 분과활동에 참여하는 것과 같은 공식적인 것일 수 있다. 훈련된 지도자는 청소년단체활동의 매우 중요한 요소이지만, 이러한 지도자는 특히 스포츠와 캠핑 프로그램 및 안전이 가장 우선시되는 활동을 하는 경우에는 절대적으로 중요하다.

셋째, 후원(sponsorship)에 관한 특징으로 후원자들은 대체로 전국적 단체의 목표를 수행하며 집단 지도력, 회원 자격 및 프로그램의 지속성을 유지하고자 한다. 재정적인 지원도 하는데 이는 단체의 기금적립 노력의 필요성을 감소시키며 청소년 회원들이 상업적으로 이용되지 않도록 보호할 수 있기 때문이다. 많은 청소년 단체들은 교회, 공제조합의 지부(lodge), 학교, 부모-교사 단체와 같이 조직된 집단과의 공식적인 후원과 협의를 필요로 한다. 다른 단체들에 있어서는 관심 있는 성인들로 이루어진 비공식적인 위원회로도 충분하다. 조사에 의하면 공식적인 후원 제도가 청소년 프로그램의 안정성과 계속성에 기여한다는 것을 보여준다.

넷째, 국제적인 것을 강조하는 특징으로 청소년단체 중 일부는 국제적인 연맹의 지부적 성격을 갖는다. 조직 체계가 전국적인 단체의 경우에도 해외의 그룹과 연계를 맺고 있다. 많은 단체가 국제적인 시각을 넓힐 수 있게 되는 것을 선호한다. 국제적인 단체들의 전형적인 활동은 해외 여행, 회원 교류, 국제적 서비스 프로젝트 및 펜팔 프로그램들이 있다. 해외에 거주하는 자국 청소년을 위해 서비스를 제공하는 단체도 있다.

다섯째, 비용과 상품판매와 관련된 특징이다. 단체 참가를 위한 비용에는 최소한으로도 대체로 전국적인 회원 회비와 단위활동참가 회비, 보험료 및 제복비 등이 있다. 이러한 것들은 개별 회원이 부담하거나 후원그룹이 부담할 수도 있다. 추가경비는 행사(events)나 장소, 특정 프로젝트 자료, 캠프등록 등에 대한 교통비와 입장료에 의해 발생한다. 연장자이면서 상당히 활동적인 참가자들에게는 도시를 떠난 곳에서의 회의, 박람회, 지도력 훈련과정이나 그룹 여행에 참가하는 경비가 포함될 수도 있다. 청소년단체들은 또한 수많은 방법으로 필요한 재정적인 지원을 얻는다. 많은 단체들은 현지 자금과 운영비를 충당하기 위해 상품 판매로부터 생기는 수입에 의존한다. 판매상품의 적절성과 판매 캠페인을 하는 단체와 그 관리단체가 받는 이익비율, 이익 분배방법, 그리고 청소년판매인을 위한 보호기준에는 여러 가지가 있다.

여섯째, 경쟁과 서비스의 역할에 관한 특징이다. 대부분의 청소년 단체들은 여러 가지 점에서 경쟁적인 활동들을 지지한다. 참여는 강제적이거나 자발적인 것이 될 수도 있고 개별적인 노력이나 집단의 노력을 수반할 수도 있다. 매우 경쟁적인 스포츠에 참가하는 청소년들의 경우 도덕발달 수준이 동료들에 비해 뒤떨어진다는 것이 발견되기도 했는데 그들은 게임이 끝난 뒤에도 다른 사람들을 동료로 보기 보다는 극복해야하는 일종의 장애물로써 보는 경향이 있다는 것이다. 이러한 문제들을 다루는데 도움이 되고자 개입전략(intervention strategy)이 개발되고 있으며, 청소년단체들은 회원에게 다른 사람이나 지역사회를 돕도록 하는 기회를 제공하고자 한다.

3 청소년전문현업과 청소년시설 인프라(infrastructure)

1) 청소년시설과 전문현업

청소년시설은 청소년기관의 대표적인 유형으로 '청소년활동시설', '청소년복지시설', '청소년보호시설'로 구분된다. 첫째, 청소년활동시설은 청소년들이 대자연 속에서 심신을 단련하고 호연지기와 진취적 기상을 기르거나 일상생활 속에서 자질배양, 정서함양, 취미개발 등 잠재력 계발을 통하여 민주적이고 진취적인 사고를 지닌 바람직한 인간상으로 성장시키는 것을 목적으로 한다.

「청소년활동 진흥법」 제10조에서 청소년활동시설의 종류를 청소년수련시설과 청소년이용시설로 구분하고 있는데, 국가와 지방자치단체, 법인, 단체, 개인 등의 민간 분야도 활동 시설의 설치와 운영이 가능하며 단, 민간의 경우에는 시·군·구청장의 허가를 받아야 한다. 청소년수련시설에는 '청소년수련원', '청소년수련관', '청소년문화의집', '청소년특화시설', '청소년야영장', '유스호스텔'이 포함된다. 청소년이용시설은 청소년수련시설이 아닌 시설이지만, 설치 목적의 범위 내에서 청소년활동 실시와 청소년의 건전한 이용 등을 위하여 제공할 수 있는 시설을 의미한다(여성가족부, 2023).

둘째, 청소년복지시설의 경우 「청소년복지지원법」 제31조에서 청소년복지시설의 종류를 청소년쉼터, 청소년자립지원관, 청소년치료재활센터, 청소년회복지원시설로 구분하고 있다. 청소년복지기관은 「청소년복지지원법」 제29조 제1항 '청소년상담복지센터' 및 같은 법 시행령 제14조 '청소년상담복지센터'의 설치 등에 따라 지방자치단체에서 청소년에 대한 상담과 긴급구조 및 자활, 의료지원 등의 통합적인 서비스를 수행하기 위하여 설치 및 운영하는 시설이다.

셋째, 청소년보호시설로는 「청소년보호법」 제35조에서 청소년유해환경으로부터 청소년을 보호하고 피해 청소년의 치료와 재활을 지원하기 위하여 '청소년보호·재활센터'를 설치·운영하도록 명시하고 있다.

우리나라의 이러한 청소년시설 유형구분과 달리, 서구에는 수많은 형태의 청소년기관들이 산재해 있고 각기 나름의 시설과 공간을 활용하면서 다양한 프로그램들을 실시하고 있다. 특히 지역사회를 중심으로 하는 각종 청소년 활동을 위한 청소년센터나 소규모 회관 등이 다양한 이름과 형태로 존재하고 있으며 가출청소년이나 특별한 관심을 필요로 하는 청소년들을 위한 전문적인 돌봄과 치료 중심의 청소년을 위한 공간과 시설들을 확인할 수 있다(천정웅 외, 2013).

미국의 경우, 청소년시설은 우리나라와 같은 국가적 중장기 계획을 통해 제도화한 것이 아니며, 주로 민간부문을 중심으로 지역별(local)로 각기 다른 설립 배경과 형태를 가지며 운영의 구조와 방법도 다양하다. 일반적으로 청소년 활동과 관련한 시설은 '청소년 센터(youth center)', '지역사회 센터(community center)' 또는 '청소년 클럽(youth club)' 등의 명칭을 쓰는 경우가 많다. 시설의 규모와 형태도 대규모의 현대적 시설부터 마을 단위의 소규모의 공간까지 매우 다양하며 근린권역(neighborhood)의 청소년들이 직접 공간을 가꾸고 관리하는 모습도 흔히 볼 수 있다(김경준·강경균·변나향, 2021).

대표적 형태인 청소년센터(youth center)의 경우는 주로 11~18세 청소년을 위한 사교와 레크리에이션을 위한 역할을 하는데, 청소년들이 신체적·사회적·정서적·인지적 능력을 개발하는 기회를 갖게 하고, 성취와 리더십, 기쁨, 우정과 인정을 경험하는 곳으로 본다. 따라서 청소년센터에서는 댄스, 요가 및 무예 등과 같은 신체적 활동과 과학, 만들기, 극장과 같은 학습과 예술 활동을 위한 구조화된 프로그램이나 게임, 놀이(playing), 친교활동, 클럽 모임, 야외 놀이와 같은 비구조화된 활동의 기회를 제공한다. 비구조화된 활동이 청소년센터의 본질적 부분이기도 하지만, 성인들의 통제와 슈퍼비전을 제공하는 구조를 갖는다.

청소년센터의 이러한 요소들을 중심으로 시설의 공간 디자인을 청소년 친화적이며, 청소년들이 자주 찾아오도록 설계하면서 안전을 최우선으로 고려하도록 한다. 청소년센터를 비롯하여 각종 청소년시설은 전국적인 인증기관들이 제시하는 프로그램과 시설에 대한 필수요건을 구비해야 하는데, 전미방과후학교협회(National AfterSchool Association)와 전국청소년교육협회(National Association for the Education of Young Children) 등은 나름의 인증기준을 갖고 있다.

청소년단체 중에는 미국 소년소녀클럽(Boys & Girls Club of America)과 같이 공간을 활용하여 활동하는 경우가 있는데, 소년소녀클럽을 전국적으로 찾아볼 수 있으며, 지역 청소년들이 가까이하는 작은 규모의 공간을 여러 곳에 많이 마련하여, 하우스(House) 또는 클럽하우스(Clubhouse)라는 이름으로 운영하고 있음을 알 수 있다. 이 외에도 우리나라와 같은 청소년활동은 캘리포니아 주 산타클라라(Santa Clara)시에서 볼 수 있는 청소년활동 센터(Youth Activity Center)나 틴 센터(Teen Center)와 같이, 주로 시 정부의 "공원과 레크레이션 부서(Park & Recreation Department)"에 의해 운영되고 있는 것을 많은 지역에서 확인할 수 있다. 커뮤니티 레크리에이션 센터(Community Recreation Center), 10대 중심의 틴 센터(Teen Center) 등은 거의 모든 지역에서 찾아 볼 수 있으며, 주로 청소년을 위한 방과후 프로그램과 학습과정들을 제공하고 있다(김경준 외, 2021).

2) 청소년시설의 공간디자인과 운영

청소년시설의 공간 유형과 건물 구조는 각기 다른 연령 집단 간의 비구조화된 사회적 상호작용을 수용하고 모든 이들에게 안전하고 감독자가 있는 교육적 배움의 환경을 제공하는 두 가지 목적에 적합하도록 시설의 외관과 기능적 공간을 갖추도록 규정하고 있다. 전형적인 청소년 센터 활동 공간(youth center activity spaces)은 공통공간/게임룸(commons/game room), 접수 데스크, 스낵바, 활동실, 다목적실/실내체육관, 컴퓨터실, 10대 전용 별실(teen room), 야외활동장 등을 포함한다. 또한 청소년센터는 사무실, 화장실, 주방(kitchen), 기계/전기실과 같은 업무 지원을 위한 필수공간이 있다.

청소년시설의 디자인을 위한 핵심적 고려사항으로는 다음과 같은 몇 가지가 강조되고 있다. 첫째, 집과 같은 환경 만들기이다. 공공시설의 내구성 확보를 위한 필수사항들을 충족하면서, 마감, 가구, 부착물과 장비들은 편안하면서도 집과 같은 질적 수준을 유지해야 한다. 둘째, 창의성 개발이다. 시설의 임무의 하나는 창의적 발달을 고무하는 것이며 프로젝트 개발과정과 최종 설계는 이를 달성하도록 고려해야한다. 셋째, 자율성 촉진이다. 청소년센터는 학교가 아니다. 전체적으로 지도감독(supervision)이 이루어져야 하지만 비구조적 활동을 위한 구역에서는 자율성을 갖도록 고려한다. 청소년시설의 후원자들이 이러한 공간에 접근 가능하도록 설계한다. 넷째, 직원을 위한 적절한 공간을 제공한다. 센터의 프로그램과 업무를 개발하고 유지하도록 지원 인력을 위한 공간을 제공하며, 정상적 일상 업무 외에 직원들이 관련된 일을 할 수 있어야 한다. 다섯째, 안전하고 건강한 환경 유지이다. 시설은 청소년을 보호하고 건강한 환경을 유지하기 위하여 장비와 운영전략을 수용할 수 있도록 설계해야 한다(김경준 외, 2021).

청소년시설과 관련하여 특별한 것은 "청소년이 이끄는 공간(youth driven space)", 즉 청소년들이 중심이 되는 시설 프로젝트(project)에 대한 관심이 크게 증대하고 있는 점이다. 이는 청소년시설에서의 관리와 프로그램 설계, 운영에는 청소년의 목소리와 활력이 중심이 되어야 한다는 접근이다. 여기에는 다음과 같은 4가지 핵심 영역이 있다.

첫째, 청소년자문위원회 설지를 통한 구조적 변화(structural changes)로 정기적 모임을 통해 프로그램 제공과 조직 운영에 관한 결정의 지침을 제공한다. 둘째, 성인들이 주로 맡아했던 역할을 청소년들이 주로 모임과 활동을 맡아 하는 프로그램으로 디자인하고 실행되도록 하는 변화이다. 셋째, 청소년들이 성공적으로 운영을 주도하도록 도와주는 성인들의 지지적 역할 등을 통해 성인과 청소년들의 파트너십 관계를 형성하는 일이다. 그리고 넷째, 거버넌스(governance)와 목적 설정에 청소년이 이끌어가는 원칙을 잘 접목시켜 지속가능성을 구축(building sustainability)하는 것이다. 성인들은 단순히 청소년들이 이끌어가도록 맡겨두기보다는 이들이 성공적으로 이끌 수 있도록 적극적인 지지적 역할을 한다.

청소년시설 운영과 관련하여 청소년 친화적 공간에 대해서도 관심을 가질 필요가 있다. "청소년 친화적 공간(youth-friendly space)"이 가지는 의미는 청소년이 찾아오도록 하는 환영적 분위기를 만드는 것을 내포하고 있다. 청소년시설은 물리적인 입지와 건물을 말하는 것이기도 하지만, 그 공간을 만들어가는 것은 이를 이용하고 그 속에서 상호작용하는 청소년들이라는 것을 강조한다. 이들이 기여하는 것은 시설의 외관이나 느낌 이상의 의미를 가지며 청소년들 스스로 시설 활용의 지침이나 안전 프로토콜과 같은 것을 직접 만들기도 한다.

청소년시설의 입지를 선정할 때, 그리고 공간을 구성할 때 물리적 공간(physical place)의 안전도 중요하지만, 개방적이고 수용적인 환경을 만들어가는 행동과 상호작용을 통해 보다 안전한 공간(a safer space)이 되도록 하는 것이 그 이상으로 중요하다. 청소년지도자들이 실천해야 할 청소년 친화적(youth-friendly) 공간창출을 위한 방안들도 서구 선진국에서 다양하게 나타나고 있다. 빅토리아대학교의 긍정 공간 네트워크(Positive Space Network at the University of Victoria)에서는 집단 속에서 개인들 간의 상호작용을 통해 보다 안전한 공간(safer space)을 만드는 다양한 방안들을 제시하였다. 예를 들면, 다음과 같은 것들을 지키는 노력은 청소년시설과 기관을 이용하는 청소년들 간에 널리 공유되도록 할 필요가 있다(김경준 외, 2021).

- 자신과 타인의 신체적, 정신적, 정서적 경계를 존중한다.
- 말하고 싶지 않거나 대답하고 싶지 않으면 그렇게 말한다.

- 필요한 것은 말로 표현한다.
- 가능하면 분명하게 하고, 누군가에 대해 염려되는 일이 있으면, 직접 말한다.
- 다른 사람이 말하는 정보, 이야기 및 경험에 대한 프라이버시를 지킨다.
- 긍정적 의도를 전제한다.
- 우리 모두는 비우기 위해 여기에 와 있으며, 우리 모두는 무엇인가 의미 있는 것을 제공한다.
- 질문을 명료하게 하는 것을 격려한다.
- 당신을 포함하여 누구든지 비의도적인 실수를 할 수 있다는 것을 이해한다.

4 청소년전문인력 인프라

1) 청소년현업과 전문인력

청소년전문인력은 청소년업무 특히 현장중심의 청소년업무(youth work)와 관련하여 필수적인 행위자이며 핵심적인 인프라구조로 볼 수 있다. 일반적으로 이들은 다양한 청소년단체, 기관, 지역사회에서 자신의 업무에 대한 열정을 가지고 청소년을 도우는 일에 일반인과 다른 노력과 헌신을 한다. 이들은 또한 청소년과 함께 일하는 데 필요한 교육경험, 공유된 철학과 언어, 인간발달에 관한 공통의 이해, 또는 청소년업무의 역사와 목적에 관한 유사한 인식으로 업무에 임할 필요가 있음을 알고 있다는 점에서 전문성 있는 직업의 유대감을 가질 수 있다(Walker, 2003). 이런 점에서 청소년전문인력은 상황과 분야, 수준 등에 따라 청소년전문현장업무지도자(youth worker), 청소년전문가(youth professional), 청소년실천가(youth practitioner), 지역사회청소년전문 현장업무 지도자(community youth worker) 및 청소년행동가(youth activist) 등으로 다양하게 불리고 있다. 어떤 용어이든 청소년 또래로서 리더(leader) 역할을 하는 경우와 명확히 구분되는 성인청소년지도자라는 의미를 추가하여 청소년전문지도자로 규정할 수 있을 것이다.

실제로 청소년전문인력으로 청소년전문 현장업무 지도자(youth worker)라는 용어 외에도 청소년들과 함께 지역사회에서 활동하는 경우, 지역사회 청소년전문 현장업무 지도자(community youth workers)라고 부를 수 있다. 이들은 교육, 권한 부여, 행동주의 또는 교회, 학교 또는 지역 사회 센터를 포함한 지역 사회 기반 환경에서 청소년에게 초점을 맞춘 기타 활동에 종사하는 청년 및 성인이라 할 수 있다. 특히, 청소년전문현장업무 지도자(youth workers)는 미국의 초기 20세기에 등장한 개념으로서 YMCA, 보이 스카우트(Boy Scouts), 4-H 등 청소년 단체 등에서 볼 수 있는 초기 표준 모델이다. 많은 사람들은 이 모델이 영국의 청소년 단체 원칙을 따르고 있다고 생각하고 있으며 그 이후로 전 세계의 지역 청소년 봉사 활동에 대한 많은 지지자와 연구 및 교육을 이끌어내는 그룹들이 활발하게 활동하고 있다(김윤나, 2019).

우리나라의 경우 제도적인 차원에서는 소정의 자격을 가지고 일정한 연수과정과 자격검정을 통하여 국가자격증을 취득한 "청소년지도사"나 "청소년상담사"에서부터 일반적 통념의 성인지도자에 이르기 까지 다양하게 정의되고 있으며, 청소년관련 기관·단체, 청소년시설 등에서 청소년업무를 맡아하는 직원, 활동지도자 등을 비롯하여 지역사회 현장에서 제도적으로 지칭되는 청소년지도위원, 소년선도위원, 보호관찰관, 보호선도위원, 아동위원, 아동복지지도원, 복지위원 등을 모두 포함하는 것으로 볼 수 있다.

미국의 경우 청소년전문 현장업무(youth work), 청소년개발(youth development), 지역사회청소년개발(community youth development) 등 다양한 영역에서 전국적이고, 지역적인 수준의 청소년단체나 기관의 수많은 청소년지도자와 직원들이 전일제 또는 파트 타임제로 일하고 있다(Bright, 2015). 그러나 이처럼 청소년지도자들이 각기 다른 영역과 상황에서 청소년과 관련한 중요한 역할을 하고 있지만, 청소년분야에 종사하는 성인 청소년지도자와 전문가들의 경험에 대한 관심은 아직도 많이 부족한 실정이다. 미국의 경우에도 청소년전문지도자들이 청소년의 성공적 성장이나 긍정적 청소년개발을 지지하기 위해 할 수 있는 것이 무엇인지 등 청소년전문지도자의 역할에 관한 연구나 이론은 여전히 제한적인 편으로 이에 대한 더 많은 관심을 필요로 한다(Heathfield & Fusco, 2016).

영국의 청소년전문인력들은 모든 상황에서 일하고 있다. 불평등을 바로잡고 11~25세 청소년들의 개인적, 사회적 및 정서적 발달을 촉진하도록 고안된 지역사회 프로그램을 계획, 조직하거나 감독하는 일을 담당하며 조직 및 기금 마련 업무를 담당한다. 따라서 이 직업은 다양한 배경의 아이들과 청소년들과 함께 작업하므로 훌륭한 의사소통 기술이 중요하며, 이들의 근무 시간은 매우 전형적이지만 핵심 지원 담당자는 응급 상황에 대비해야 할 수도 있다.

Butters와 Newell(1978)은 유스워크, 즉 청소년 현장업무의 목적이 시기에 따라 변화해 왔으며, 이러한 변화 속에서 청소년과 청소년지도자의 역할 또한 함께 바뀌어 왔다고 본다. 초기 1870년~1919년의 청소년업무는 인격함양(character building)을 주요 목적으로 청소년을 “따르는 자(follower)”로 국한하여 누군가를 따라가는 대상임을 강조하던 시기로 본다. 청소년지도자도 청소년을 이끄는 “리더(leader)” 역할에 치중하던 시기였다. 그러나 1919년 이후

사회교육(social education)이 세계적으로 시작되는 중요한 변화를 겪게 되면서, 1920년~1950년에는 청소년지도자가 청소년들의 문화적 적응(cultural adjustment)을 목적으로 활동하는 "교사(teacher)"의 역할을 주로 하였으며, 1950년~1975년 시기에는 청소년의 개인적 개발(personal development)을 위한 "촉진자(facilitator)"로서의 역할이 요구되었다. 한편 1920년~1950년까지 청소년은 역할 적응(role fitting)"의 역할을 요구받았고, 1950년~1975년 시기에는 "자아실현(self-realization)"을 해야 하는 존재로서 이해되었다. 또한, 1975년 이후 청소년에게 "사회 교육으로부터 탈피"하는 변화가 나타나면서 교육의 대상으로서가 아닌 사회변화의 주체(change agent)로 청소년을 바라보는 관점이 나타나게 된다. 따라서 청소년지도자의 역할도 청소년의 임파워먼트(empowerment)를 촉진하는 "사회비평가(social critic)"로 변화하고, 청소년의 해방(emancipation)을 강조하는 "활동가(activist)"로서의 역할을 강조하는 두 가지 흐름으로 전개되었다(남화성, 2017; 최창욱 외, 2019).

2) 청소년 전문인력 직무의 특성

우리나라에서는 청소년업무 전문인력을 '청소년지도자'로 주로 부르고 있으며, 「청소년기본법」 제3조에서는 이를 청소년지도사와 청소년상담사, 청소년시설, 청소년단체 및 청소년 관련 기관에서 청소년육성에 필요한 업무에 종사하는 사람으로 규정하였다. 청소년지도자를 청소년을 지도하는 사람으로서 전문적인 지식과 태도 및 기술을 갖추고 청소년의 건강한 성장과 사회적응 및 그들의 삶을 지원하고 조력하여, 촉진시켜 주는 사람으로 정의한다(한국청소년정책연구원, 2014). 따라서 우리나라의 청소년지도자는 청소년지도사와 청소년상담사 등을 포함하는 보다 광범위한 개념으로 보고, 청소년활동, 상담, 보호, 복지, 육성분야에서 전문적인 지식과 경험을 바탕으로 청소년 업무에 종사하는 자라고 정의할 수 있을 것이다(여성가족부, 2023).

「청소년기본법」에서 명시하는 청소년지도자가 다루어야 할 청소년 육성과 지도는 청소년의 복지증진과 수련활동 지원, 교류 진흥, 사회여건과 환경을 청소년에게 유익하게 조성함으로써 청소년의 균형 있는 성장을 돕는 것이다. 이러한 측면에서 최윤진 외(1992)는 청소년지도자의 역할을 청소년 지도의 기본 원리에 근거하여 전문가의 역할, 촉진자의 역할, 비판적 분석가의 역할, 예술가의 역할로 제시하였으며, 함병수(1996)는 조직자의 역할, 정향자의 역할, 교사의 역할, 활동모델의 역할, 동반자의 역할, 정신적 지주자의 역할, 환경 조성자의 역할, 가정, 학교 사회와의 교량자 역할 등으로 제시하였다. 최창욱 외(2019)는 청소년지도자의 역할을 청소년복지증진 및 도모, 청소년 수련활동 지원, 청소년 교류 촉진, 청소년을 위한 환경 조성, 청소년 개발 및 교육 등으로 분류하였다.

청소년지도자의 직무는 청소년지도 현장에서 실질적으로 맡아 수행하는 일이라고 정의할 수 있으며, 직무와 역할을 효과적으로 수행하기 위해서는 관련 지식, 태도, 기술 그리고 도구가 필요하다. 정부는 산업현장에서 직무를 수행하기 위해 요구되는 지식·기술·태도 등을 국가가 체계화하기 위해 국가직무능력표준(National Copetency Standards: NCS)으로 규정하면서 청소년 분야를 대분류인 사회복지·종교, 중분류는 상담, 소분류는 청소년지도로 분류하였고, 세분류를 청소년활동, 청소년상담복지로 규정하고 있다. 이에 따라 청소년지도자의 직무를 능력단위로 세부적으로 규정하였다.

각 연구는 청소년지도자의 역할과 직무에 대해 규정하고 다양한 역할을 제안하고 있다. 많은 연구자들이 요구한 청소년지도자의 역할은 일방적인 가르침이나 지도만을 의미하는 것이 아니라 청소년들로 하여금 자신에게 주어진 문제를 해결하는 데 필요한 참여 동기를 부여하고, 청소년이 생활하는 환경을 조성하는 역할까지를 포함하고 있다. 청소년지도자의 역할은 그들이 속한 기관이나 생활하고 있는 사회 속에서 담당해야 할 책무가 되므로 청소년지도자들은 자신에게 부여된 역할을 담당할 수 있도록 역량을 키우기 위해 노력해야 한다.

차경수(2000)는 청소년단체 등과 같은 실천 현장의 업무에 종사하는 지도자들은 청소년업무에 관하여 전문적인 지식과 기술을 가지고 있어야 하며, 이러한 전문지도력은 다른 사람이 할 수 없고 청소년단체에서만 효율적으로 할 수 있는 '특수화된 능력'을 의미하는 것으로 보았다. 따라서 청소년지도자는 청소년의 발달과 특징에 대한 해박한 지식, 대화의 기술, 문제를 진단하고 발견할 수 있는 능력, 문제를 해결할 수 있는 방법과 기술, 이러한 일에 대한 다양하고 긴 준비교육과 연구, 풍부한 연구와 경험에서 오는 비표준화된 독특한 처방 그리고, 해당 분야의 문제를 해결하기 위하여 사회적으로 문제를 제기하고 해결을 위한 지원책을 강구하는 능력 등을 갖추어야 사회로부터 신뢰와 존경을 받는 지도자로서의 자질을 가진 것으로 볼 수 있다고 하였다.

청소년 업무를 전문직으로 높이기 위해서는 전문직에서 요청되는 특성을 발전시켜 나가는 것이 중요하다. 전문직은 일반적으로 고도의 기술과 지적인 노력을 필요로 하고, 학교교육과 같은 형식적인 교육기관에서의 장기간의 훈련을 필요로 한다. 상품을 판매하고 얻는 상업적 이익이 아니라 전문직은 지식과 기술, 경험을 바탕으로 봉사나 상담을 고객에게 해주고, 그에 대한 대가를 받으며, 전통적으로 내려오는 집단적인 위신과 존엄성을 사회적으로 인정받음으로써, 상업주의에 대하여 저항한다고 본다(차경수, 2000).

5 청소년정책의 부문 간 협력과 현장업무협의체

1) 부문 간 청소년업무 협력

부문 간 공동협력(cross-sectoral co-operation)은 청소년정책실행의 중요한 특징으로, 항상 정부 구조에서만 존재하는 것은 아니다. 청소년정책에서의 좋은 실천(good practices) 사례를 보면, 국가 당국의 정책실행에 대해 공통적 접근법을 따르도록 관련 부문 간 협력하면서 청소년의 삶을 위해 중요한 영역을 맡는 모든 당국이 함께 참여하여 형성·실행하는 것을 양질의 청소년정책으로 인식하고 있음을 알 수 있다. 청소년정책 실행에서의 범부문 공동협력은 국가와 지역 수준에서, 청소년 부문과 다른 정책 부문들 간에 효과적인 공동조정(co-ordination)이 실제로 존재하는 것을 의미한다(Williamson et al., 2021). 여기에는 부문 간(intersectoral), 범부문(cross-sectoral), 기관 간(inter-agency), 횡적(transversal), 통합적(integrated), 기구 간(interinstitutional) 등과 같이 유사한 조치에 대해 각 기관별로 용어를 다르게 쓰고 있지만, 주요한 공통점은 이러한 공동협력이 각기 다른 집단과 기관에 관련되고, 전통적으로 이루어져 왔으며 국가 거버넌스 행위자를 초월한다는 점이다.

Williamson 등(2021)은 범부문 공동협력을 개발하는 것에는 적어도 수평적, 수직적 차원의 두 가지 방법이 있다고 본다. 첫째, 수평적(horizontal) 공동협력 형태로 가장 일반적인 것은 부문 간 공동협력(inter-sectoral co-operation)이다. 국가별로 청소년업무 주관기관을 중심으로 업무조정을 하는 것이 일반적이지만, 필요한 경우 청소년분야와 다른 분야의 정책결정가들과 청소년시민사회의 대표 및 개인전문가, 청소년정책 및 현장중심청소년업무(youth work) 실천가들이 함께 정책업무를 개발하고 조정하는 것이다. 청소년정책과 관련한 또 다른 수평적 부문 간(cross-sectoral) 공동협력 유형은 청소년 부문 공동 조직을 구성하는 데 있어 교육, 사회복지, 사법 등과 같은 다른 부문의 청소년 관련 관계자들이 함께하도록 하는 것이다. 각기 다른 정부 부처 간에도 부문 간 협력이 이루어지는데 이 경우는 부처 간 공동협력(inter-ministerial co-operation)으로 볼 수 있다.

둘째, 수직적(vertical) 협력으로 부문 간 공동협력과 다수준 공동협력이 있다. 우선, 수직적 부문 간(vertical cross-sectoral) 공동협력은 국가적, 지방적 또는 중간 수준을 포함하여 각기 다른 공공행정 수준에서 협력이 이루어질 수 있다. 다수준(multilevel) 공동협력은 중앙 당국이 지방 및 지역 당국과 직접 같이 일할 때 발생한다. 수직적 공동협력(vetical co-operation)은 또한 청소년정책결정 기구(정부부서나 의회 등)와 청소년 자신들을 연결하도록 도울 수 있다. 청소년정책에 대한 청소년들의 영향에 대해 논의하기 위해 청소년과 중앙정부 및 지방정부 관계자, 의원이나 의회 관계자들이 같이 논의하는 형태를 생각할 수 있다.

우리나라에서도 청소년정책을 효율적·효과적으로 추진하기 위해서는 유관분야와의 협업 거버넌스 구축이 필수적이라고 본다. 이는 중앙정부와 지자체의 두 가지 측면으로 구분할 수 있는데, 먼저, 중앙정부 차원에서는 여성가족부, 보건복지부, 교육부, 법무부, 고용부, 경찰청 등 유관부처 간 연계·협력이 필수적이며, 주무부처의 정책 조정 기능을 확대할 필요성이 강조되고 있다. 이를 위해 부처 간 중복 또는 연계·협력이 필요한 사업을 먼저 확인하고, 각 부처별로 분절적으로 추진되는 정책, 부처 간 일관성과 통합성이 부족한 정책, 그리고 이에 따라 생기게 되는 문제들을 파악할 필요가 있다(황여정 외, 2022). 협업 거버넌스 구축을 위해서는 주무부처의 정책 조정 기능

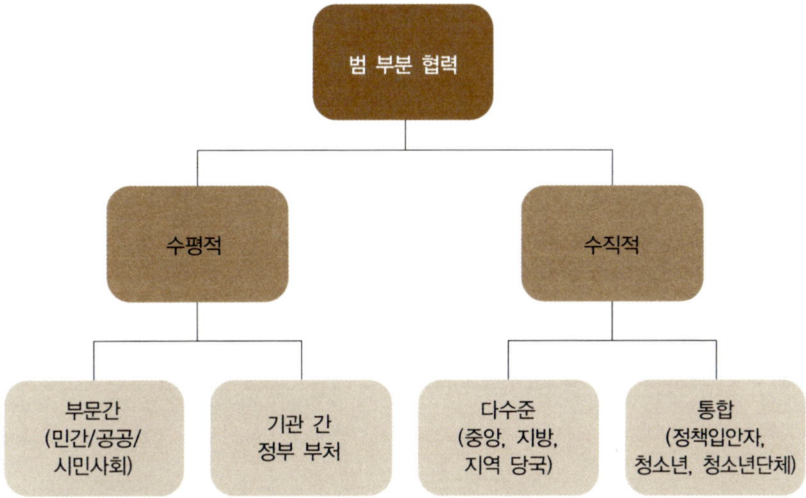

그림 7-1 부문 간 공동협력(corss-sectoral co-operation)의 유형

출처: Williamson et al.(2021). p. 49.

강화가 필수적이며 주무부처에 정책조율 등 대외협력업무를 담당하는 부서를 신설하거나, 2개 이상의 행정기관에 관련되는 정책조정을 담당하는 위원회를 구성하는 방안 등이 제시되고 있다(황여정 외, 2022).

다음으로, 지역사회 차원에서의 유관분야 연계·협력은 청소년정책이 정책대상자에게 체감도 높은 정책이 되려면 정책이 실제로 작동되는 현장이 중요하다는 점에서 매우 강조되고 있다. 지자체 측면에서의 유관기관 협력을 강화하는 좋은 실천 예로 청소년성장지원협의체를 들 수 있다. 청소년성장지원협의체는 '지역사회 네트워크를 활용한 청소년 성장지원 정책 모형'을 구축하는 시범사업으로 운영되고 있는 것으로 지역사회 내 행정, 공공 및 민간 영역의 각 주체들이 함께 참여하는 협의체이다(최인재 외, 2020). 운영은 지자체 직영, 청소년 관련 재단, 청소년 유관기관(시설), 민간 등에서 할 수 있는데, 각 주체들이 신뢰와 협력을 바탕으로 네트워크의 일원이 되어 적극적으로 참여할 것을 요구한다. 이 협의체는 사업의 기획, 결정, 수행 및 성과 공유에 이르는 각 과정에서 상호 정보와 자원을 교환하고 협력하는 협력적 거버넌스를 지향하는 특징도 갖는다(최인재 외, 2020).

2) 현장중심 청소년전문업무의 협의체

우리나라 청소년정책의 현장전문업무는 전국 17개 지방자치단체 내에 설치되어 있는 청소년업무 담당부서를 통해 수행되고 있으며, 전국적으로 다양하게 활동하고 있는 청소년단체와 청소년 관련시설을 중심으로 공공 청소년정책 사업은 물론 자발적인 민간부분의 청소년 현장업무들이 청소년활동과 청소년 참여 등과 관련한 여러 가지 영역에서 복합적으로 수행되고 있다. 특히, 청소년정책의 주요 현장실천 인프라구조(infrastructure)로 볼 수 있는 청소년단체와 청소년시설 및 청소년지도자들은 각기 협의기관들을 구성하고 있는데, 그 중 한국청소년단체협의회와 한국청소년수련시설협회가 대표적이다.

(1) 한국청소년단체협의회

한국청소년단체협의회는 1965년 12월에 "국제 연합헌장과 세계인권선언의 정신에 입각하여 국내·외 청소년단체의 상호연락과 제휴 및 협조를 도모함으로써 청소년활동의 발전에 기여함"을 목적으로 15개 민간 청소년단체를 중심으로 창립되었다. 이어 1966년 8월에는 '세계청소년단체협의회(World Assembly of Youth: WAY)'에 가입하였으며, 청소년 육성법에 따라 1988년 11월 11일 사단법인으로서의 조직과 기능을 새롭게 정립하고, 2005년에는 특수법인으로 전환하였으며, 이후 청소년기본법 제40조에 근거하여 "국가발전에 이바지할 수 있는 바람직한 청소년육성과 국내·외 청소년단체 상호간의 협력 및 교류와 지원"을 목적으로 청소년단체들의 협의체 역할을 하고 있다.

한국청소년단체협의회는 설립목적에 따라 다양한 사업을 수행하고 있는데, 청소년단체 활성화를 위해 회원단체가 행하는 사업과 활동에 대한 협조·지원, 지방청소년단체협의회에 대한 협조·지원, 청소년지도자의 연수와 권익증진, 청소년 관련 분야의 국제기구 활동 및 외국 청소년단체와의 교류, 청소년육성을 위한 홍보 및 실천운동, 청소년 관련 도서출판 및 정보지원, 청소년활동에 관한 조사·연구지원, 우수 청소년단체와 모범 청소년지도자 및 청소년의 포상, 국제청소년센터의 운영 및 관리, 기타 청소년 및 단체의 육성을 위하여 필요한 사업 등을 추진하고 있다.

표 7-1 한국청소년단체협의회의 사업

1. 회원단체의 사업과 활동에 대한 협조·지원
2. 청소년지도자의 연수와 권익 증진
3. 청소년 관련 분야의 국제기구활동
4. 외국 청소년단체와의 교류 및 지원
5. 남·북청소년 및 해외교포청소년과의 교류·지원
6. 청소년활동에 관한 조사·연구·지원
7. 청소년관련 도서 출판 및 정보지원
8. 청소년육성을 위한 홍보 및 실천 운동
9. 제41조에 따른 지방청소년단체협의회에 대한 협조 및 지원
10. 그 밖에 청소년육성을 위하여 필요한 사업

(2) 한국청소년수련시설협회

한국청소년수련시설협회는 1989년 10월 1일 전국의 공공 및 민간 청소년수련시설(청소년수련관, 청소년수련원, 청소년문화의집, 청소년야영장, 청소년특화시설, 유스호스텔)의 발전을 위한 지원, 청소년수련시설 간 연계 협력을 위

한 협의와 조정, 청소년수련시설 운영 활성화 정책 제안 등을 위해 창립되었고, 2002년도에 민간 청소년수련시설과 공공 청소년수련시설을 통합하여 조직과 기능을 재정립하였으며, 2004년 2월에 공표된 청소년활동진흥법 제39조에 의거하여 2005년 2월 특수법인으로 재출범하였다.

한국청소년수련시설협회는 청소년활동 기반 확대 및 운영 활성화를 위한 지원 기구로서의 역할을 수행하며, 지방청소년수련시설협회(14개소)와 시설유형별협의회(청소년수련관, 청소년문화의집, 청소년수련원, 유스호스텔)를 중심으로 구축되어 있다. 한국청소년수련시설협회는 회원인 청소년수련시설 설치·운영자 및 위탁운영단체가 실시하는 사업과 활동에 대한 협력 지원, 청소년 지도자의 연수·권익증진 및 교류사업, 청소년수련활동의 활성화 및 수련시설의 안전에 관한 홍보 및 실천운동, 청소년수련활동에 대한 조사·연구·지원사업, 청소년수련시설, 청소년사업 및 활동에 대한 범국민적 인식 제고를 위한 적극적인 홍보활동, 청소년활동 참여 극대화를 위한 지역사회 및 학교 등과의 연계사업 개발·운영지원, 청소년활동을 통한 지역문화 기반 조성을 위해 다각적인 실천 방안 수립, 청소년과 함께하는 지역공동체 조성을 위한 지방협회 구성 및 지역단위 청소년활동 지원체제 구축 등의 활동도 수행하고 있다.

표 7-2 한국청소년수련시설협회의 사업

1. 시설협회의 회원인 수련시설 설치·운영자 및 위탁운영단체가 실시하는 사업과 활동에 대한 협력 및 지원
2. 청소년지도자의 연수·권익증진 및 교류사업
3. 청소년수련활동의 활성화 및 수련시설의 안전에 관한 홍보 및 실천운동
4. 청소년수련활동에 대한 조사·연구·지원 사업
5. 제41조에 따른 지방청소년수련시설협회에 대한 지원
6. 그 밖에 수련시설의 운영·발전을 위하여 필요하다고 여성가족부장관이 인정하는 사업

(3) 그 밖의 청소년업무의 협의체

한국청소년단체협의회와 한국청소년수련시설협회에 속하지 않지만, 기능별, 업무영역별로 운영되고 있는 유관 협의체와 관련기관들도 있다. 대표적으로 한국청소년쉼터협의회, 한국청소년상담복지센터 협의회, 한국청소년활동진흥센터협의회, 학교밖청소년지원센터협의회, 한국청소년지도자연합회, 한국청소년성문화센터협의회 등이 있으며, 이와 별도로 이주배경청소년지원재단도 운영하고 있다. 또한, 지역아동센터나 공동생활가정(그룹홈) 등 관련 기관과 단체들의 다양한 부문 간, 기관 간 협의 활동을 확인할 수 있다.

Chapter

08 국제 거버넌스와 유엔 청소년정책

1 유엔의 청소년정책 거버넌스 개관

앞에서 우리나라를 중심으로 하는 국가 수준에서의 청소년정책 거버넌스와 인프라를 보았는데, 여기에서는 청소년정책을 형성하고 실행하며 그 본질에 영향을 주는 국제기구의 중요성을 알아보기로 한다. 지구 수준에서는 유엔(United Nations: UN)을 중심으로 점차 청소년 이슈와 청소년정책에 대한 관심을 증대하고 있다.

유엔은 주요 기구 중 주로 사무국(Secoretariat) 소속의 경제사회국(Department of Economic and Social Affairs: DESA)의 포함사회발전부(Division for Inclusive Social Development: DISA)를 중심으로 청소년업무를 수행하고 있다(배정희·최정원·한지형·문지혜, 2021). 주요 프로그램으로는 청소년에 대한 초점(Focial Point on Youth), 청소년을 위한 세계행동 프로그램(World Programme of Action for Youth), 청소년발전을 위한 기관네트워크(Inter-Network on Youth Development) 등이 있으며, 최근에는 유엔 청소년전략인 "청소년 2030(Youth

2030)"을 수립하고 "청소년2030 성과보고서(Youth2030: Progress Report 2021)"를 발간하고 있다(UN, 2021).

유엔에서는 1985년을 참여(participation), 개발(development), 평화(peace)를 주제로 하여 '국제 청소년의 해'로 결의하면서 청소년이 주요한 의제로 논의되어 왔으며, 각 회원국이 청소년정책을 국가정책의 우선순위로 두어야 한다고 권고하였다. 당시 유엔은 청소년의 연령을 15~24세로 정의하고, 청소년을 '어른이 될 세대, 미래를 이끌어갈 세대'만이 아닌, 지금 현재 살아 있고 일을 하며 가정과 공동체, 사회와 경제에 기여하는 현재 세대의 중요한 일부로 간주할 것을 회원국에 권고하였다. 이후 유엔은 인구, 교육, 고용, 보건 등에 관한 모든 발간물과 통계에서 이러한 청소년 연령 기준을 준수하고 있으며, 동시에 각국의 사정에 따른 청소년 연령의 다양한 정의를 존중하는 방향으로 가고 있다. 청소년 내에서도 연령에 따라 사회적·문화적·심리적 문제가 다를 수 있기 때문에 13~19세의 십대와 20세부터 24세까지의 초기 성인기(early adulthood)를 구분하는 경우도 있다.

유엔 청소년정책의 방향과 이념은 이후 '국제 청소년의 해'를 결의하고 10주년을 맞은 1995년, "2000년과 그 이후 청소년을 위한 세계행동 프로그램(The World Programme of Action for Youth to the Year 2000 and Beyond)"을 채택하였으며, 1998년 「브라가 청소년실천계획」과 같은 해에 개최된 「청소년정책 및 프로그램에 대한 리스본 선언」 그리고 1999년의 8월 12일을 '국제 청소년의 날'로 지정하는 일련의 활동으로 이어졌다. 또한 2000년 9월 '밀레니엄 정상회의(summit)'에서 채택된 「새천년개발 목표(MDGs)」와 2014년 '청소년정책을 위한 글로벌 포럼'에서 채택한 「청소년정책에 대한 바쿠 선언」, 그리고 2015년 9월 25일 세계 123개국 정상이 참석한 가운데 유엔본부에서 개최된 '유엔개발정상회의'에서 「지속가능발전목표(SDGs)」를 채택하는 것으로 지속되었다.

이러한 추이와 함께 청소년의제가 유엔에서의 최고의 우선순위 중의 하나로 더욱 강조된 것은 "유엔 사무총장 청년특사(Envoy of Youth)"를 지명한 일과 그 후의 활동 및 구체적인 청소년 전략을 가진 UNDP, UNFPA 및 UN Volunteers 등의 유엔 기관(entities)들이 발전하게 된 것과 관련이 깊다고 본다. 특히, 최근 유엔은 자체적으로 중요한 청소년전략(UN, 2018)을 마련하고 청소년, 평화, 안보에 관한 종합 결의안을 채택한 바 있는데, 여기에서 청소년의 역할과 위치가 중요하게 특징화되었다(United Nations Security Council, 2015).

유엔은 지속가능발전과 지구적 청소년의제에 관한 문제에서 청소년정책을 위한 중요한 위치에 있다. 유엔 청소년정책의 역할은 국가별로 매우 다르며, 유엔 체계 조직들은 지구 남반구뿐만 아니라 개발도상국에서 여전히 보다 활발하고 가시적이다. 그러나 전체적 메커니즘은 특히 유럽을 넘어서는 이슈들에 관하여 각기 다른 지역과 영역 간을 연결해 준다. 유엔 기관과 조직들은 특히 전세계 발전도상국과 취약한 국가에서의 청소년정책 개발을 위해 중요한 역할을 하고 있다.

유엔은 산하에 다양한 전문기구 및 보조기구를 두고 있는데, 특히 각 기구별로 청소년과 관련한 사업들을 활발히 전개하고 있다. 여기에는 '유엔아동기금(UN Children's Fund)', '유엔식량농업기구(UN Food and Agriculture Organization: FAO)', '유엔사무국 경제사회국(Department of Economic and Social Affairs: DESA)', '유엔개발계획(UN Development Programme: UNDP)', '유엔봉사단(UN Volunteers: UNV)', '유엔인구기금(UN Population Fund: UNFPA)', '유엔교육과학문화기구(UNESCO)', '세계노동기구(International Labor Organization: ILO)', '유엔난민고등판무관실(Office of the United Nations

High Commissioner for Refugees: UNHCR)’ 등이 있다. 유엔 각 기구별 청소년 관련 사업들은 ‘유엔 사무총장 청소년 특사 사무국(Office of the Secretary General’s envoy on youth)’에서 협력 지원을 맡고 있다(여성가족부, 2022).

2 유엔 청소년의제와 지속가능 발전목표(SDGs)

유엔 청소년 의제는 1995년 UN 총회가 채택한 “2000년과 그 이후 청소년을 위한 세계행동 프로그램(World Programme of Action for Youth to the Year 2000 and Beyond)에 의해서 안내된다. 행동프로그램은 전세계 청소년의 상황을 개선하기 위한 국가행동과 국제적 지지를 위한 하나의 정책 프레임과 실제적 가이드라인을 제공한다. 이는 청소년 분야에서의 구체적인 계획과 적절한 후속조치를 위한 실행지침으로 볼 수 있으며, 유엔 각 회원국 정부, 정부 간 혹은 비정부간 조직, 특히 다양한 차원에서 활동 중인 청소년기관에 대해 향후 청소년분야가 중점을 두어야 할 방향을 제시하는 등 구체적인 계획 수립과 적절한 후속조치를 세우는데 도움을 주기 위해 채택되었다. 주요 목적은 ‘세계 청소년의 해’의 주제인 ‘참여·개발·평화’와 관련된 활동을 촉진하고, 의사결정 참여자와 일반 대중들에게 청소년이 처한 상황과 청소년의 요구 및 권리에 대한 인식을 증진시키며, 사회·경제발전의 맥락에서 청소년정책과 프로그램을 수립·시행하고, 청소년과 청소년기관의 참여를 활성화하며, 평화의 이상과 상호이해 및 존중에 대한 청소년의 인식을 증진시키는 것이다.

실행지침에서는 청소년을 단순한 인구집단으로 보기보다는 다양한 하위집단 즉, 도시와 비도시 청소년, 어린 여성, 인종차별을 받는 청소년, 어린 노동자, 학생, 어린 이주자와 난민, 장애청소년, 소년범법자, 소아 약물중독자의 집합체로 청소년집단을 조망하도록 권고하고 있다.

2000년과 그 이후의 세계청소년행동계획은 15개 청소년우선순위 영역으로 구성되어 이들 영역별로 행동을 위한 제안들을 담고 있다. 국제공동체가 규명한 15개 행동분야는 교육, 고용, 빈곤, 건강, 환경, 약물오남용, 소년사법, 여가시간 활동, 소녀와 여성, 의사결정과 사회생활에서의 청소년의 완전하고 효과적인 참여, 지구화, 정보소통기술(ICTs), HIV/AIDS, 무장갈등, 세대간 이슈 등이 포함된다. 이러한 영역들은 주요 이슈, 구체적 목표, 행동 등 이들 목표의 달성이 다양한 행위자에 의한 것이어야 한다는 측면에서 제시된 것이다. 목표와 행동은 1985년의 첫 번째 '국제청소년 해'의 세 가지 주제인 '참여, 평화, 발달'을 반영하고 있으며, 상호 연결되고 상호 재강화하는 성격을 가진다.

1998년 8월 세계 150개국 청소년들과 청소년단체의 대표 등이 참석하고, 포르투갈 브라가에서 개최된 제3회 'UN 세계 청소년포럼'에서는 「브라가 청소년실천계획(Braga Youth Action Plan)」이 채택되었으며, 주된 내용은 다음과 같다.

① 청소년정책: 청소년정책 분야 간 통합, 국가 내 청소년 업무관련 NGO 간 협력, 빈곤추방 및 청소년 개발
② 청소년참여: 모든 청소년들의 참여, 청소년 조직과 UN기구, 21세기를 대비한 교육, 사회개발을 위한 청소년 고용, 건강과 청소년 개발
③ 청소년인권: 인권증진을 위한 청소년의 역할, 청소년 권리 헌장과 청소

년 인권에 관한 특별보고

이어 같은 해 8월 158개국 청소년업무 담당 장관, 관련 국제기구 및 민간 단체 대표 등이 참석하여 리스본에서 열린 제1회 '청소년업무 담당 장관 회의'에서 채택한 「청소년정책 및 프로그램에 대한 리스본 선언(Lisbon Declaration on Youth Policies and Programmes)」은 국가수준의 '청소년정책', '청소년 참여', '청소년개발', '청소년과 평화', '청소년교육', '청소년고용', '청소년 건강', '마약과 약물남용' 등을 포함하면서 각 의제에 대한 정부차원의 관심과 지원을 촉구하였다.

한편, '새천년개발목표(the Millennium Development Goals: MDGs)'는 세계 빈곤퇴치 및 타파에 관한 범세계적인 의제이다. 2000년 9월에 참여한 191개 UN회원 국가는 2015년까지 '빈곤의 감소', '보건', '교육의 개선', '환경보호'에 관해 지정된 8가지 목표를 실천하는 것에 동의를 하였다. 주요내용은 ① 극심한 빈곤과 기아퇴치, ② 보편적 초등교육의 달성, ③ 성평등과 여성능력의 고양, ④ 유아(영아)사망률 감소, ⑤ 산모건강의 증진, ⑥ 환경지속성 보장 ⑦ 개발을 위한 국제 파트너십 구축 등이다. MDGs는 2015년 이후 '지속가능발전목표(Sustainable Development Goals: SDGs)'라는 새로운 발전목표로 이어졌다.

또한, 2014년 10월 아제르바이잔 바쿠에서 열린 '청소년정책을 위한 글로벌 포럼(Global Forum for Youth Policies)'은 「청소년정책에 대한 바쿠 선언(Baku Commitment to Youth Policies)」을 채택하고 청소년 권리증진에 청소년정책이 기반을 두어야하며, 모든 청소년들은 동등한 기회를 가져야 하고, 청소년들의 적극적인 참여를 바탕으로 양성평등에 입각한 정책이 전 분야에 걸쳐 포괄적으로 추진되어야 함을 강조하였다. 또한, 증거에 기반을 둔 정획

한 평가가 이루어져야 할뿐만 아니라 청소년들에 대한 충분한 지원과 국가 및 지역사회의 책무성을 강화하는 방향으로 청소년정책이 추진되어야 함을 천명하였다.

특히, '지속가능발전목표(Sustainable Development Goals: SDGs)'는 지난 2000년에 채택되어 이행해 온 '새천년개발목표(MDGs)'의 달성 시한이 2015년으로 종료되면서, 이를 대신하여 제시된 2016년부터 2030년까지의 새로운 발전 목표를 설정한 것으로 2015년 9월 25일에 채택되었다. 지속가능발전 논의의 역사에서 아동과 청소년은 주요 그룹으로 간주되어 왔고, 청소년들의 안전하고 건강한 미래를 보장하며 개발과 관련된 의사결정과정에 적극적인 참여 기회를 보장할 것을 강조해 왔다. SDGs의 논의에서도 이러한 관점이 계승되었다. SDGs의 우선순위 과제에는 '청소년의 권한 강화', '참여', '역량강화', '교육', '고용', '기업가정신', '성평등', '건강권', '기후변화', '지속가능 생산과 소비', '빈곤', '이행 기제' 등이 폭넓게 제시되었다. 다음은 SDGs의 17개 목표를 제시한 것이다(김기헌 외, 2015).

① 빈곤 퇴치: 모든 지역에서 모든 형태의 빈곤을 종식시킨다.

② 기아 해소와 식량 안보: 기아를 종식하고, 식량안보를 확보하며, 영양상태를 개선하고 지속가능한 농업을 증진한다.

③ 보건 증진: 모든 사람의 건강한 삶을 보장하고 웰빙을 증진한다.

④ 양질의 교육보장과 평생학습: 모든 사람을 위한 포용적이고 형평성 있는 양질의 교육보장과 평생교육의 기회를 증진시킨다.

⑤ 성평등과 여성 역량 강화: 성 평등을 달성하고 여성과 여아의 역량을 강화한다.

⑥ 물과 위생: 모든 사람을 위한 식수와 위생시설의 접근성을 높이며 지속

가능한 관리를 확립한다.

⑦ 에너지: 모든 사람을 위한 저렴하고 신뢰할 수 있으며 지속가능한 현대적인 에너지의 접근을 확립한다.

⑧ 경제성장과 일자리: 지속적·포괄적·지속가능한 경제성장을 촉진하며 완전한 고용과 모두를 위한 양질의 일자리를 증진한다.

⑨ 인프라와 산업화: 복원력이 있는 인프라 시설을 구축하고, 포용적이고 지속가능한 산업화를 진흥시키며 혁신을 장려한다.

⑩ 불평등 해소: 국가 내, 국가 간 불평등을 완화한다.

⑪ 도시: 포용적이고 안전하며 복원력 있고 지속가능한 도시와 인간 거주지를 조성한다.

⑫ 지속 가능한 소비와 생산 증진: 지속가능한 소비와 생산의 양식을 확립한다.

⑬ 기후변화와 대응: 기후변화와 그 영향에 대처하는 긴급행동을 시행한다.

⑭ 해양자원: 지속가능한 발전을 위한 해양, 바다, 해양자원을 보존하고 지속가능하게 이용한다.

⑮ 육상 생태계: 육상 생태계를 보호·복원하고 지속가능하게 이용하며 산림을 지속가능하게 관리하고, 사막화를 방지하며, 토지황폐화를 막고 생물 다양성 감소를 억제한다.

⑯ 평화로운 사회와 제도: 지속가능한 발전을 위해 평화롭고 포용적인 사회를 확대하고, 사법 정의에 대한 접근성을 높이며, 모든 차원에서 효과적이고 신뢰할 수 있는 포용적인 제도를 구축한다.

⑰ 이행 수단과 글로벌 파트너십: 이행수단을 강화하고 지속가능한 발전을 위한 글로벌 파트너십을 확대한다.

3 유엔 청소년전략 "Youth 2030"

유엔 청소년전략으로 제시된 "청소년2030"은 청소년을 '위하여' 청소년과 '함께' 일하는 유엔의 업무(UN work FOR youth and WITH youth)를 변환시키고자 2018년 9월 시작하였다. 2018년 9월 24일 뉴욕에서 열린 고위급 행사에서 '청소년 2030 전략(The Youth 2030 Strategy)'을 공식 발표하며 세계평화와 안보, 인권, 그리고 지속가능발전이라는 세 가지 핵심적 주제영역(pillars)에서의 청소년의 역할에 주목하며 청소년 지원의 포괄적인 틀을 제시하였다.

이는 이후에 '청소년 2030(working with and for young people: YOUTH 2030)'으로 문서화 되었으며, 모든 회원국이 반드시 준수해야 하는 구속력 있는 문서는 아니지만, 전세계 청소년의 삶을 개선하기 위해 '청소년을 위해 그리고 청소년과 함께 일하는' 전체 유엔 시스템을 안내하는 유엔 차원의 청소년정책의 가이드라인으로 작용하는 하나의 우산 프레임이라 할 수 있다(여성가족부, 2022). 현재 이 전략의 실행에는 33개 유엔 기관과 130개 이상의 유엔 국가팀(United Nations County Team, UNCT)이 참여하고 있다(UN, 2021).

유엔은 이 전략을 통해 전 세계의 다양한 청소년의 요구에 부응하고, 청소년 권리 증진을 위한 영향력과 세계·국가·지역수준의 행동을 확대하며, 2030 지속가능발전 의제를 이행하고, 검토 및 후속 조치를 포함한 글로벌 의제와 그 프레임 워크(framework)에서 청소년참여를 보장하고자 한다. 특히 청소년에 대한 실질적 권한 부여(empowerment), 개발 및 참여에 집중하며 청소년이 주도하는 과정을 강조하여 청소년 중심의 유엔으로 거듭날 것을 표명하였다. 유엔의 "청소년2030"은 그 배경으로 세계에는 18억 1천 명의 청소년이 있고, 그 중 약 90%가 개발도상국에 살고 있으며, 이들 국가의 경우 인구의 상당 부분을 청소년이 차지하고 있다고 지적한다.

청소년개발과 청소년관여는 지속가능한 개발을 위한 유엔 2030 의제와는 다른, 국제적으로 동의한 프로그램에서의 범분야(cross-cutting) 이슈이며 유엔안전보장이사회 결의 2250(2015)과 결의 2419(2018)의 중심적인 측면으로서, 청소년이 지구적 차원의 지속가능개발과 위기예방 및 평화진전을 실현하는 데에 중요하고 적극적인 역할을 한다는 점을 인정하고 있다. 유엔 청소년 전략 "청소년 2030"은 유엔의 청소년참여, 그리고 청소년의 견해, 통찰력, 아이디어를 바탕으로 한 지원을 크게 강화하며, UN의 청소년이슈에 대한 일들을 공동조정적인 방식으로 추구하도록 보장할 것을 기대한다(배정희·최정원·한지형·문지혜, 2021).

유엔 청소년전략의 목적은 청소년욕구를 언급하고, 활력을 불어넣고, 세계 도처의 모든 다양성에서의 청소년인권을 진전시키기 위해 지구적, 지역적, 국가 수준에까지 행동을 확장하고 영향을 증대하는 것을 촉진하는 것이다. 다른 지구적 의제와 프레임뿐만 아니라 지속가능개발을 위한 2030의 실행, 검토 및 후속조치 등에서 이들의 관여와 참여를 보장하는 것이다. 청소년 2030에서는 "모든 청소년의 인권이 실현되고 모든 청소년의 잠재력이 충분히 발휘될 수 있도록 보장하고, 변화 주체로서 청소년의 주체성, 탄력성, 긍정적인 기여를 인식하는 세상"으로 비전을 제시하고 있다(UN, 2019). 유엔의 "청소년2030" 청소년전략은 청소년의 중요한 기여를 인정하면서 이들의 삶과 미래에 영향을 끼치는 의사결정에 청소년들을 포함시키는 것이 중요하다는 것을 세계 지도자들에게 상기시켜주고 있다. 청소년이 사회적·문화적·경제적·정치적 역할을 담당할 수 있는 기회와 여건을 조성하고, 긍정적인 기여를 통해 지역사회, 국가, 그리고 전세계 차원에서 지속가능할 발전을 실현할 수 있도록 하기 위한 유엔의 전략인 것이다.

청소년은 혁신적인 해결책을 제시하고, 사회적 진보와 정치 변화를 유도하는 등 지역사회의 탄력성을 높이는 일에 기여하고 있지만, 동시에 믿기 어려울 정도의 도전 과제들과 위험들에 직면해 있으며, 소녀와 젊은 여성들은 이러한 면에 훨씬 더 취약하다고 본다(UN, 2019). 이러한 문제들은 청소년이 양질의 교육, 의료 또는 직업 등의 권리에 접근하고자 할 때 발생한다. 따라서 전 세계적으로 청소년을 참여시키고 청소년과 협력하는 것, 청소년 스스로 자신들의 권리를 찾을 수 있도록 지원하고 적극적으로 역할을 할 수 있는 여건을 조성하는 것만이 국제사회가 평화, 안보, 정의, 기후탄력성 모두를 위한 지속가능한 발전을 달성하는 길이라고 강조하면서 유엔은 청소년을 보호하고 지원하는 원천 그리고 청소년의 요구에 부응할 수 있고 목소리를 증폭할 수 있으며, 참여 수준 향상의 플랫폼이 될 수 있는 유일한 위치에 있다고 밝히고 있다(UN, 2019).

유엔은 청소년전략을 통해 청소년의 리더십 사례(leadership example)를 세우고 지식과 혁신 선구자(knowledge and innovation pioneer), 투자와 해결 촉매자(investment and solution catalyst), 책무성 리더(accountability leader)의 역할을 수행할 수 있도록 지원하고 있다. 첫째, 리더십 사례는 여러 기관에 걸친 청소년의 리더십을 지지(suupport)하고 청소년 관련 이슈에 관한 직원들의 자각(awareness)과 역량을 강화하는(build) 것을 의미한다. 이를 위한 주요 실행전략은 다음과 같은 내용을 포함한다(UN, 2019).

- 주류화 방안: 모든 UNCT의 미션에 청소년 관련 활동에 대한 총괄 기능을 두고 국가적 범위에서 청소년에 대한 활동이 조정될 수 있도록 지원한다.
- 청소년참여 플랫폼: 청소년 자문위원회와 같은 메커니즘을 통해 유엔의

활동에 대한 청소년의 의견과 피드백을 수렴하는 채널을 제공한다,

- 대화의 기회: 유엔 고위 관계자와 청소년이 참여하는 정기적인 온라인 및 오프라인 연계 시스템을 수립한다.
- 역량 강화: 유엔의 지역 코디네이터, 유엔 기구 대표, 기타 고위 관리자들에게 청소년 이슈에 대한 오리엔테이션 브리핑을 제공함으로써 역량을 강화한다.
- 전문가 활용: 기존의 청소년 이슈 전문가들을 통합하고 더욱 다양한 전문가가 참여하도록 확대한다.
- 인턴십 프로그램 강화: 의사결정 기구와 협력하여 인턴십 프로그램에 대한 최소품질 표준을 수립할 수 있는 방안을 찾고, 인턴에 대한 적절한 보상 및 인턴 풀(pool) 확대를 위한 노력을 강화한다.
- 인재관리: 청소년전문가 프로그램(young professional programme)과 같은 성공적인 유엔 기구의 프로그램을 통해 청소년인재를 모집하고 청소년 스탭의 경력개발을 지원한다.

둘째, 지식과 혁신 선구자는 유엔이 지식 생산 및 관리 시스템을 강화하고, 청소년개발 및 참여와 관련한 신뢰할 수 있는 전문성을 지니며, 세계 청소년의 현실과 필요에 대한 증거기반 글로벌 인식을 촉진하는 것을 의미한다. 여기에는 다음과 같은 실행 전략이 있다(UN, 2019).

- 데이터 도구: 지속가능발전목표, 세계 청소년 행동계획 및 기타 지표들을 통하여 전세계, 지역, 국가적 범위에서 청소년의 발달을 모니터링하는 종합적인 데이터툴(tool)을 제시한다.
- 온라인 지식 플랫폼: 모범사례, 사례연구, 연구자료 등 청소년과 관련한

유엔의 모든 지식과 프로그램에 손쉽게 접근할 수 있는 시스템 차원의 저장소를 개발한다.

- 유엔 청소년아카데미(UN Youth Academy): 청소년의 현실, 추세, 전망 등에 대해 토론하고 지식과 경험을 공유하기 위한 유엔 청소년 아카데미를 조직하고 지속적으로 운영한다.
- 분석: 국가적 차원에서 청소년의 현황을 청소년의 특수성을 중심으로 분석하고 그 결과를 지역 및 글로벌 차원에서 공유한다.
- 공동 연구과제: 공통의 관심사인 의제를 식별하고, 잘 알려지지 않은 새로운 공동연구와 미래지향적 연구를 추진한다.
- 청소년 혁신 랩(Youth Innovation Laps): 기존 문제에 대한 혁신적인 해결방안을 마련하기 위해 국가 차원에서 여러 실무자 그룹을 운영한다.
- 청소년 주도 혁신: 청소년 주도형의 기관 및 사업들에 대한 구체적이고 유용한 지원을 제공하고 결과를 배포한다.
- 여론조사(Polling): 전세계, 지역, 국가, 지역사회 차원에서 청소년 여론조사를 실시하여 청소년의 견해를 수렴한다.

셋째, 투자와 해결 촉매자란 유엔이 청소년전략의 이행 증진을 위해 자원동원 노력을 가속화하고 파트너십을 촉진하는 것을 의미한다. 또한 청소년 중심 프로그램과 모든 수준에서 청소년주도 행동을 위한 재정기반 및 메커니즘을 강화한다. 이를 위해 다음과 같은 실행 전략을 제시하고 있다(UN, 2019).

- 세계청소년 투자 및 파트너십 플랫폼: 청소년 관련 프로그램에 대한 투자 유치 및 총괄을 위한 온라인 플랫폼을 창설하여 청소년 및 주요 유엔 청소년 이니시어티브를 지원하는 기존의 유엔 기금을 강화한다.

- 공통 자원 동원 전략: 기존의 자금 조달 방법 전반에 걸쳐 청소년 주류화에 중점을 둔 공통적인 자원동원 전략을 수립함으로써 청소년 주도의 이니시어티브와 운동에 대한 자금지원방안을 모색한다.
- 결과 기반 커뮤니케이션: 투자 효과를 명확히 파악할 수 있는 결과 기반 커뮤니케이션 방식을 채택한다.
- 해결책 기반 파트너십: 유엔과 청소년이 함께 수행하는 공동평가 등 유엔과 청소년 사이에서 공유된 책임과 조치들에 대한 여러 모델들을 탐색해 보는 시범사업을 개발한다.
- 청소년참여 기금: 유엔 기구 전반에 걸쳐 청소년참여를 위한 전용 기금 확보 방안을 확인한다.
- 공동프로그램들: 청소년에 대한 유엔 공동프로그램을 강화 및 확대하여 국가적 수준에서 보다 많은 자원을 동원할 수 있도록 한다.

넷째, 책무성 리더는 유엔 기구가 프로그램을 통해 유엔 활동에 청소년을 효과적이고 의미 있게 참여시키고, 예산 할당 및 지출을 축적하여 청소년문제를 성공적으로 해결할 수 있도록 노력한다는 의미를 갖는다(UN, 2019). 이를 위해 가이드라인, 마커(markers)시스템 활용, 공약, 평가, 검토, 투명성 등의 전략을 사용한다.

- 가이드 라인 마련: 모든 유엔 기구에서 청소년 개발 및 청소념 참여를 보장하도록 일반 지침을 마련한다.
- 마커 시스템 활용: 청소년 마커 시스템을 통해 진척 상황을 추적한다.
- 공약: 매년 유엔의 고위 관리가 청소년과 관련한 공약과 목표를 발표하도록 장려한다.

- 평가: 시스템 전반에 걸쳐 유엔의 청소년 프로그램의 영향을 평가할 수 있는 접근법을 개발한다.
- 검토: 청소년 전략 시행에 대한 연례 검토를 수행한다.
- 투명성: 청소년 전략 시행에 대한 정보를 공개한다.

또한 유엔 "청소년 2030"은 크게 청소년전략 5가지 우선순위와 실행계획을 다음과 같이 제시하였다(한국청소년활동진흥원, 2019; 황여정 외, 2022). 첫 번째 우선순위는 개입, 참여 및 옹호이다. 평화롭고 정의로우며 지속가능한 세계를 위하여 청소년의 목소리를 확대하는 것이다. 이를 위해 유엔 기구 및 유엔의 청소년관련 활동에서 청소년 주류화를 도모하고, 청소년 참여를 보장하고 촉진하며, 청소년 참여 방식에 대한 표준을 수립한다. 유엔 고위급 정치포럼(HLPF), 사무총장 기후정상회의(Secretary General's Climate Summit) 등 유엔의 여러 정상회의에서 청소년의 목소리를 강화하고 청소년 운동의 영향력과 도달 범위를 확대할 수 있도록 세계와 지역, 국가에서 활동하는 청소년들과 협력하는 것 등을 중점분야로 한다. 따라서 주류화(mainstream), 확대(expand), 지원(assist), 참여(engage), 표준 설정(set standards), 연결(connect), 강화(strengthen), 그리고 증폭(amplify) 등을 실행계획에 포함하고 있다.

두 번째 우선순위는 교육과 보건 기반 강화이다. 양질의 교육과 보건 서비스에 대한 청소년의 접근을 확대하도록 지원하는 것이다. 이를 위해 양질의 교육(quality education)에 대한 보편적 접근을 지원하고, 학교교육 외에 비형식 교육(non-formal education)을 촉진하고, 청소년에게 적절하고 접근하기 쉬운 청소년-반응적(youth-responsive) 보건서비스와 환경을 보장하며, 청소년 친화적인(youth-friendly) 정신건강 서비스와 성건강 및 생식보건(reproductive health)과 권리를 지원하고 지지한다.

세 번째 우선순위는 좋은 직업을 통한 경제적 권한 강화(empowerment)이다. 양질의 일자리와 생산적인 고용에 대한 청소년의 접근을 확대하도록 지원하는 것이다. 이를 위해 청소년에게 양질의 일자리를 보장하는 글로벌 공약을 갱신·강화·이행하고, 청년 고용에 대한 균형있는 접근법을 통해 학교에서 일자리로의 전환을 지원하고 NEET(Not in Education, Employment or Training) 청소년의 비율을 축소한다. 또한 회원국 및 파트너 기관들의 청년 취업 지원과 자영업 에코시스템 수립 등을 지원하는 가이드와 지원(guide and support)을 제공하며 서비스와 생산적 자산(productive assets)의 접근을 진작하며 저탄소(a low-carbon) 녹색 경제로의 전환을 촉진하는 등의 실행계획을 담고 있다.

네 번째 우선순위는 청소년 인권과 관련된 것이다. 청소년 인권을 보호하고 증진하며 청소년의 시민적·정치적 참여를 지원한다. 이를 위한 실행계획으로는 청소년이 직면한 인권침해를 예방하고 해결할 수 있는 청소년 옹호활동, 정책 개발 및 프로그램을 우선시하고, 청소년이 직면한 특수한 어려움과 과제를 고려하여 청소년 인권의 특수성에 대한 이해를 증진하며 청소년 인권을 주류화(mainstream human rights)한다.

다섯 번째 우선순위는 평화와 탄력성(resilience) 구축이다. 청소년을 세계 평화와 안보 및 인도주의적 행동을 위한 촉매자로서 지원하는 것이다. 이를 위한 중점분야는 평화와 안보, 폭력예방, 재해위험 축소, 인도주의 및 기후 행동 등에 대한 청소년의 중요하고 긍정적인 기여를 인정하고, 청소년이 이러한 활동을 할 수 있는 환경을 조성하며(enabling environment), 공식적인 평화 및 평화 구축 프로세스(process)의 모든 단계에서 청소년의 의미 있는 참여를 장려하고 증진한다. 또한 분쟁, 임시 정착촌, 빈민가, 난민 캠프 등에 초점을 맞추어 청소년에게 안전한 공적 장소(public spaces)를 제공하고, 청소년의 평화, 안보, 인도주의, 기후행동을 위한 협력과 파트너십, 역량을 강화하며 지속적인 대화를 위한 기반을 마련한다.

이러한 유엔 청소년전략의 우선순위와 실행계획 중에서도 특히 질 높은 교육(quality education)에 대한 옹호(advocate), 비형식 교육(non-formal)의 진흥, 접근할 수 있고 청소년-반응적(youth-responsive)인 보건서비스와 건강한 환경의 보장, 청소년 친화적인(youth-friendly) 정신건강서비스의 보장, 그리고 성건강과 생식 보건(reproductive health) 및 권리(rights)에 대한 지지 등은 취약청소년들에게 중요한 분야로 강조되고 있다(성윤숙 외, 2022).

유엔 청소년전략의 이행 기간은 2018년 이후부터 2030년까지 12년으로 설정되어 있으나 초기의 시행 계획은 4년간 유효하고, 이후에는 매 4년마다 검토, 조정 및 개정된다. 2021년 연례보고서(UN, 2021.4.12.)에 따르면, 2020년 한 해 동안 UNCT는 코로나19 대응을 위한 청소년 지원에, 유엔 기구들은 지속가능발전 의제와 관련한 활동에 중점을 두고 관련 활동을 활발히 전개하였다. 유엔 청소년전략의 특징 중 하나는 성과관리를 위한 도구의 하나로 '유스 2030 UNCT 스코어카드(Youth 2030 UNCT Scorecard)'를 도입한 점이다. 유엔은 UNCT를 위한 스코어카드와 유엔 기구들을 위한 스코어카드를 각각 개발하고 있다. 스코어카드는 유엔의 공동 행동을 위한 전략적 계획, 성과 측정 및 책무성 도구로써, 유스2030에 설명된 우선영역 모두에 대한 유엔 기구와 UNCT 성과를 간략히 확인할 수 있도록 해준다.

이들 지표는 전략 활동을 통해 도달해야 하는 목표를 드러내는 핵심성과지표(KPIs)로써 ① '청소년을 위한' 활동과 ② '청소년과의' 활동 모두를 반영하고 있다. 현재 UNCT를 위한 스코어카드는 몇몇 국가에서 성공적인 시범 테스트를 거쳐 완료단계에 있다. 이들 지표는 크게 유엔 지속가능발전 협력 프레임워크에서 청소년에 대한 포커스, 청소년을 위한 UNCT의 리더십, 문화,

구조, 역량, 청소년 및 지속가능발전목표와 관련하여 정부에 대한 UNCT의 지원, UNCT 청소년 주도형 솔루션, 지식 교환, 커뮤니케이션 및 옹호 수준, UNCT 청소년 코로나19 대응 및 회복 수준의 5개 부문 총 20개로 구성되어 있으며, 각 지표는 하나 또는 그 이상의 하위 평가요소들로 구성되어 있고 3점 척도(빨간색-준비단계, 노란색-진행 단계, 초록색-도달 단계)로 제시된다.

이러한 스코어카드가 유엔 청소년전략의 모든 요소들을 포착하는 것은 아니지만 청소년 전략의 실행 현황에 대해 대략적인 이해를 확보하고 공유하는 데에 도움이 된다. 데이터는 UNCT의 자발적 보고를 통해 수집된다. 이와 같은 성과진단 도구는 장기적인 전략 추진 과정에서 전략 이행을 엄격하고 투명하게 추적할 수 있게 하며 객관적인 성과평가를 통해 향후의 개선사항을 마련하는 근거가 된다.

유엔의 "청소년 2030" 청소년전략은 2021년에 첫 번째 보고서인 "청소년 2030 성과보고서 2021(Youth 2030: Progress Report 2021)"을 발표하였으며, 최근 2022년에는 두 번째 보고서 "청소년 2030 성과보고서 2022(Youth2030: Progress Report 2022)"를 발표하였다. 이 보고서들은 그동안의 유엔 시스템 전반에 걸친 청소년전략의 추진성과와 이행실태에 대한 통찰력을 제공하고 있는데, 유엔 시스템을 구성하는 모든 기구들의 일관된 행동을 보장하기 위해 설립된 글로벌 거버넌스와 조정구조를 설명하고 유엔이 COVID 위기에 직면한 청소년의 요구에 어떻게 대응하고 있는지, 지속가능한 발전을 구현하기 위해 각 국가의 정부와 청소년들이 어떻게 협력하고 있는지를 밝혀주고 있다.

2022년도의 성과보고서는 유엔의 안과 밖에서 "우리들의 공통 의제(Our Common Agenda)"에 제시된 비전(vision)이 안내하는 대로 청소년과 함께(WITH youh) 공동협력하고 청소년을 위해(FOR youth) 일할 필요성이 있다는 점을 강조하고 있다(UN, 2022). 청소년이 유엔의 모든 영역에 의미 있게 참여한다는 것을 확실히 하기 위하여 청소년을 유엔 지속가능발전협력 프레임워크(UNSDCFs: UN Sustainable Development Cooperation Frameworks)와 전반에 걸친 평가 및 글로벌 전략에 참여하도록 하기 위해서는 시스템 전반에서의 집중적인 노력이 필요한 것이다(UN, 2022).

청소년과 관련한 유엔의 구체적인 입장은 유엔경제사회국(UN Department of Economic and Social Affairs)에서 2년마다 발행하는 '세계청소년보고서(World Youth Report)'를 통해서도 이해할 수 있다(UN, 2020). 세계청소년보고서는 발행 때 마다 주제를 선정하고 관련 내용을 제시하고 있는데, 2020년의 경우는 "청소년 사회적 기업가정신과 2030 의제(Youth Social Entrepreneurship and the 2030 Agenda)"를 부제로 하여 발간하였으며, 2022년도에는 "청소년 웰빙과 정신건강의 증진(Improving Youth Wellbeing and Mental Health)"을 주제로 하여 2021년도에 전 세계적으로 수집한 서베이조사 결과를 포함하여 발간하였다(성윤숙 외, 2022). 2018년도에는 "청소년과 2030 지속가능 발전 의제(Youth and 2030 Sustainable Development Agenda)"를 주제로 발행하였는데, 여기에는 2030 지속가능발전 의제와 관련하여 특히 청소년교육과 청소년고용에 관한 내용을 수록하고 있으며, 위험에 처한 청소년, 소외 및 취약 청소년 등과 관련한 보다 구체적인 내용을 담고 있다.

4 정책 거버넌스의 주요 장치

1) UN 사무총장 청소년특사

유엔 사무총장 청소년특사(Secretary-General's Envoy on Youth)는 최근의 유엔 이니시어티브이며, 2013년에 설치하였다. 세계적으로 증가하는 청소년 인구를 인정하고, 유엔시스템이 청소년에게 관여하고자 하는 필요에 의해 생겼다. 이 대표는 UN을 그들에게 보다 가까이 다가오게 할 뿐만 아니라, 청소년의 욕구와 권리를 언급하는 지구적 옹호자로서의 역할을 한다. 청소년특사 사무소는 뉴욕의 유엔 사무국에 있으며 유엔 시스템 전반의 청소년실행계획(UN System-wide Action Plan on Youth)과 청소년자원봉사 이니시어티브들과 관련된 다중의 이해관계자 파트너십을 지지한다. 특사 사무소에서는 국가적, 지역적, 지구적 수준에서 임파워먼트를 증진하고 청소년의 지도력을 육성한다. 청소년특사는 정치경제적 과정에서의 청소년참여를 위한 메커니즘을 탐색하고 고무하는 것을 통하여 UN의 임무를 수행하고 취약한 청소년들에게 특별히 초점을 두고 일한다.

유엔 사무총장 청소년특사(UN Secretary-General's Envoy on Youth)는 유엔 청소년전략 '청소년 2030'을 공식적으로 대표하고 있으며, 그 외 고위급 운영위원회(High-Level Steering Committee), 유엔 청소년개발을 위한 기구간 네트워크(UN Inter-Agency Network on Youth Development: IANYD)와 협력하여 유엔 청소년전략을 실행하는 데 중요한 역할을 담당하고 있다. 유엔 사무총장 청소년특사는 청소년 전략을 대표하는 동시에 전략의 성공적인 이행을 지원하는 국제적 활동과 고위급 운영위원회를 이끈다. 고위급 운영위원회는 유엔의 다른 활동이나 프로세스와 청소년전략을 조정하는 역할을 담당하며, 유엔 사무총장 청소년특사, ANYD 공동의장, 전략에 명시된 우선과제와 관련하여 핵심적인 역할을 담당하고 있는 유엔 기구들(2년 단위로 순환), 그리고 글로벌 청소년 주도 플랫폼/단체 대표자(2년 단위로 순환) 등으로 구성된다. 의장은 유엔 사무총장 청소년특사가 맡고 있다.

유엔 청소년개발을 위한 기구 간 네트워크(IANYD)는 전략의 시행과 관련하여 청소년특사실의 연례 경과보고서 준비를 지원하는 역할을 담당한다. 유엔 청소년개발을 위한 기구 간 네트워크(IANYD)는 전 세계적인 수준에서 전략과 관련이 있는 모든 기구들이 상호 협력하고 교류를 강화함으로써 청소년발달과 관련한 유엔의 활동의 효과성을 증진할 수 있도록 유엔 사무총장 청소년특사와 함께 진행상황의 검토, 데이터 수집 및 분석, 결과 및 교훈 공유, 연례보고서에 의견을 반영하는 업무 등을 수행하며 전략의 시행을 지원한다. 이러한 연례보고서는 전략의 이행 상황을 진단하기 위한 목적으로 매년 발행된다. 또한 유엔 청소년전략의 거버넌스는 전 세계, 지역, 국가 차원의 메커니즘에 근거하고 있다. 따라서 다수의 유엔 기구들과 유엔 국가팀(UN County Team: UNCT)들이 전략 시행에서 중요한 역할을 담당하는데, 고위급 운영위원회가 이들을 지원한다(UN, 2018).

2) 유엔 청소년개발에 관한 기관 간 네트워크

유엔 청소년개발에 관한 기관 간 네트워크(UN Inter-Agency Network on Youth Development)는 유엔개발계획(UNDP), 유니세프(UNICEF), 유엔난민고등판무관(UN High Commissioner for Refugees: UNHCR), 유네스코(UNESCO),

국제노동기구(ILO), 국제이민기구(International Organization for Migration: IOM) 및 세계보건기구(WHO) 등과 같은 유엔 주체들(entities)과 주로 본부 수준에서 청소년과 관련된 일을 하는 대표적 기구들로 구성되어 있다. 기관 간 네트워크의 목적은 공동협력을 강화하고, 모든 관련 유엔 주체들 간의 교류를 통해 각 주체들의 개별적 강점과 독특한 접근과 위임(mandate)에 따른 이점들을 존중하고 이용하면서 청소년개발에서의 유엔 업무의 효과성을 증대하는 것이다. 세계행동프로그램과 그에 따른 15개 우선순위 영역의 프레임에 따라, 기관 간 네트워크는 유엔 결의안, 협약, 국제적으로 동의한 청소년과 관련한 발달 목적에 따른 실행을 옹호하고 지지하고 검토한다. 2020년 4월 기준으로 기관 간 네트워크에는 54개 기관이 회원으로 가입되어 있다(IANYD, 2020).

3) 유엔 청소년대표단 프로그램

유엔청소년대표단 프로그램(UN youth delegate programme)은 유엔의 청소년 의제의 핵심 우선순위 영역 중의 하나로 이들의 의사결정 과정에의 참여는 세계행동프로그램에 수립되어 있다. 유엔에서의 청소년참여의 한 형태는 유엔 총회와 경제사회이사회의 다양한 기능별 위원단들(commissions)에 속하는 각 국가의 공식 대표단 안에서 청소년 대표로 활동하는 것이다. 유엔 청소년대표단 프로그램은 유엔이 주관하여 공동 조정하지만, 국가 수준에서 청소년대표 프로그램을 수립하거나 누구를 각국의 대표자로 할 것인가 하는 것은 회원국들의 책임이다. 청소년 대표들의 역할은 국가별로 다르며, 보통은 청소년과 관련한 이슈들에 관하여 각국의 대표단과 함께 활동할 뿐만 아니라 모임과 협상에 참여한다. 청소년 대표들은 유엔에서 몇 개의 정부 간 모임에 참여할 수 있다. 대부분의 공식 청소년대표들은 총회에 참석하지만, 일부는 경제사회이사회의 기능별 위원단(commission) 모임에 참석한다.

PART 03

청소년정책의 수단과 관통주제

Chapter 09

사회적 포함과 청소년참여

1 정책 수단과 관통주제

청소년정책은 청소년들이 안전하고, 건강하고, 활발하며, 성공적이고, 창조적이며 참여적인 시민이 되도록 하는 사회적 열망이 있을 때 발전될 수 있다. 국가와 사회가 처한 여러 가지 청소년 이슈들 속에서 청소년들의 사회적 기여를 증대시키는 방향으로 변화하도록 청소년정책을 실행하는 것은 쉬운 일이 아니다. 정책에서 제시되는 내용들은 청소년들에게 살아있는 경험이 되도록 전환하는 것이 정책의 본질적인 중요한 목적이기 때문이다.

그러면 국가의 "정책'은 어떻게 실행과 결과로 나타나게 되는가? 어떻게 하나의 문서가 전환의 실제적인 수단이 될 수 있는가? 그리고 정책이 대상집단에 도달하도록 하기 위해서는 무엇을 해야 하는가? 어떻게 원칙은 프로그램과 행동으로 전환되는가? 등과 같은 의문을 가질 수 있다. 청소년정책의 여러 동향들을 보면, 청소년정책의 방향에 대한 선택을 요구하고 있으며, 이용가능한 아이디어와 지원이 주는 이점들을 어떻게 활용할 것인지에 대한 선택을 해야 할 필요성을 알 수 있다. 이러한 질문들은 정책관련 토론에서 실제로 제기되고 논의되며 정책결정가나 청소년 실천가들 모두가 듣게 되는 말이다.

정책을 실천으로 전환하고 청소년정책의 열망을 특정한 맥락에서 달성하기 위해 사용할 수 있는 수단과 자원으로 청소년정책사업과 청소년조직, 비형식 교육과 학습의 진흥, 청소년정보와 상담서비스, 현장중심의 청소년전문업무(youth work)의 제공, 청소년참여를 위한 구조, 그리고 청소년정책 행위자의 역량구축 등이 있다(Williamson et al., 2021). 이러한 정책수단들은 명시적 또는 묵시적으로, 청소년정책 프레임 내에서 지속적으로 확산되고 있는 상호연결성과 상호의존성을 반영한다. 만약 이러한 상호연계성이 잘 기능하여, 각 부문 상호간의 횡적 협력을 통해 아이디어를 공유하고 풍부하게 하는 가능성을 창출하며, 그러한 실천이 효율적이며 효과적이라는 확신을 줄 수 있다면 해당 정책은 관련성 높으며, 실현가능하고, 욕구에 기반한, 잘 준비된 결과를 가져다주게 될 것이다.

기하학에서 1부터 n까지의 정수를 삼각형에 적어 넣어 정해진 수의 합이 같도록 한 것을 삼각진(三角陳: magic triangle)이라고 하며 이와 유사한 개념으로 청소년부문이나, 보다 다차원적인 청소년정책의 성격에 대해 논의할 수 있다. 이에 따르면 청소년정책 역시 다양한 차원들 서로 간에 정보를 제공하고, 지지하고 영향을 준다고 본다(Zentner, 2016). 다시 말하면, 정책, 실천 및 연구라는 세 개의 삼각진(三角陳: magic triangle) 간의 효과적 균형은 각 차원들이 갖는 잠재성들을 최대한 활용할 수 있도록 한다는 것이다. 청소년참여, 현장중심 청소년업무, 그리고 디지털화 등과 같이 정책을 실천으로 전환하는 여러 가지 정책 수단들은 다양한 청소년정책들이 모여서 하나가 되는 공존적 모자이크(mosaic)의 모습(portrayal)으로 제 자리를 잡는 것이다

(Williamson et al., 2021).

그럼에도 불구하고, 어떤 수단이나 도구들이 효율적으로 작동하기 위해서는 그러한 접근들이 해당 국가 또는 지역의 상황에 적절한 것인지를 주의 깊게 계획하고, 검토하며 확실히 할 필요가 있다. 예를 들면, 멘토링 프로그램은 상황이 다른 데에도 그에 맞추어 조율하거나 적응시키는 과정 없이 단순하게 실시할 수 있는 것이 아니다. 어떤 정책이든 국가와 지역사회 전체에 그대로 들어맞는 한 번에 완벽하게 적용할 수 있는 마법의 실천, 즉 매직 불릿(magic bullet)같은 문제의 해결책은 없다. 상황을 분석하고 격차(gap)와 균열(fault lines)을 고려하며 자원, 우선순위 및 방법들을 평가하도록 하는 분석, 사정, 연구와 평가, 그리고 참여적 자문 과정의 메커니즘을 갖는 것은 필수적이다. 정책형성에 참여하기에 충분한 정보와 의지가 필요한 것이다.

우리나라의 청소년정책 발전과정에서 제시된 다양한 정책 비전과 방향 및 주제들, 그리고 유엔과 유럽연합 등을 비롯한 글로벌사회에서 제시된 수많은 정책 이슈와 주제들을 확인할 수 있지만, 그것들이 결코 전부는 아니다. 정책을 형성하고 실행하는 수단은 지속적으로 혁신하고 진전하는 상황에 있기도 하지만, 이러한 내용들은 현 시점에서 운영되고 있는 실천(practices) 사례 중의 일부에 지나지 않을 수 있다. 이런 점에서 여러 가시 정책수단과 관통주제 들 중에서 특히, 청소년참여, 현장중심 청소년업무(youth work), 그리고 디지털화 등과 같은 정책 수단들에 대해 그 주요 원칙을 개관하고, 현재의 관련 동향과 정책과제 등에 대해서 알아볼 필요가 있다. 이러한 세 가지 관통주제는 청소년정책 중에서도 핵심에 놓여있는 중심 테마이면서 이들의 토대가 되는 실천 이슈의 탐색이 중요하다는 점에서 우선적으로 살펴볼 범분야(cross-cutting) 주제로 볼 수 있는 것이다.

실제로, 청소년정책의 수단과 실천(practices) 사례는 그동안 유엔이나 유럽연합 등의 국제기구를 중심으로 제시되어 온 이슈나 주제와 밀접하게 관련된다. 이러한 주제와 이슈들은 특정 영역이나 분야에 제한적으로 적용되는 것이 아니라 여러 가지 주제 영역이나 경계를 넘어서 범분야적으로 청소년정책이 지향해야 할 방향을 제시한다는 점에서 가치지향의 의미가 있으며, 시대적으로 청소년정책의 성격과 내용이 어떻게 변화하고 있는지를 나타내 주는 것이라고 볼 수 있다.

이러한 범분야 주제(cross-cutting themes)의 가장 대표적인 것으로는 1985년 UN이 '세계청소년의 해'로 정하면서 제시하였던 참여, 발전, 평화의 세 가지를 들 수 있다. UN은 그 10년이 되는 1995년에 '2000년과 그 후 청소년을 위한 세계행동 프로그램(the World Programme of Youth to the Year 2000 and Beyond: WPAY)'을 통해서 국제적으로 확인하고 있는 행동분야(fields of action)를 15가지로 제시한 바 있다(UN Economic & Social Affairs, 2010). 또한, Council of Europe(2003)에서는 청소년에 대한 정부 각 행정영역을 가로지르는 범분야 주제로 정보(information), 참여와 시민성(participation and citizenship), 권한(power) 등을 제시한 바 있으며, 2021년에는 ① 참여(participation), ② 포함(inclusion), ③ 지식과 증거기반(knowledge and evidence base), ④ 커미트먼트(commitment), ⑤ 상호협력(co-operation), ⑥ 투명성(transparency) 및 ⑦ 책무성(accountability) 등의 7가지를 청소년정책 실천들을 추동하고 지향해갈 필요가 있는 핵심 가치와 원칙들로 제시하였다.

우선, 정책원칙으로서 참여(participation)는 청소년과 관련한 모든 영역에서의 정책결정은 정책 흐름의 전 단계와 국면에서 의미 있고 완전한 참여기회를 청소년들에게 제공하면서 그들과의 밀접한 협의를 통하여 이루어 나갈 필요가 있다는 이해에 기초한다. 이는 또한 정책은 의사결정에서 청소년참여를 보장하는 공식적으로 수립된 메커니즘을 가져야 한다는 의미를 갖는다.

둘째, 정책원칙으로서 포함(inclusion)은 청소년정책은 개방적, 비차별적이며, 각기 다른 생활 상황, 정체성 및 배경을 가진 다양한 청소년집단을 받아들여야한다는 의미를 갖는다. 정책은 이들이 평등한 접근 기회와 혜택을 받도록 보장해야한다. 이러한 포함의 원칙은 이미 한계화나 사회적 배제에 직면하거나 경험한 사람들의 불리한 점은 최소화하고 유리한 점은 최적화하도록 보장함으로써 청소년을 위한 보다 "공평한 경쟁의 장(level playing field)"을 확립하는 것이다.

셋째, 지식과 증거 기반(knowledge-and evidence-based) 정책원칙은 모든 결정은 청소년의 현 상황에 대한 분명하고 객관적인 이해에 기반하여 이루어져야 하며, 이러한 정보에 바탕한 정책은 그들에게 적절하고, 최신적이며, 대상의 명확화와 효율적이며 욕구에 입각한 결정이 이루어지도록 해야 한다는 것이다. 이는 증거와 정책의 연결은 지속가능하며 계속적으로 영향을 준다는 점을 의미한다.

넷째, 정책원칙으로서 커미트먼트(commitment)는 정책결정가들이 정치적, 경제적, 사회적 또는 그 밖의 변화와 관련한 다양한 요인들에 방해받지 않고 정책적 조치들을 통해 청소년에 대한 지지를 지속하게 하는 강한 정치적 의지와 준비성을 명백히 하는 기반을 제공한다. 커미트먼트는 청소년이 때로는 취약하지만, 하나의 구체적인 정책대상집단으로서 분명하게 보도록 하는 것을 의미한다.

다섯째, 정책원칙으로 상호협력(co-operation)은 각기 다른 청소년정책 행위자, 이해당사자, 여러 부문, 수준, 영역들 간의 통합(consolidation)을 통해 상호 혜택을 받도록 해주며 정책을 통해 그 영역과 일을 만족시키는 자원과 강점들을 끌어당길 수 있게 하는 접근법(approach)들을 지지하는 것이다.

여섯째, 투명성(transparency)정책원칙은 정책, 그 행위자, 목적, 목표, 우선순위, 재정지원, 정책결정 과정과 실행 메커니즘 등이 일반 국민들에게 명료하고 개방적이며 이해 가능하도록 되어야 한다는 생각을 유지하는 것이다. 이는 모든 이해당사자들이 이러한 지식과 메커니즘에 접근 가능하게 함으로써 그들의 기여하는 능력이 강화된다는 것을 확실히 해준다는 것을 의미한다.

끝으로 책무성(accountability)의 정책 원칙은 정책이 얼마나 제대로 설정한 목적에 도달하는지, 질적 수준은 무엇인지, 그리고 어떤 수단을 통해서인지 등을 측정할 수 있도록 개발·실행·평가되는 방법에 대해 책임을 갖는 메커니즘, 과정 및 구조들이 제대로 작동하도록 해주는 것이다. 이것은 평가, 모니터링 및 투명한 보고 메커니즘 등이 관련 일에 수반하여 제 기능을 하는 것을 의미한다.

국가의 청소년정책 상황과 관련하여 이러한 원칙들이 각자의 일에 얼마나 관련되는지, 얼마나 존재하는지, 무엇이 그러한 것이 존재하고 작동한다는 것을 나타내고 있는지, 그리고 어떠한 실천(practices) 사례들이 이러한 원칙들에 생명을 불어넣는지 등을 알 수 있다. 반대로 어떤 수단, 구조, 과정들이 그러한 원칙이 실천과정에서 실현되도록 주어진 제 역할을 하는지 등을 진단하고 평가하는 것도 가능하다. 청소년정책의 우선원칙은 청소년들이 해당 국가에서 인식되는 방식에 따라 상당부분 결정되며, 따라서 이러한 원칙들을 기준으로 청소년정책의 구체적 본질이 어떻게 구현되고 있는지를 아는 것이 중요하다. 주어진 상황에 따라 어떤 핵심 또는 보편적 청소년정책 원칙을 주장하는 것이 바람직하다고 하더라도, 청소년정책의 프레임 내적인 측면과 정책에 대한 사회적 열망을 알 수 있는 결과적 실천 예(practices)라는 두 가지 측면에서 각기 방법은 다르지만, 균형을 잡는 것이 필연적으로 중요함을 이해할 필요가 있다.

청소년정책의 특성상 정책적으로 추진해야 하는 내용을 말하는 정책영역 이외에 청소년정책에는 시대적 상황 변화에 따라 청소년의 일상에 영향을 미치거나 중요하게 대두되는 사안을 각 영역의 경계를 넘는 이슈 영역(issue areas)으로 별도로 설정하는 경우도 있다. 우리나라 청소년정책의 경우 이러한 이슈들은 그동안의 중장기 계획에서 제시된 정책비전과 정책과제 등에서 나타나고 있다. 여기에서 주목하고자 하는 배제 없는 청소년참여, 현장중심 청소년전문업무와 청소년활동, 그리고 디지털화와 청소년업무 등의 세 가지 관통 주제들은 유엔과 Council of Europe 및 우리나라의 청소년정책 중장기 계획 등에서 제시된 내용을 종합하여 대표적으로 선정한 것이다.

사회적 포함(social inclusion)과 청소년참여(youth participation)의 주제는 청소년에 관한 사회적 배제 논의로 연결되면서 청소년을 지원하는 당위성으로 가장 먼저 생각할 수 있는 테마이며, 현장중심의 청소년전문업무와 청소년활동은 우리나라의 청소년업무가 본격적으로 정책화되는 가장 핵심적인 테마로 볼 수 있다. 특히, 디지털화와 관련한 정책테마는 그동안의 청소년정책에서 지속적으로 관심을 가져왔던 것이며, 최근의 COVID-19와 관련한 비대면 상황으로 더욱 중요하게 대두되었다. 이는 2023년부터 적용되는 제7차 청소년정책 기본계획에서도 정책비전 "디지털 시대를 선도하는 글로벌 K-청소년"으로 제시되고 있다는 점에서 향후 청소년정책의 주요 주제로서 의미가 클 것으로 본다.

2 청소년포함(youth inclusion)과 사회적 배제

청소년 참여를 강화하는 정책을 만들기 위해서는 현 상황을 완화할 수 있는 가장 적실성 있고 효율적인 정책 조치를 선택하기 위한 주의 깊은 심사숙고와 분석이 필요하다. 청소년을 국가적 시혜의 대상으로 보는 의식은 여전히 사회적으로 존재하고 있으며, 청소년을 한 사회 내에서 온전하게 생활할 수 있도록 하고 자립적 성인으로 실질적으로 성장할 수 있도록 하는 사회적 기반과 토대를 마련해 주는 일은 아직도 쉽지 않은 것이 현실이다. 청소년정책에서도 대부분의 경우 문제중심적이며 시혜적인 성격을 갖고 있으며, 사회적 쟁점이나 이슈들에 대해서도 사전예방적이기보다는 사후 대응적 접근을 갖는 경우가 많다. 학교현장이나 청소년기관에서 시행하는 각종 정책사업과 프로그램들 또한 이러한 성격의 내용을 흔하게 찾아 볼 수 있다.

공공정책은 기회와 가능성을 증진하고 위험과 취약성은 최소화하면서 예방하는 정책이 되어야 한다. 세계 각국의 청소년정책에서도 청소년을 기회와 가능성의 존재로 지원하거나 취약계층 청소년을 중심으로 하는 지원정책의 모습을 함께 찾아볼 수 있으며, 우리나라의 경우에도 특정집단이 가지고 있지 못한 부족한 것들을 채워주는 결핍모델식 접근과 정책대상의 상황과 욕구를 파악하여 각자에게 필요한 서비스를 결합하는 형태의 접근법이 지속되고 있다(천정웅, 2021). 이에 따라 이른바 위기청소년을 앞세우는 현재의 일부 청소년정책의 접근에 대한 기여적 평가와 비판이 동시에 제기되고 있는 실정이다(김미란, 2012).

그러나 중요한 것은 취약계층의 사회활동 참여는 형평성에 기초한 사회경제적 구조와 문화를 형성하기 위해서 필요하며, 평등한 사회는 따라서 취약성이 있는 청소년들의 경우에도 그들 자신의 경험에 관하여 목소리를 낼 수 있는 풍토가 갖추어지지 않으면 불가능하다는 것을 기억할 필요가 있다(윤현지, 2018). 청소년참여에 대한 논의에 앞서서 청소년의 사회적 포함(social inclusion)과 사회적 배제에 대한 이해가 선행되어야 하는 것은 이러한 인식과 관련된다.

사실 청소년의 사회적 포함(social inclusion)에 대한 국제사회의 커미트먼트는 청소년정책에서 빈번히 강조되는 토대 또는 가장 중요한(overarching) 요소로 작용하여 왔다. 문제를 해결하고 '청소년포함'의 상태를 개선하기 위해서 그리고 일반적으로 정책이 모든 청소년들을 포함하도록 하기 위해서는 포함(inclusion)이 무엇이며, 누가 배제되었으며, 어떤 이유로 무엇이 이들을 배제하였으며, 배제를 중단시키고 능동적으로 예방하기 위해서는 무엇을 해야 하는 것인가에 대해 이해하는 것이 필수적이다. 청소년에게 "포함적 증거(inclusive proof)"가 되도록 하는 정책을 점검하고 어떤 메커니즘과 실천이 정책실행에서 포함적 접근법을 확고하게 하는지를 이해하는 것이 중요하다.

청소년포함을 위한 대표적인 정책적 측면으로 다음과 같은 몇 가지를 살펴볼 수 있다. 첫째, 고용, 교육, 훈련, 여가, 건강, 주거, 정보 및 상담 등에 관하여 청소년의 생활 조건을 개선하는 메커니즘의 창출, 둘째, 분리를 무너뜨리는 정책의 수립과 사회적 포함의 증진, 셋째, 청소년과 그 대표들이 자신들에게 영향을 미치는 의사결정에 참여하도록 하고 모든 청소년이 차별 없이 적극적인 시민으로 완전하게 자신의 역할을 행사할 수 있도록 보장하는 포함적이고 투명한 과정의 개발, 그리고 넷째, 사회적 포함 프로그램과 이니시어티브를 수행하는 청소년단체와 현장중심의 청소년전문업무(youth work) 환경을 위한 지지계획(support schemes)의 개발 등이다.

청소년을 범주화하는 과정에서 고려되는 요인들은 대부분 사회경제적 배경 및 생활방식과 관련되어 있고, 이는 현대 사회의 취약계층이 직면하는 위기가 단지 물질적 결핍의 차원에만 국한되지 않음을 반증한다. 이와 관련하여 청소년들이 경험하는 각종 '불리함'을 사회적 배제(social exclusion)의 관점에서 바라볼 필요성이 강조되었다. 사회 구성원들의 취약성을 판단하는 기준으로 경제적 박탈뿐만 아니라 시민권의 박탈, 정치적 참여의 보장 수준 등을 종합적으로 고려하는 것이다(윤현지, 2018).

사회적 배제의 개념은 1970년대 프랑스에서 대두되었으며, 1980~1990년대 유럽연합에 의해 수용되고 회원국 사회정책의 이론적 기초가 되면서 활발히 논의되어 왔다. 1974년 시라크 정부의 사회부 장관이었던 르네 르느와르(Rene Lenoir)는 장애인, 학대받는 아동, 약물중독자, 문제 가정 등 사회보험제도의 보호를 받지 못하는 사람들을 '사회적으로 배제된 자(les exclus)'라고 범주화하고 프랑스 인구의 약 10%가 이에 해당한다고 주장하였다(윤현지, 2018). 제2차 대전 이후 프랑스는 약 30여 년간 경제적 번영을 구가하였는데 르느와르의 이러한 주장은 경제성장에도 불구하고 여전히 그 혜택을 향유하지 못하는 집단이 존재하며, 빈곤은 경제성장을 통해 완전히 해결할 수 없다는 것을 지적하는 것이었다(강신욱, 2006). 1980년대 들어 실업과 근로 빈곤층이 증가하면서 사회당 정부는 장기적이고 반복적인 실업의 이면에는 경제정책의 실패로 설명할 수 없는 가족제도의 불안, 1인 가구의 증가, 사회적 고립, 노동조합을 중심으로 한 사회적 유대와 연대의 약화 등이 작용하고 있다는 점을 강조하였다. 근로 빈민층의 대두는 취약계층에 대한 접근 방식의 변화를 요청하였고 빈곤을 대체하는 사회적 배제라는 새로운 표현방식이 등장하게 되었다(강신욱, 2006).

사회적 배제의 개념은 이후 빈곤에 영향을 끼치거나 그로 인해 발생하는 여러 사회현상을 지칭하는 것으로 그 의미가 변화하면서 빈곤 개념에 대해 갖는 보완적 효과를 강조하는 개념이 된다. 여기에는 각국 정부의 정치적 이해관계가 작용한 것으로 보는 것이 일반적인데, 빈곤과 불평등의 존재를 명시적으로 인정하기 주저하는 부유한 회원국들은 빈곤이란 용어보다는 부정적 이미지가 덜한 사회적 배제라는 용어를 더 선호하였다는 것이다(강신욱, 2006). 유럽연합 역시 다양한 복지체제를 지닌 국가들의 이해관계를 조화시키기 위해서 사회적 배제 개념이 지닌 모호함을 활용하면서 사회통합이라는 구호와 함께 사회적 배제를 극복하는 것은 유럽연합의 공식적 정책이념이 될 수 있었다(강신욱, 2006).

사회적 배제가 발생하는 원인은 다양하다. 교육 취약계층의 발생원인으로는 소득 부족과 가정교육복지의 부재, 지역환경의 열악성 등이 지적되고 있다. 중요한 점은 이러한 원인이 개인의 결함이나 문제에 기인할 수도 있지만, 사회구조적 원인이 크게 작용하고 있다고 보는 것이다. 소득부족은 교육취약의 일부 원인을 설명하지만, 그와 함께 가정의 구조나 가정교육복지, 지역사회의 교육여건, 장애 등은 교육기회 제약 또는 저학력의 원인으로 작용한다는 점이다(헌영섭·김준희·박지원·최유연·남준현·오린지, 2021). 교육 취약계층의 의미규정 또한 교육 기회의 제약뿐만 아니라 교육에 참여하고 있더라도 사회·역사·경제적 배경이나 원인에 의해 교육기회가 취약한 환경에 노출된 교육 소외계층을 포함하는 개념으로 이해되면서 학교 밖 청소년, 다문화 청소년 등을 포함하는 것이 되었다(이지혜·김남선·변종임·양병찬, 2004).

이에 따라 사회적 배제는 빈곤하고 사회적으로 주변화된 개인이나 집단의 문제를 파악하는 새로운 접근법으로 제기되면서 각 국가들은 당면한 빈곤과 사회문제를 규명하고 정책방안을 마련하는데 이 개념을 활용하게 된다. 사회적 배제의 개념은 사회, 문화, 경제적 맥락까지 그 범위를 확장하여 발생 원인과 결과, 특성 등을 규명하는 분석틀이 되면서, 기존의 일원적인 빈곤접근 등의 문제 분석틀이 갖는 한계를 극복하는데 활용되었던 것이다. 이는 특히 사회적 약자들이 직면하는 교육, 고용, 의료 사회서비스 등의 접근기회의 박탈, 사회적 단절, 실업 등과 같은 사회 제반에 내제된 불평등과 불이익을 새롭게 분석할 수 있도록 해주었다(신유리·김경미·유동철·김동기, 2013).

그러나 최근 사회적 배제 논의는 사회적 포함(social inclusion)의 담론으로 전환되고 있다는 점에 주목할 필요가 있다. 2000년 유럽연합 의회에서는 사회적 포함을 빈곤층, 정신장애인, 알코올 및 약물중독자 등에 가해지는 사회적 배제를 극복하고 사회가 포용하는 핵심적 정책목표로 제시하였다. 빈곤, 불평등 수준, 실업, 교육, 건강서비스 등을 사회적 배제의 요인이면서 동시에 사회적 통합의 장벽요인으로 규정한다(Colley, Boetzelen, Hoskins, & Parvera, 2007). 이러한 인식에서 사회적 포함은 영국, 호주에 이어 유럽연합 회원국들의 사회정책에 반영되었고 하나의 정책기조로 자리잡아가고 있다. 유럽연합은 사회적 포함 정책이 지향하는 것을 다음과 같은 네 가지 공통목표로 제시하고 있다(European Commission, 2012).

- 고용에의 참가, 자원, 권리, 재화, 서비스에의 접근 촉진(보편적 권리보장)
- 배제 리스크 예방 즉, 배제로 연결되는 모든 요인에 대한 사전 대응
- 약자 지원 즉, 목표를 정한 지원책
- 모든 관계자와 관계기관을 동원한 목표의 달성: 공공과 민간의 파트너십 구축, 지원자와 단체의 육성 및 지원수단의 개발

논쟁적일 수 있지만, 청소년정책의 가장 중요한 범분야적 목적은 그 구체적인 주제와 열망을 뛰어넘어 모든 청소년들에게 동등한 기회를 보장하는 것이다. 즉, 권리와 가능성에의 동등한 접근을 통해 사회적으로 포함되도록 하

는 것이다. 청소년정책은 종종 유전적으로 서술될 수 있는 "비전"을 가지며 항상 수사적으로 선포된다. 청소년들이 성공적 미래로 가는 통로(나아가 고속도로)에 있도록 지지하며 적극적 시민성, 평생 학습, 사회적 포함 및 개인적 안전과 지역사회 안전에 대한 비전을 포함한다.

그러나 청소년정책은 또한 청소년을 매우 다르게 묘사하고 그에 따라 다르게 반응한다. 청소년을 가치 있게 보는 곳(예를 들면, "처신을 잘하는" 사람과 교육, 훈련 또는 고용에 종사하고 있는 사람들)에서의 정책은 주로 해방적(emancipatory)이며 기회중심적이다. 그러나 청소년을 희생자나 취약한 것으로 인식하는 곳(예를 들면, 학대를 경험하거나 학습장애을 겪고 있는 사람들)에서의 정책은 보다 보호적이 될 수 있다. 청소년을 "악인, 즉 빌런(villains)"으로 간주하는 곳에서의(예를 들면, "반사회적 행동"에 관련된 사람들) 정책은 보다 규제적이고 제약적인 개입에 의존하게 된다. 물론 대부분의 청소년들은 이러한 세 가지가 혼합된 모습이며 대부분의 청소년정책은 그와 유사한 조합으로 이루어지게 된다. 따라서 청소년정책은 기회의 증진, 유해상황으로 부터의 보호 및 "일탈(deviance)"에 대한 예방과 필요시 처벌하는 것 모두를 고려한다.

요약하면, 대부분의 청소년정책을 분석해 보면, 정책과제의 내용에서 예방적 실천과 진흥적 실천의 요소들을 발견할 수 있으며 때로는 비협상적인 조치들과 단속(이상적으로는 최후의 수단)을 지지하거나 때로는 도전을 요구하는 것을 볼 수 있으며 고려야해 할 점은 이러한 요소들이 균형을 이루어야 한다는 것이다.

일반적으로 '포함(inclusion)'은 '포용' 또는 '통합'으로도 번역되면서 사회에 사람들을 소속하게 하는 특정한 경계를 의미하는 것으로 사용되었고 '배제(exclusion)'와는 대조되는 것으로 이해되었다. 사회적 배제는 주류 형성의 참여에의 배제 또는 자원의 접근기회 배제 등과 같은 의미에서 사용되어 왔으며 특정 집단들의 삶의 기회 제한, 즉, 사회적 주류로부터의 배제 현상과 관련된다. 그러나 사회적 포함 또는 포용, 통합은 다양한 기회를 갖거나 접근하고 혜택을 받는 것과 같은 사회적 기회와 자원의 향유와 관련되는 것으로 인식된다(성윤숙 외, 2022).

이는 사회적 배제 현상이 사회적 불평등의 원인이 되어 집단 간 격차를 초래하며, 특정 집단들에 대한 기회와 자원이 박탈되는 현상으로 이해되는 것과는 구분되는 것이다(Colley, Boetzelen, Hoskins, & Parvera, 2007). 사회적 포함의 개념정의도 복합적이고 포괄적인 의미를 지닌 것으로 이해된다. 우선, 세계은행(World Bank)은 사회적 포용을 "빈곤 또는 사회적 소외로 위험에 처한 사람들이 각자의 사회에서 정상으로 보는 표준적인 삶과 웰빙을 향유하고 경제, 사회, 문화적 생활에 완전히 참가하는데 필요한 기회와 자원을 얻도록 보장하는 과정"으로 정의하고 있다(World Bank, 2022).

호주사회적포함위원회(Australian Social Inclusion Board, 2012)는 사회적으로 포함한다는 것(being socially included)은 사람들이 배우고(교육과 훈련에 참가), 일하고(가족, 직무를 포함하는 고용과 무급 또는 자원봉사), 참여하고(사람들과 함께 서비스를 이용하고, 지역적, 문화적, 시민적, 레크리에이션 활동 등에 참여), 그리고 발언권을 갖는 것(자신들에게 영향을 주는 결정에 관한 의견 표현) 등에 필요한 자원, 기회, 역량을 갖는 것으로 본다. 신유리 외(2013)는 "사회적 포함이란 사회의 한 구성원으로 사회 전반적인 제도에 동등하게 접근할 수 있는 권리뿐만 아니라 소득과 자산, 기회, 사회 기반시설, 연대감, 자기존중감 등의 확보, 더 나아가 이들의 공평한 재분배를 통한 포괄적인 자원 확보로 사회, 경제, 문화 등 다양한 영역에 완전히 참여해 나가는 과정"으로 정의한다(p.13).

최근 유럽연합은 2010년에서 2018년까지의 청소년전략(EU Youth Strategy)

을 수립하면서 사회적 포용(social inclusion)을 8대 행동분야 중의 하나로 정한 바 있으며, 2018년에는 2019년부터 2027년까지의 새로운 청소년전략(new EU Youth Strategy)을 제안하면서, 11개의 목표 중 하나로 포함적 사회(inclusive society)를 제시하였으며, 이는 2021년 정식 목표로 채택되었다. 여기에서 포함적 사회는 '사회에서 모든 청소년들의 포함을 가능하게하고 보장하는 것(enable and ensure the inclusion of all young people in society)'으로 정의하였으며, 다음과 같은 7가지를 세부 목표(targets)로 규정하였다(EU, 2020).

- 모든 종류의 차별과 증오 발언에 맞서 싸우는 법적 보호를 제공하고 국제적인 법적 도구를 집행한다.
- 취약 청소년들에 대한 정보 전달을 강화하여 그들이 활용할 수 있는 공간, 기회 및 경험에 대해 알도록 보장한다.
- 모든 차원의 포용을 포함하여 모든 취약 청소년들이 형식적이고 비형식적인 학습 환경에 공평하게 접근할 수 있도록 보장한다.
- 교육가들이 취약 청소년들과 일하는 역량을 강화한다.
- 대화와 사회적 응집을 육성하고 차별과 분리에 맞서는 더 많은 공간, 기회, 자원 및 프로그램들을 제공한다.
- 생계유지 수준의 임금을 받을 권리, 공평한 노동 조건, 수준 높은 건강보호에 대한 보편적 접근의 권리를 실행하여 사회적 지지를 강화하고 취약 청소년에 대한 구체적 조치(specific measures)를 보장한다.
- 취약 청소년은 모든 의사결정 과정, 특히 자신의 권리, 웰빙 및 이해관계에 관한 과정에 참여하며, 핵심행위자가 되는 것을 보장한다.

이렇게 볼 때 사회적 포함의 개념은 사회적 배제의 개념과 상반되면서도 동시에 상호 밀접히 관련되는 것으로 볼 수 있으며 대체로 다음과 같은 특성을 갖는 것으로 정리할 수 있다(신유리 외, 2013).

- 사회정의 기반(패러다임)
- 주변화된 개인과 집단의 사회체계, 영역에 대한 완전 참여와 포함(목적)
- 권리, 독립성, 선택 및 통제, 기회평등, 책임, 역량강화(원칙과 기준)
- 임금노동 및 고용수준 증대, 독립생활과 지역사회 참여, 자기옹호, 자기생산능력, 민주적 운동과 행동, 참여, 그리고 규범적인 소비와 생활양식, 정체성(전략)
- 주체적인 개인, 공동체, 집단, 지역사회 및 이들 간의 상호작용(에이전시)
- 개인, 사회적 연계, 참여, 자기의존성, 유용성 관련 주제 초점(담론)
- 권리와 책임을 강조하는 능동적인 시민권(active citizenship)
- 상호호혜적 교환관계(관계성)
- 권리, 완전참여, 사회적 수용, 네트워크, 자원, 책임, 역량 등(개념적 구성요소)

사회적 포함은 사회적 약자들의 사회적 통합과 그 과정의 능동성에 주안점을 둔다는 점에서 사회적 불이익을 받는 개인이나 집단의 주변화를 강조하는 사회적 배제와 구분됨을 알 수 있었다. 사회적 포함은 최근 사회적 약자들의 삶의 질 향상, 생존권 확보를 위해 근대의 시민권적 권리확장에도 많은 영향을 미치고 있으며, 사회적 통합에 대한 관심의 전환으로 당사자들은 물론 정책 입안가, 실천가 등으로부터 상당한 관심을 받고 있음이 사실이다(신유리 외, 2013). 청소년을 위한 사회적 지원은 사회적 배제에서 벗어남은 물론 사회, 경제, 정치, 문화적 참여 등 다양한 영역에서의 참여를 실제적으로 구체화시키는 것을 지향하고 있는 사회적 포함의 방향으로 재정립될 필요가 있는 것이다.

3 청소년참여의 동향과 정책발전

청소년참여는 청소년포함과 밀접한 관계에 있는 개념이며 청소년들이 자신들에게 영향을 미치는 의사결정에 참여해야하며, 필요한 경우에는 스스로 행동을 주도해야한다는 의미를 갖는다. 우선 참여(participation)라는 개념은 현대적인 방식으로 민주주의의 근본을 육성하기 위한 21세기 좋은 거버넌스에서 핵심이 되는 용어이다. 정부의 청소년정책결정에서의 청소년참여와 정책 개발과 실행의 제도적 파트너로서의 청소년의 위상은 이들을 중심으로 활동하고 있는 청소년단체의 역할과 함께 국제 청소년정책 담론의 중요한 특징의 하나가 되었다.

우리나라의 경우 민주주의 국가로서의 정치적, 경제적 발전과 함께 청소년들의 사회적, 시민적 역할과 관여가 더욱 증대되고 있다. 청소년의 긍정적 발달(positive development)과 역량개발(competence development)이 강조되면서 청소년행동주의(youth activism)에 대한 관심도 점차 높아지고 있다. 최근 들어 다양하게 나타나고 있는 청소년들의 사회적 행동, 사회적 운동, 그리고 스스로를 조직화하여 자주적으로 참여하는 활동 등도 청소년참여는 물론 청소년의 시민적 관여(civic engagement)에 대한 관심을 증대시키고 있다. 여기에서 시민적 관여(civic engagement)라는 용어는 성인들의 경우에는 시민적 영역(civil domain)에 영향을 주는 지역적, 국가적, 지구적 활동에 참가(participation)함으로써 초래될 수 있는 행동들을 포함하지만(Sherrod & Lauckhardt, 2008), 청소년은 이러한 활동에 참가하는 것이 제한되는 발달적, 사회적 제약요건들을 가지고 있다는 점에서 중요한 의미를 갖는다.

이와 관련하여 오늘날의 청소년을 시민청소년(civic youth)으로 이해하는 관점에 주목할 필요가 있다. 청소년을 시민청소년으로 규정하는 것은 오늘의 청소년들이 성인들이 만든 법과 정책에 따라 시민적 생활(civic life)을 하고 있다는 현실을 기반으로 하여 "오늘의 시민적 행위자"로 청소년을 인식하는 것이다. 시민적 생활이란 이타적이거나 자기이익을 바탕으로 하거나, 공공 및 민간적 재화의 배분, 사회적 법과 규범에 영향을 끼치는 도덕적으로 정당한 어떤 행동을 하는 것으로 정의한다. 시민적 생활은 학교, 정부 및 법 집행의 국가 제도를 통해 보호를 받으며 건강한 민주주의적 삶을 유지할 수 있도록 하는 권리를 부여받은 것으로 이해된다(천정웅, 2021).

이는 곧, 청소년들이 투표나 정책창출, 정책 수립에 목소리를 반영하는 것과 같은 민주주의적 활동을 즐기는 기회를 갖는 것을 의미한다. 시민청소년에 대한 이해는 특히, 인터넷과 SNS 사용을 일상화하는 디지털시대를 살고 있는 오늘날의 청소년들에게 있어 정보와 소통, 그리고 표현권의 실현 등과 관련한 청소년참여가 중요하다는 것을 인식하는 것이다. 이미 세계 각국에서 청소년들이 사회적, 정치적 생활에 활발히 참가하는 수많은 사례를 찾아볼 수 있으며, 의사결정과정에서 청소년참여를 촉진하는 것이 국가 청소년정책에서 우선순위로 자리 잡아 가고 있다(Clark & Percy-Smith, 2006; Hart, 1997; Lansdown, 2001; O'Kane, 2003).

청소년참여가 강조되는 의미는 이미 유엔이 1985년을 '세계 청소년의 해'

로 선포한 상황으로도 확인할 수 있다. 당시 유엔에서는 그 해의 주제를 '평화, 발전, 참여'로 채택하면서 청소년에게 사회발전에 참여할 수 있는 기회를 제공함으로써 동반자적 관계 속에서 평화로운 미래를 건설해 가고자 하는 희망을 제시하였다(김영지, 2007). 그후 1998년에는 '세계청소년관계장관회의'가 개최되어 청소년참여의 중요성을 인식하는 정책과 프로그램을 확산시키는 계기를 마련하게 되었으며, 주요 선진국과 유럽연합 등을 중심으로 청소년참여기구 확대 등 전반적인 부분에서 균형 있는 성장을 도모하는 다양한 청소년 참여활동들이 지역사회에서도 실시되었다(홍정희, 2016).

목적 있는 청소년참여를 위한 조건을 만드는 것과 완전하고 포함적이며 영향력 있는 참여를 위해 현존하는 장벽을 제거하는 것은 별개의 일이다. 청소년참여의 장벽에는 여러 가지가 있는데, 그 중에서도 특히, ① 각기 다른 의사소통 스타일, ② 각기 다른 경험 수준과 유형, 기술의 결핍, ③ 청소년을 어떻게 의미 있는 방법으로 참여하도록 하는가에 대한 전문성(expertise)의 결여, ④ 사회적 체계에서의 청소년의 위상, ⑤ 성인과 청소년간의 불신과 틀에 박힌 생각(stereotype), ⑥ 전략적이며 법적으로 뒷받침되는 청소년친화적 절차와 정책의 결여, ⑦ 그 밖의 필요한 자원의 결여, ⑧ 청소년이 직접 참여한다고 해도 아무것도 변하지 않을 것이라는 생각, 그리고 ⑨ 참여하는 청소년들이 일반 청소년을 대표하는 것이 아니라는 생각 등은 중요하게 고려할 필요가 있다.

Williamson 등(2021)은 청소년참여와 적극적 시민성을 청소년정책의 수단과 실천 예(practices)의 가장 중요한 관통주제로 서술하면서, 정책적으로 다음과 같은 7가지를 주요한 아이디어로 제시하였다. 여기에는 ① 공동 관리와 공동 계획 시스템/메커니즘의 발전, ② 완전하고 의미 있는 참여를 위한 역량을 구축하는 프로그램의 설치, ③ 청소년단체, 카운실(council) 및 청소년

참여를 옹호하고 촉진하는 유사한 플랫폼에 대한 재정지원, ④ 청소년과 의사결정자들 간에 신뢰롭고 건설적인 대화를 위한 수단과 채널의 발전과 도입, ⑤ 새롭고, 혁신적이며 현대적인 디지털 참여 채널의 수립, ⑥ 청소년참여 제 원칙의 지역, 지방 및 국가적 수준의 촉진, 그리고 ⑦ 참여적 실천 예(practices)의 다양한 활동 영역 및 다른 정책에서의 주류화 등을 포함한다.

4 청소년참여의 정책분석과 최근 동향

우리나라 청소년참여 개념의 도입은 1998년 정부가 수립한 「청소년육성 5개년 계획(1998~2002)」을 통하여 국가 청소년정책의 기본 방향이 처음 설정된 때이다(천정웅, 2021). 청소년정책에서 청소년참여의 중요성이 주장되었던 초기 '청소년정책에 있어서 청소년의 소외'(최충옥, 1991), '청소년의 권리와 사회적 불평등'(한국청소년연구원, 1992) 등에 대한 논의가 제기되었으며, 1991년에는 유엔아동권리협약을 비준하게 된다. 또한, 1995년 이후, 국가청소년정책 연구기관을 중심으로 '청소년과 지역사회 참여'(천정웅·김경준·김영지, 1995), '지방청소년육성사업 활성화 방안 연구'(천정웅·황진구·신선미·김정주·김영지, 1996) 등의 주제가 연구되었으며, 1995년 12월 한국청소년개발원에서 발간한 '청소년육성청서'(21세기 주인공, 우리 청소년 어떻게 이끌 것인가?)를 통해 청소년인권센터 설치와 청소년 인권의식 고양 등의 과제가 제안되면서, 이 과정에서 청소년대표자회의(서울시내 고교학생회장 모임 추진)와 청소년주장대회, 그리고 청소년에 의한 정책제안 아이디어 공모전인 청소년창안제 등의 사업이 시범적으로 시행되는 것으로 이어지게 된다(김영지, 2016).

이러한 추세에 따라 청소년참여에 대한 정책적 관심은 1997년도 '청소년참여 증대방안 연구(천정웅 · 김영지, 1997)'와 '청소년참여의 세계적 동향(천정웅 · 김영지 · 임지연, 1997)' 연구를 통해 촉발되었으며, 연구에서 제안된 정책과제들이 당시의 김대중 정부의 출발과 함께 1998년 제2차 청소년육성5개년계획의 국가정책과제로 대부분 활용됨으로써 우리나라 청소년참여 정책의 기초를 형성하게 된다(김영지, 2016). 1997년과 1998년 당시는 국가적으로 IMF 상황 극복이 최대의 현안이 되면서 청소년의 역할에 대한 새로운 관점이 대두되는데, 'IMF시대 청소년참여의 방향과 과제: P이론의 가능성 탐색(천정웅, 1998)'에 대한 논의와 함께 청소년의 소외와 참여에 관한 학술적 담론들이 생산되는 상황으로 이어지게 된다. 이 시기는 그 주요 흐름을 볼 때, 논란이 되거나 쟁점이 되는 내용보다는 사회환경 변화에 따라 청소년의 참여와 인권이 중요하고 필요하다는 주장으로 모아진 것으로 평가한다. 구체적으로는 청소년참여기구나 청소년인권센터 등의 조직이 정책과제로 제안되기도 하였으며, 그 대부분은 이후 정책화되어 현재까지 지속되고 있는 것이다(김영지, 2016).

특히 1998년에는 1998~2002년을 기간으로 하는 제2차 청소년육성5개년계획을 수립 · 시행('98.7.28)함으로써 청소년정책의 방향을 청소년을 보호 · 선도 · 지도하는 종래의 입장에서 '청소년참여'를 기본이념으로 하는 정책으로 획기적으로 전환하게 된다. 동 계획에서는 '청소년권리증진과 자율참여'를 중심으로 참여적 맥락에서의 '청소년문화'와 '청소년정보화'의 영역을 새롭게 추가함으로써 '청소년참여'를 영역화하였다(천정웅, 1998). 이에 따라, 청소년의 정책참여 기회 확대, 청소년의 시민권 신장 등을 주요 목표로 제시하면서 청소년특별회의, 청소년운영위원회 등 다양한 사업들을 추진하기 시작하였다. 이는 정보화의 가속화, 대중문화의 발달, 문화다양성 관점의 수용 등의 사회적 분위기와 함께, 그동안 성인 주류 사회 속에서 주로 보호 대상으로 인식되었던 청소년에 대한 기존의 패러다임이 변화를 주도하는 주체로 청소년을 새롭게 인정하는 새로운 패러다임으로 변화하게 된 것을 의미한다.

이러한 변화는 저출산와 고령화에 따른 부양 노인인구의 급증, 생산가능인구의 조세 및 사회보장 비용 부담의 증가 등의 상황을 볼 때, 미래사회의 발전을 위해서는 현재의 청소년들을 어떻게 성인기가 되도록 준비시키는 것이 바람직할 것인가라는 시대적 과제에 대한 하나의 방향 제시로 평가한다(홍정희, 2016). 천정웅(2021)은 추구하는 미래사회가 발전적이고, 민주적인 사회로 성장하기 위해서는 현재의 청소년들을 시민으로서 적극적인 자세로 참여할 수 있도록 준비시키는 일이 중요한 관건이며, 의미 있는 국가 사회적 책무라고 강조하였다. 이와 같이 우리나라 청소년정책에서 '인권'과 '참여'가 정책 의제화되어 새로운 정책비전과 목적으로 설정되고 구체적인 사업내용으로 실현되면서 이러한 정책기조는 2003년 제3차 기본계획에도 반영되었으며 그 후에도 계속 이어져 현재의 제7차 청소년정책기본계획으로 지속되고 있다.

당시의 제2차 청소년육성5개년계획은 '청소년참여'를 주요 정책특성으로 하면서 청소년에 대한 기존의 인식을 대전환하여 청소년정책의 중점을 전인적인 청소년을 육성하기 위한 수련활동과 함께 "청소년육성 · 보호 · 지원문제와 관련해서 그들이 주체적으로 참여해서 문제해결에 일조할 수 있도록 한 것"으로 평가된다(김동일, 1998). 이와 같이 '청소년참여'의 정책제도화는 청소년의 권리보장과 자율활동을 통한 "청소년의 삶의 질 향상"과 청소년정책 수립 · 집행 및 평가과정에 청소년을 참여시킨다는 의미를 갖는다. 정소년육성5개년계획 전반을 통해 청소년참여적 특성이 이념화되거나 반영되고 있으나 특히 '청소년의 권리보장과 자율적인 참여확대'와 관련한 정책과제를 중심으로 전개되었다.

이는 이후의 제3차 청소년육성 5개년 계획에서 참여, 인권과 복지의 지속적인 확대를 주요과제로 하여 청소년정책과 사업 추진체계를 정비하는 성과로 나타났으며, 제4차 청소년정책기본계획(2008~2012)에서는 시민역량 증진 및 인성교육 강화를 기반으로 청소년의 권리 및 참여에 대한 정책이 추진되었다. 제5차 청소년정책기본계획(2013~2017)에서는 3대 중점과제를 추진하였는데, 그 내용은 청소년의 참여활성화, 청소년의 건강권 보호, 그리고 청소년의 권리증진 기반조성의 세 가지로 제시되었다. 그리고 2018년에 수립된 제6차 청소년정책기본계획(2018~2022)에서는 '청소년 참여 및 권리증진'이라는 목표하에 청소년의 참여를 확대하고 청소년을 존중하는 사회적 기반을 강화하는 방향으로 설정하였으며, 청소년이 주도하는 활동을 확대하고 내실화하는 과제 등을 통해 4차 산업혁명에 대처할 수 있는 역량을 신장한다는 적극적인 정책 기조를 강조하면서, 이에 대한 구체적인 과제를 추진하였다(여성가족부, 2020).

청소년참여의 최근의 흐름은 청소년의 자율적 참여활동과 사이버 참여활동 등을 포함하고 있으며, 청소년들이 자신들에게 직접적으로 관련되는 활동뿐만 아니라, 사회정치적 문제에 이르기까지 광범위하게 참여하고 있으며, 오프라인과 온라인을 넘나들며, 개별적으로 때로는 연대하여, 적극적으로 자신들의 의견을 개진하고 있고, 필요한 경우 직접적인 행동을 표출하기도 한다. 이러한 일련의 변화와 함께, 청소년참여의 개념과 목적, 청소년의 성장과 사회발전을 위한 의미 등에 대한 논의가 지속되었다. 특히, 어디까지, 어떤 형태로 참여하는 것이 청소년참여의 본질이며, 참여에서 성인들과의 관계는 어떠한가 등에 대한 관심이 일어나면서, 청소년참여의 유형화에 대한 이해가 중요한 의미를 가지게 됨에 따라 Hart의 참여 사다리모형을 비롯하여, Checkoway의 단계이론, Flecher와 Vavrus의 서클 모형 등이 소개되면서 청소년참여의 수준(level)과 구조(mechanism) 등에 대한 인식을 확대하게 되었다.

한편으로 우리사회에서 청소년참여 특히, 사회참여는 매우 제한적으로 허용되어 왔으며, 청소년참여에 관한 논의도 대체로 부정적인 견해가 지배적이었다. 청소년은 단순 가담자, 감정적 동조자 혹은 부재자로 간주되어 왔으며, 기성세대의 지배질서에 대한 청소년의 반감이나 집단적 저항, 대안적 역량의 기획 등은 쉽게 간과되어 왔다(정건희, 2020). 이러한 부정적 관점은 대체로 청소년을 보호의 대상으로 간주하는 경향을 띠면서 청소년세대를 주로 문제의 차원에서 이해하도록 한다(윤명희, 2009). 이러한 문제적 차원의 다른 한편에서는 부정적 관점이 선거나 정당, 전통적 사회조직에 대한 관심을 줄어들게 하고 청소년참여의 감소가 민주주의의 위기라고 보는 시각도 있다. 동시에 청소년참여와 관련하여 정치참여의 형태가 변화하고 있고 이전 세대들과는 다른 새로운 참여방식을 증가시키고 있다는 관점이 나타나기도 한다(정건희, 2020).

실제로, 청소년들이 자신의 권리를 주장하는 참여활동은 2000년대 이후 적극적인 정치활동으로도 나타났다. 많은 청소년들이 선거권 등 정치에 참여할 권리보장을 요구했으며, 직접 정당에 가입하거나 정부기구에 참여하여 활동하거나 의견을 제출하는 청소년들도 나타났다. 중대한 사회적 이슈가 발생할 때마다 시국선언을 발표하고 촛불집회의 주축이 되기도 했다. 이른바 청소년들 스스로가 주인이 되기 위한 정치활동에도 참여한 것이다(공현·전누리, 2016). 2002년 효순・미선이 사건, 2004년 노무현 대통령 탄핵사건, 광우병

파동에 따른 미국산 쇠고기수입 반대 등 사회적 이슈들에 대하여 촛불시위를 통해 자신들의 의견을 적극적으로 표현하였다. 홍현희 외(2020)는 청소년참여가 가장 두드러졌던 것은 2002년 월드컵과 관련한 것으로 보고 있다. 당시 길거리 응원에 모인 청소년들의 참여는 사회적으로 큰 화제가 될 만큼 새로운 자발적 문화였으며 참여적인 청소년의 문화를 외현화 시켰다는 점에서 주목받을 만 했다. 중요한 것은 청소년들의 참여가 타자의 강요에 의해 이뤄진 것이 아니라 청소년 스스로의 자발적인 결정과 능동적인 행위에 의한 것이었기에 더 큰 의미가 있다는 점이다.

이와 같은 점에서 정치 분야 미래 트렌드의 하나로 정치권력의 분권화와 함께 시민의 참여 활성화, 지방과 민간의 자율성 확대 등이 제시되고 있다(황여정 외, 2022). 지역(마을) 및 시민 중심의 교육기회 확대, 지역 특성과 민간의 자율성을 반영한 정책과 소통 제도 마련, 지역 거버넌스를 활성화하는 지원 정책의 필요성 등은 이와 관련한 정책적 시사점으로 언급되고 있다(이재영, 2019). 우리나라 청소년정책과 관련하여 최근의 연구는 청소년참여의 패러다임을 이전과는 차별적인 방향으로 전환할 필요성을 제시하고 있어 주목된다. 2023년 이후의 국가청소년정책 전략을 연구한 결과에 의하면, "정책사업으로써의 참여"를 "청소년정책 유영원리로써의 참여"로 전환하고 "참여기구 중심의 참여"를 "일상적 참여"로 전환하며, "형식적 참여"를 "실질적 참여"로 전환할 필요성을 제시하고 있다(황여정 외, 2022).

청소년참여의 활성화를 위해서는 참여를 기존의 정책에 나타난 바와 같은 청소년활동 사업이나 시설에서의 프로그램으로 이해할 것이 아니라 청소년 권리보장 관점에서 청소년정책 전반에 적용되는 운영원리로 인식할 필요가 있다는 것이다. 또한, 기존의 청소년참여 정책이 참여기구 중심으로 이루어져왔다는 점에서 탈피하여, 다수의 청소년이 지역사회 중심으로 일상적으로 참여할 수 있는 여건을 조성하는 것이 필요하며, 앞으로의 청소년참여는 정책적으로 '보여주기식' 참여 보다는 실제적인 영향력을 행사하여 현실 변화를 도모하는 방향으로의 전환이 중요하다고 본다(황여정 외, 2017).

2023년부터 5년간 적용되는 제7차 청소년정책기본계획에서도 청소년참여 추진방향의 하나로 "청소년의 주도적 참여를 위해 다양한 참여기회를 확대하는 것으로" 5개의 정책과제 중의 네 번째를 "청소년의 참여·권리 보장 강화"로 구체화하였다. 이를 위해 "청소년의 참여활동 강화"와 "청소년 권익 증진"을 중과제로 제시하면서, "청소년의 다양한 참여기회 활성화"와 "청소년 참여 역량 제고 및 소통강화"를 소과제로 하는 세부정책과제들을 제시하고 있다. 여기에는 ① 청소년 자치활동 참여 확대, ② 지역사회 청소년참여 활동 확대, ③ 청소년정책 참여활동 지원, ④ 청소년 참여역량 강화, 그리고 ⑤ 청소년 간 소통강화 및 공동체 역량 함양 등을 포함하였다.

Chapter

10 현장활동기반 청소년전문업무

1 현장활동기반 청소년전문업무의 이해

우리나라 청소년정책의 흐름은 청소년을 위해 일하는 전문현장업무분야 즉, 현장활동기반의 청소년전문업무(youth work)와 관련한 이론과 정책, 그리고 실천의 다양한 영역에서 청소년들이 자신들에게 영향을 미치는 다양한 활동에 참여하며, 필요한 경우에는 스스로 행동을 주도해야한다는 개념이 점차 넓게 받아들여지고 있다(천정웅, 2019). 여기에서 현장활동기반 청소년전문업무(youth work)란 서비스 전달을 촉진하고 청소년을 대상으로 하는 핵심적 정책수단의 하나로 받아들여지고 있으며, 다양한 형태, 프레임, 이해 및 개념, 역사, 철학, 목적, 실천 및 문화 등의 폭넓은 스팩트럼(spectrum)을 갖는다. 현장활동기반 청소년전문업무(youth work)의 강점은 청소년센터나 클럽, 길거리, 공원, 쇼핑센터, 마을, 수용시설, 학교, 카페, 온라인 공간 및 SNS 등 다양한 세팅에서 가능하며 조직화될 수 있다는 것이다. 오늘날은 가능한 많은 청소년들이 현장활동기반 청소년전문업무 서비스(youth work service)들을 제공받고 있으며, 접근이 용이하고, 청소년들의 다양한 흥미를 끌어내고 있다. 이에 따라 다양한 활동들이 유스 워크(youth work)라는 용어를 중심으로 주로 영국, 아일랜드, 호주, 미국 등과 같은 선진 국가에서 청소년업무의 중심적인 형태를 차지하고 있으며, 유스 워크(youth work)는 청소년분야를 일컫는 대표적인 영역이 되고 있다.

우리나라의 경우, 이를 합의된 용어로 쓰고 있지는 않지만, 청소년과 관련하여 존재하는 각종 청소년기관, 단체, 시설 등의 실천현장과 프로그램 참여활동 그리고 정부와 지방자치단체의 주요한 정책사업과 청소년활동 지원을 위한 사회환경 등을 총칭하는 의미로 '청소년활동' 이라는 용어를 폭넓게 사용하고 있다. 특히 청소년단체활동의 오랜 역사를 통해 나타나는 현장기반적 특성과 관련하여 청소년활동업무, 청소년참여활동, 또는 청소년운동 등과 관련한 논의가 확산되고 있다. 실제로 유스 워크(youth work)란 용어는 자발성과 적극적인 참여, 학교교육과는 대비되거나 혹은 학교교육을 보완하고 청소년의 권리증진을 위한 프로그램이라는 의미에서 포괄적으로 청소년활동으로 번역하여 사용하고 있으며, 맥락에 따라서 청소년지도, 청소년육성, 청소년사업, 또는 청소년실천활동으로도 사용되고 있다(박선영, 2017; 이광호, 2012). 이에 따라 유스 워크(youth work)라는 용어와 관련한 정책적 검토와 개념적 재정립에 관한 시도들이 제안되고, 해당 용어 사용에 관한 많은 사람들의 사회적 합의를 도모할 필요성이 제기되면서 적절한 우리말 용어를 개발하거나 새롭게 만들기 위한 논의 또한 나타난 바 있다.

실제로 유스 워크(youth work)와 관련된 용어들은 유스 워크 실천(youth work practice), 유스 워크 정책(youth work policy) 등으로 다양하게 혼재하고 있으며 이에 종사하는 사람을 유스 워커(youth worker)라고 부르고 있어 이를 우리말로 어떻게 부를 것인가에 대한 고민이 있다. 유스(youth)를 청소년이나 청년을 포함하는 개념으로 이해하고 용어화하는 것은 무난한데 문제는 워크(work)를 어떻게 볼 것인가 하는 일이다. 한 가지 참고할 것은 사회복지학에서 소셜 워크(social work)라는 용어를 사회사업 또는 사회복지사업으로 번역하는 것에 대해서 사업이란 것이 부정적 이미지를 갖는 것으로 보아 전문적이고 과학적인 의미로서의 소셜 워커(social work)와는 거리가 멀다고 보고 소리 나는 대로 사용하거나 사회복지와 사회복지사로 이해하는 경향이 되고 있다는 점이다(김상균 외, 2011).

여기에서 논의하는 유스 워크(youth work)는 국가별로 그 대상과 방법, 또는 성격을 조금씩 달리하지만, 전반적으로 청소년관련 현장과 밀접한 실천 업무의 성격을 가지고 있다고 볼 수 있다. 이를 청소년사업으로 보면, 용어가 갖는 본래적 개념과 달리 '사업=비즈니스(business)'의 의미에서 자유로울 수 없으며, 공적 정책사업 또는 현장 프로그램과 구분되기가 쉽지 않다. 또한 청소년활동으로 쓰는 경우는 '활동=수련활동'이란 등식에서 쉽게 벗어나기 어려우며, 서구에서 말하는 유스 워크(youth work)가 담고 있는 역사와 목적, 범위, 대상, 분야 및 성격 등과 부합하지 않을 수 있을 것이다. 서구의 유스 워크(youth work)는 그 개념적 스팩트럼이 다양하지만, 청소년관련 기관을 중심으로 청소년과 함께 일하는 전문성을 가진 성인들이 청소년들의 조화로운 발달을 도움으로써 그들이 성공적인 성인으로 되도록 지원하는 일체의 노력을 의미하는 공통성을 갖고 있다고 말할 수 있다. 즉, 현장성과 전문성이란 특성을 갖는다는 점에서 현장기반의 청소년전문업무라는 의미로 보아 청소년전업(靑少年專業) 또는 청소년현업(靑少年現業)으로 사용하는 것이 필요할 것이다.

이런 점에서 유스 워커(youth worker)는 전문성을 가지고 현장청소년전문업무를 수행한다는 의미에서 청소년전업지도자 또는 청소년현업지도자로 쓸 수 있을 것이며, 유스 워크 실천(youth work practice)은 청소년전업실천, 유스 워크 정책(youth work policy)은 청소년전업정책으로 이해하여 일반적 의미의 청소년정책(youth policy)과 구분할 수 있을 것이다. 우리나라 국가직무능력표준(National Competency Standards)에서는 청소년지도의 소분류 아래 청소년활동이 세분류로 포함되어 있고, 그 안의 능력단위 요소에서는 청소년사업이란 용어를 사용하고 있다는 점이다(김윤나, 2019). 이런 점에서 유스 워크(youth work)를 현장활동기반의 청소년전문업무로 보고 이와 관련한 개념적 논의와 그것이 청소년정책과 연관된 성격을 이해하기로 한다.

우선, 유스 워크(youth work)에 대한 개념 정의는 다소 다른 점도 있지만, 전체적으로는 상당히 중복되고 있음을 알 수 있다. Davies(2010)는 유스 워크(youth work)란 모든 다양한 관점에서의 청소년들과 함께 일하는 방법이라고 했으며 경제적이고 사회적인 조건에 의해 변화되어온 개념이며 청소년리더십(youth leadership)이란 용어에서 기인하였다고 설명하였다. 또한 유스 워크(youth work)는 청소년이 자신이 기대하고 바라는 것보다 더 성취할 수 있도록 개입하는 것으로 정의하여 청소년개발(youth development)과 교육의 궁극적인 목표와도 맥락을 같이하는 매우 복합적인 개념이라고 보았다. 한편, 유럽연합(European Union)과 유럽위원회(Council of Europe)와 관련한 문건 중에서 유스 워크(youth work)에 관한 회원국 장관위원회(Committee of Ministers)의 권고 CM/Rec4(2017)에서는 다음과 같이 개념 정의를 하고 있는데, 가장 최근의 정치적 문서에서 규정하고 있는 내용으로 볼 수 있다.

즉, "집단 또는 개인적으로 청소년에 의해, 청소년과 함께 그리고 청소년을 위해 이루어지는 광범위한 사회적, 문화적, 교육적, 환경적, 정치적 본질을 가진 활동을 포함하는 넓은 용어이다. 유스 워크(youth work)는 유급 또는 자원봉사 청소년지도자들이 맡아하고 있으며 청소년과 자원적 참여에 초점을 두는 비형식 및 무형식 학습 과정에 기반을 두고 있다. 유스 워크(youth work)는 공동체와 의사결정에서의 청소년의 활발한 참여와 포함을 촉진하면서 청소년 및 그들이 살고 있는 사회가 함께 일하는 하나의 사회적 실천이란 본질을 갖는다. 접근가능성, 개방성과 융통성 및 동시에 청소년과 나머지 사회 구성원들 간의 대화를 증진하는 것으로 특징화되어야 한다"고 규정하고 있다.

또한, 유스 워크(youth work)는 다음과 같은 비형식(non-formal) 교육의 내용과 방법을 지향해야 한다고 본다. 여기에서 학습은 정규 교육 시스템의 외부에서 이루어지며, 정규 교육 시스템에서 조직화된 방식과 인식하는 유형과는 다르게, 의도적이며 자발적인 학습을 강조한다. 무엇보다도 민주적인 삶의 가치와 기술을 전수하고 실천하기 위한 것을 목표로 해야 한다고 보며 이를 구현하기 위한 방법적 기술에는 다음과 같은 것을 포함한다.

- 학습의 인지적, 정서적, 실천적 차원 간의 균형 있는 공존과 상호 작용
- 개인과 사회적 학습 연결
- 연대성 및 대칭 교육 / 학습 관계에서 지향된 파트너십
- 참여 및 학습자 중심 접근
- 실제 일상생활 관심사에 가깝고, 실험적이며, 행함으로써 학습하고, 학습장치로 문화 간 교류와 만남 활용

유스 워크(youth work)는 청소년들이 자신의 삶에서 임파워되도록 돕고, 유럽 수준에서의 청소년정책에 대한 열망을 발전시키고 이를 전달하는 중요한 수단으로 여겨지고 있다. 유스 워크(youth work)는 청소년들이 삶에서 경험하는 다양한 이슈들과 관련하여 각기 다른 청소년집단들을 지지하는 활동,

세팅, 프로그램과 접근들을 포함하는 업무영역이 되고 있다. 따라서 "유스 워크(youth work)의 일차적 기능은 청소년을 동기화하고 지지하여 삶에서의 건설적 통로를 찾고 추구하도록 하는 것이며, 그렇게 함으로써 각자의 개인적, 사회적 발달은 물론 크게는 사회에 기여하는 것이다."

유스 워크(youth work)의 이중적이며 때로는 서로 엇갈리는 목적으로는 청소년의 결사, 활동, 자율을 위한 공간을 주장하고 지키는 것이며 동시에, 조언과 옹호를 통하여, 청소년들이 삶의 다음 단계로 긍정적이고 목적 있는 전이를 하도록 지지하는 교량 역할을 하는 것이다. 유스 워크(youth work)는 모든 청소년 특히, 위기에 처하거나 취약한 상황의 청소년들의 활발한 시민성, 평생학습, 시민적·정치적 참여와 사회적 포함에 기여하게 된다.

유스 워크(youth work)는 다양한 기능을 갖는다. 행동을 가능하게 하고, 잠재력을 발휘하며, 대화와 변화에 관여하고, 해방시키거나 자율을 주며, 역량과 기술을 변환시키고, 기회를 제공하고 개발하거나 하나의 "환승지대(tranzit zone)", 즉 단지 연령의 측면에서만이 아니라, 청소년들의 현재 방법과 자신들이 되고 싶어 하는 방법, 그리고 하나의 자기표현의 포럼들 사이에서의 환승지대의 하나와 같은 기능을 하는 것이다(Coyote magazine, NO 28, 2019; Council of Europe, 2020). 또한, 유스 워크(youth work)는 매우 탄력적인 도구이다. 현재 순간에 필요한 지지를 생각해 내면서 삶의 상황을 변화시키는 데에 빠르고 효율적으로 반응하도록 한다. 그러한 생생한 사례로 최근의 세세직 COVID-19 대유행에 따라 발행한 위기 상황에 의해 초래된 도전에 맞서서 역설적으로 대응하고 처리하였던 예를 들 수 있다. 유럽을 포함한 여러 국가에서 이러한 특별한 상황에서 청소년이 갖게 되는 욕구에 대해 서비스를 제공하도록 많은 유스 워크(youth work)를 활용한 수단들을 채택하고 개발하였다.

특히, 최근의 COVID-19 팬데믹으로 사회의 디지털화와 디지털 기술의 관련성이 확장되고 가속화됨에 따라서 스마트 및 디지털 유스 워크(smart and digital youth work)라는 새로운 콘셉트(concept)가 만들어졌다. 디지털 유스 워크(digital youth work)는 별개로 독자적으로 생겨난 방법이 아니라 청소년과의 자원 관계 구축 및 비형식 교육과 학습 전달을 위해서 나타난 부가적인 기술로 볼 수 있다. 즉, 어떤 유스 워크(youth work) 상황에서도 디지털 유스 워크(digital youth work)가 포함될 수 있게 된 것이다.

2 비형식교육과 학습의 특성

유스 워크(youth work)는 청소년의 삶의 맥락에서 비형식교육과 학습(non-formal education and learning)의 핵심이 되고 있다. 비형식교육과 학습은 제도적 맥락의 밖, 즉 학교 밖에서 배우는 것으로 이해되듯이, 핵심적 활동이면서 동시에 유스 워크(youth work)의 핵심 역량의 하나이기도 하다. 이에 따라 유럽의 경우 "유스 워크(youth work)에서의 비형식 학습과 교육은 종종 구조화되고, 학습 목표, 학습 시간 및 구체적인 학습 지지에 기반하며 의도적으로 이루어진다. 이를 통해 자격증을 취득하거나 하는 것이 전형적인 것은 아니지만, 그러한 실용성도 점차 증가되고 있는 사례들이 나타나고 있으며, 개인적 학습 성과들에 대해 좋은 의미의 승인과정들이 이어지고 있다"(EU-Council of Europe Youth Partnership).

비형식 교육과 학습은 중요한 생활기술을 향상시키고 개발하는 것뿐만 아니라, 활발한 참여와 시민적 마음가짐에 대한 역량을 구축한다. 여기에는 자신감, 책임성, 자기 관리, 커뮤니케이션과 대인관계 기술, 문화 간 역량, 공감, 연대, 리더십기술, 팀 작업정신, 비판적 사고, 창조성, 자율, 참여, 문제해결, 계획 기술 및 기업가적 마인드셋 등이 포함된다. 더 나아가 비형식 교육과 학습은 평생학습과 현대생활을 위한 핵심적 역량을 향상시키는 것과 밀접하게 연결된다. 이런 점에서 비형식 교육과 학습의 역할에 대해 몇가지 흥미로운 질문들이 제기될 수 있다. 여기에는 비형식교육과 학습을 통해 어떤 역량을 청소년들은 개발하는가? 비형식교육과 학습은 청소년정책 수행과 기대하는 성과 달성을 어떻게 지지하는가? 국가 수준에서 승인된 비형식교육과 학습 분야에 국가적 청소년훈련과 개발 전략이 있는가? 청소년정책 계획과 실행에서 (재정적, 정치적, 법적) 지지의 역할과 수준은 무엇인가? 등과 같은 것이 포함된다.

따라서 유스 워크(youth work), 청소년전업, 즉 현장활동기반 청소년전문업무(youth work)에 대한 정책조치(policy measures)들로 다음과 같은 여섯 가지가 주로 제시될 수 있다(Williamson et al., 2021). ① 유스 워크(youth work) 분야에 다양한 형태로 지속가능하게 자원을 제공하기, ② 유스 워커(youth worker) 연수, 자격, 전문직 승인을 위한 프로그램 수립, ③ 유스 워크(youth work)를 위한 혁신적 접근법과 방법론을 지지하기, ④ 유스 워크(youth work) 관여를 통해 획득하게 되는 역량을 승인하는 국가 시스템의 수립과 개발, ⑤ 청소년의 개인적 발달과 자율로의 전이에서 유스 워크(youth work)와 비형식 교육과 학습의 역할보호, ⑥ 유스 워크 실천(youth work practice)에서 혁신과 창의적 접근을 위한 지지와 재정지원 등이다.

3 유스 워크(youth work) 정책의 실천적 전환

현장활동기반 청소년전문업무로 볼 수 있는 유스 워크(youth work)와 관련하여 정책을 실천으로 전환하는 데에는 ① 유스 워크, 즉 청소년전업 실천가의 개발(developing youth work practitioners), ② 청소년전업영역의 지지와 보호(supporting and safeguarding the youth work sphere), ③ 비형식 교육과 학습의 질적 보장(quality assurance in non-formal education and learning), 그리고 ④ 청소년전업 업무의 승인(recognition of youth work) 등의 4가지가 중요한 의미를 갖는다.

1) 청소년전업 실천가의 개발

청소년부문에서 일하는 사람들을 위한 지속적인 전문성 개발과 평생학습의 가치와 중요성은 유스 워크(youth work)와 더 넓게는 비형식 교육과 학습 활동의 질을 보장하는 점에서는 아무리 과대평가해도 지나치지 않을 것이다. 여기에는 실천가, 정책결정가 및 연구자들의 연수와 개발에 대한 투자, 청소년지도자들의 기술을 증진하는 연수프로그램과 자격 프레임을 수립하는 것, 지역적, 국가적, 국제적 수준에서 우수 실천 교류를 증진하고, 학습을 증진하기 위한 정책 대화에서 청소년, 청소년지도자, 청소년조직들을 포함하는 것 등을 생각할 수 있다(Youth Partnership, 2017).

2) 청소년전업영역의 지지와 보호

국가가 유스 워크 현장(youth work field)을 능동적으로 개발하고 청소년과 사회 모두에 그 영향을 증대할 수 있는 조치들에는 다음과 같은 몇 가지를 생각할 수 있다.

① 증명되고 혁신된 청소년전업실천(youth work practice)을 위한 가능한 환경과 조건을 제공하기
② 청소년정책 수립의 모든 수준에서 유스 워크(youth work)의 역할과 기여를 강화하고 다른 청소년 관련 부문을 지지하기
③ 유스 워크(youth work)를 지지하는 전략, 프레임, 입법화, 지속가능한 구조 및 자원을 개발하기
④ 유스 워크(youth work)에 참여하고 전달하는 것을 통해 개발된 가치, 태도, 기술, 지식 및 비판적 이해에 대한 인정을 증진하기
⑤ 유스 워크(youth work)에 대한 동등한 접근을 증진하기
⑥ 청소년단체의 업무와 기여를 존중하고 지지하기
⑦ 비형식 교육과 학습 개입을 지지하기
⑧ 지식 기반 youth 재가를 지지하기
⑨ 질적 수준을 보장하는 메커니즘과 결과 측정 도구 만들기와 youth worker들의 전문성 개발 과정을 지지하기
⑩ 역량과 관련하여 문서화, 확인, 자격증명 및 승인 등을 위한 시스템을 제자리에 놓기

3) 비형식 교육과 학습의 질적 보장

비형식적 교육의 차원에서 개입의 질을 확보하는 것과 관련한 이슈란 비형식 교육기회에 대한 국가와 비국가 제공자 모두 일련의 질적 기준을 고려하여, 그러한 활동들이 효과적임을 확실히 하고, 이러한 교육적 유형에 대한 기준, 원칙, 방법적 고려점들에 대해 대응하며, 학습 기회를 오남용하는 것을 최소화하는 것을 확실히 하는 것을 의미한다. 이를 위해 개발된 도구들은 청소년들이 질적 서비스를 받도록 보장하는 동시에 교육 제공자들은 필수적 요구 기준을 실행함으로써 청소년에게 그들이 제공하는 업무의 질을 개선하는 기회를 갖게 된다.

유럽의 경우 유럽평의회(Council of Europe)가 청소년센터에 대한 품질 라벨(quality label for youth centers)을 청소년센터와 일반적 유스 워크의 질적 발전과 질적 보장을 지지하는 하나의 기준설정 수단으로 개발하였다. 여기에는 15개의 질적 기준, 지표, 목표 및 국제 청소년센터의 일에 대한 조언 등이 포함된다. 유럽 전역의 각기 다른 청소년센터들은 품질 라벨을 신청할 수 있다. 대상 센터들은 그들이 청소년과 자국의 청소년 부문에 제공하는 품질을 개선하기 위해 라벨을 획득하는 과정을 사용할 수 있다.

4) 청소년전업 업무의 승인

청소년분야에서 '승인(recognition)'이라는 용어는 여러 가지 의미를 가지고 있는데, 특히 유럽의 경우에는 4가지 다른 의미를 가지고 있다. 우선, "형식적 승인(formal recognition)"은 학습 결과에 대한 확인(validation)과 개인이 성취한 것을 형식적으로 인정하는 인증서(certificates)나 졸업증명(diplomas) 등을 발급하여 학습과정이나 그 결과에 대해 인증(certification)하는 것이다. 둘째, "정치적 승인"은 입법에서 비형식 교육에 대한 승인을 의미하거나, 정치적 전략에 비형식 학습/교육을 포함하는 것과 이러한 전략에 비형식 학습 제공자들을 포함하는 것을 말한다. 셋째, "사회적 승인"은 사회적 행위자들이 비형식 세팅과 이러한 일을 제공하는 조직의 가치를 포함하여 이러한 활동에서 이루어진 일에서 획득한 역량의 가치를 인정하는 것이다. 넷째, "자기 승인"은 학습 성과와 이러한 학습 성과를 다른 분야에서 사용하는 능력을 가진 개인들이 행하는 평가를 의미한다(EU-Council of Europe Youth Partnership, 2011). 비형식 학습/교육 및 유스 워크의 승인에 대한 일은 체계적 접근을 필요로 하며, 청소년분야 '안'과 '밖'으로 부터의 다양한 이해 당사자들의 논의를 기반으로 한다.

유스 워크(youth work)의 승인을 지지하는 유럽수준의 정책적 도구들에는 우선 유스 패스(Youthpass)가 있는데, 이는 유럽 이동성 프로젝트(mobility project)에서 널리 사용되고 있는 도구 중의 하나로 유스 워크에서의 비형식 및 무형식 학습 경험을 인정하는 것과 관련된다. 유스패스(Youthpass) 인증서는 주로 에라스무스 플러스(Erasmus+) 프로그램 참가자들이 주로 사용하는데, 비형식 학습에 대한 승인을 육성하기 위해 European Commission의 전략의 일부로서, 참가자들이 각자의 학습 경험과 학습 성취를 서술하도록 한다. 다음으로 유럽에서의 유스 워크 승인과 관련한 도구 중에서 국제적 수준에서 일하는 훈련가와 청소년지도자를 위한 유립 훈련 전략 역량 모델(European Training Strategy Competence Model)과 유럽평의회 유스 워크 포트폴리오(Council of Europe Youth Work Portfolio) 등이 있다. 이는 유럽 전역에서 유스 워크에 종사하는 개인, 팀, 조직들이 각자의 역량을 이해하고 개발하도록 돕는 온라인 도구로서, 훈련가, 유스 워크 매니저 및 정책결정가 및 기타 청소년 관련 성인들이 사용할 수 있다.

4 청소년전업의 모델과 한국의 청소년현업활동

1) 현장실천기반 청소년전문업무(youth work)의 성격과 모델

청소년정책의 주요 정책 수단에 대한 주제 중 하나인 현장활동기반의 청소년전문업무(youth work)와 관련한 내용을 고찰함에 있어 최근 Fusco와 Heathfield(2015)가 유스 워크의 개념화와 관련한 대표적인 모델들과 Arnstein(1969)의 시민참여 모델을 병렬적으로 대조하면서 청소년전문업무 모델과 참여, 그리고 업무 성과의 상호연계된 본질을 모형화하여 제시한 것이 있어 주목할 필요가 있다. Fusco와 Heathfield(2015)는 기존의 다양한 청소년업무 모델 중 특히 Butters와 Newell(1978)의 6가지로 개념화한 모델, Smith(1988)의 3가지 모델, Hurley와 Treacy(1993)의 3가지 모델, Cooper와 White(1994)의 5가지 모델, LISTEN, Inc(2000)의 5가지 모델, Sullivan과 Saito(2008)의 4가지 모델, 그리고 최근의 Sallah(2014)의 3가지 모델 등을 포괄적으로 활용하였으며 이를 통해 청소년업무를 ① 인격함양, ② 사회교육, ③ 여가제공, ④ 근본적 패러다임 등과 같은 4가지 범주로 유형화하였다.

또한, Arnstein의 시민참여모델은 시민이 정책결정에 참여하는 실질적인 수준을 조작(manipulation) → 치료(therapy) → 정보제공(informing) → 자문(consultation) → 유화(placation) → 공동협력(partnership) → 권한이양

(delegated power) → 시민통제(citizen control) 등으로 구분하여 8개의 단으로 나눈 것이지만, 이를 ① 조작과 치료, ② 정보제공, 자문, 유화, ③ 공동협력, 그리고 ④ 권한이양과 시민통제 등 4개로 묶어서 대조하기 위한 목적으로 활용하였다.

표 10-1 청소년업무의 개념화와 "참여"정도의 병렬적 대조

시민 참여	Arnstein 1969	제1단: 조작 제2단: 치료	제3단: 정보제공 제4단: 자문 제5단: 유화	제6단: 공동협력	제7단: 권한이양 제8단: 시민통제
청소년 업무의 개념화	Butters & Newell (1978)	인격함양	사회교육 Repetoie 문화적 다원주의와 조정 구조기능주의와 지역개발 갈등이론과 제도개혁		급진 패러다임
	Smith(1988)	복지화	개인적, 사회적 발달	여가제공	
	Hurley & Treacy (1993)	기능주의: 사회적 규제	해석주의		갈등이론: 사회는 계급투쟁으로 형성
	Cooper & White(1994)	처치; 사회적 응집성	개혁 옹호(비급진적) 옹호(급진적)		임파워먼트 (비-급진적) 임파워먼트 (급진적)
	LISTEN, Inc.(2000)	청소년 서비스	청소년개발	청소년 리더십	시민적 관여 청소년조직화
	Sullivan & Saito(2008)	참여	열정	권력	집단적 행동
	Sallah(2014)	억압	개발 또는 국제교육		지구촌청소년업무
	기디				

출처 : Fusco & Heathfield(2015). p. 31 재구성.

(1) 인격 함양(제1단과 제2단)

Butters와 Newell(1978)에 따르면, 인격 함양(character building)은 가장 오래 지속된 청소년업무 실천 중의 하나이다. 1800년대 중반부터 구별되는 사회적 행동으로서 대두되었으며, 인격함양의 목적은 신체적 단련과 규율, 성의 억제, 개인적 관심사에 대한 결여 및 책임감에 대한 준비들을 통하여 근로 계급 청소년들을 지배적인 사회적 질서 속으로 통합하는 것이었다. Cooper와 White(1994)는 인격함양을 "처치"의 실천으로 본다. 이는 청소년들의 욕구가 어떻게 사회적으로 청소년문제로 규명되는 지를 잘 보여준다. 청소년들은 자신들의 욕구를 결정하는데 어떤 역할도 하지 못하고, 성인들이 자신들의 삶에 그러한 욕구를 어떻게 틀 지우는지에 대해서도 알지 못했다. 이러한 인격함양적 실천은 참여사다리 모델에서 비참여적 접근에 해당하는 것이다.

(2) 사회교육(제3단, 제4단 및 제5단)

청소년업무에 대한 두 번째 접근은 1930년대에서 1970년대 사이 대두되었으며, 이는 사회교육(Social Education Repertoire: SER)로 확산되었다(Butters & Newell, 1978). 청소년업무는 진보적 교육운동을 위한 하나의 전략이며, 청소년들이 건강한 성인이 되도록 비공식적 학습 기회를 제공하는 역할을 하였다. 1960년대 영국의 알버말러 보고서(Albermarle Report)는 이를 정당화한 것이며, 미국의 Erickson 같은 발달심리학자들의 인식과도 같은 맥락을 갖는다. 인격함양과 같이 이러한 접근도 성인이 개념정의한 청소년 욕구와 제공에 기반을 둔 것으로 청소년참여 맥락에서 보면, 청소년위원회(제5단)나 프로젝트에 대해 자문하는 정도(제4단)에 해당한다. 즉, 자문위원회에 참여하고 조사연구(survey)에도 참여하지만, 의사결정 권력은 한계를 갖는 것이다.

(3) 여가 제공(제6단)

Fusco와 Heathfield(2015)는 청소년업무의 세 번째 형태를 여가 제공(leisure provision)으로 보고 여기에서는 의사결정이 청소년과 함께 공유되기 시작하는 것으로 본다. 이것은 청소년업무가 참여적 의미와 관련되는 최초의 양식으로 볼 수 있는 것이다. 오늘날 인격함양에 관여하는 청소년단체에서도 이런 업무를 볼 수 있다. 이런 점에서 인격함양과 부분적으로 그 기능이 겹치기도 하지만, 여가시간 동안 구조적 활동을 제공하는 것은 청소년업무 실천의 하나의 중요한 역할(mainstay)인 것이다. 미국의 경우 이러한 접근법은 "청소년 지도력(youth leadership)"으로 불린다(LISTEN, Inc., 2000). 이러한 참여수준에서는 여가제공적 접근이 시민적 관여(civic engagement) 또는 부분적인 청소년조직화(youth organizing)로 진전하는 것이 드물지 않는 일이다.

(4) 근본적 패러다임(제7단과 제8단)

Fusco와 Heathfield(2015)가 제시하는 청소년업무의 마지막 범주는 근본적 패러다임(radical paradigm)이다. 실천현장에서 이것은 연령차별주의, 성차별주의, 인종주의 그리고 동성애혐오증(homophobia)에 도전하는 비공식 맥락에서의 학습을 강소한다. 청소년 참여 행동연구도 이러한 실천의 한 예가 된다. 청소년업무의 목적은 개인을 계몽하거나, 청소년들이 참된 의식을 확립하도록 돕는 것이다. 실천가들은 오늘날의 정치적 우선순위에 부응하거나 청소년들에 대해 치별적인 현상유지(status quo)에 도전하는 두 가지 영역에서 협상하는 방법을 찾아야 한다. 특히, 최근 해방(liberation)이란 것은 지구화(globalization) 이슈와 깊게 연결되어 왔다. 지구촌 청소년업무(global youth work: GYW)는 새로운 지식(또는 의식 고양)에 초점을 맞추는 것이 아니라, 지역사회 수준에서의 지식을 지구적 경험을 통하여 적용하는 것에 초점을

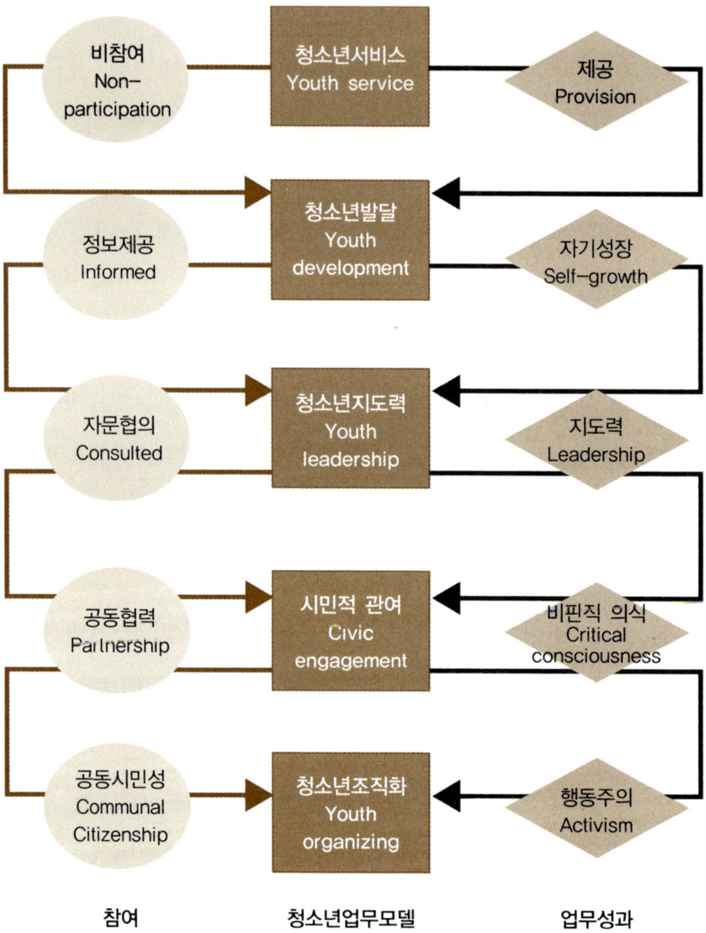

그림 10-1 **청소년업무 모델, 참여, 성과의 상호관련된 성격**

출처: Fusco & Heathfield(2015). p. 21 보완.

둔다. 변화는 개인으로부터 시작하지만, 지역, 전국 및 지구적 이해를 향해 움직여나갈 수 있고 또 움직여야만 한다. 여기에서의 참여는 그 깊이가 개인으로부터 지구적 영역에까지 이르게 되는 것이다. 청소년조직화와 청소년행동주의에 관한 최근의 많은 사례들은 이러한 인식을 더욱 강화시키고 있다.

2) 한국의 청소년정책의 청소년활동기반적 성격

Fusco와 Heathfield(2015)가 제시한 청소년업무, 즉 유스 워크의 개념화와 "참여" 정도의 병렬적 대조는 청소년업무를 청소년참여와의 관련성 안에서 인격형성, 사회교육, 여가제공 및 근본적 패러다임의 성격을 갖는 것으로 나타나고 있다. 이는 우리나라의 청소년정책에서 볼 때 청소년활동 분야의 목적과 정책사업, 현장프로그램과 관련 제도 및 전담인력 양성 등과 관련한 정책 내용과 가장 유사한 성격을 갖는 것으로 이해할 수 있을 것이다. 청소년활동이 정책화되는 배경은 청소년 성장과 육성을 위한 청소년단체활동의 오랜 역사와 청소년을 위한 사회적 서비스의 제공 등과 관련되며 청소년참여와 관련한 활동사업도 포함하고 있기 때문이다. 또한 이러한 인식은 청소년업무 모델에서 제시되는 청소년서비스, 청소년발달, 청소년지도력, 시민적 관여, 그리고 청소년조직화라는 내용들이 각각, 제공, 자기성장, 지도력, 비판적 의식 및 행동주의라는 성과로 연결되는 목적과 맥락을 갖고 있다는 점과 관련되는 것이다.

실제로 청소년현업 즉, 유스 워크(youth work)에 관한 개념 정의를 보면, 정규교육과정이 아닌 영역에서, 특정 여가시간의 활동을 통해서 이루어지는 비형식적, 무형식적 학습과정이며, 자발적 참여를 기반으로 하여, 전문적인 현업지도나 자원지도자 또는 청소년 리더들의 지도와 안내로 수행되는 것으로 수렴되고 있음을 볼 수 있다. Bamber 등(2014)은 유스 워크(youth work), 즉 청소년전업의 핵심적인 특징을 다음과 같이 제시한 바 있다.

① 자발적 선택에 의해 참여하는 청소년들과 상호 신뢰적이고 존중하는 관계를 형성한다. ② 대체로 비형식적인 지역사회 기반의 여건에서 이루어진다. ③ 청소년들의 관심사, 흥미, 요구, 권리 책임에 맞는 목적을 위해 작동하며, 청소년들이 이러한 목적을 식별하고 이해하는 방법을 우선한다. ④ 개인적, 사회적 역량과 능력을 키우고자 한다. ⑤ 교훈적이고 개별화된 형식이나 사전에 결정된 커리큘럼을 넘어 능동적이고 경험적이며 집단적인 학습을 선호한다. ⑥ 청소년들이 성인과 함께 파트너십을 발휘할 수 있도록 지지하여 자발적으로 참여할 수 있도록 한다. ⑦ 발달적, 교육적, 도전적, 지지적, 창조적 기회를 제공하며, 청소년들의 영향력을 자신의 삶과 사회전반에 확대할 수 있는 기회를 제공한다. ⑧ 청소년이 계급, 성별, 인종, 성적지향, 장애 등과 같은 개인 및 집단의 정체성과 주요 특징을 명확히 이해하고 포용할 수 있도록 노력한다. ⑨ 청소년들이 자신이나 지역사회, 보다 넓은 사회에 피해를 줄 수 있는 어려움, 위협, 위험을 다룰 수 있도록 지원한다. 이런 점들을 고려하면서 유스 워크와 관련한 우리나라 현장활동기반의 청소년전문 업무에 대해 고찰할 필요가 있다.

(1) 청소년활동의 개념적 특성

청소년활동 개념은 1991년 한국청소년기본계획이 수립되면서 모든 계획의 중심에 수련활동을 상정하여 '청소년수련활동'이라는 법적 개념을 사용하기 시작하였고 "심신을 단련하고 자질을 배양하며 배움을 실천하는 체험활동으로써 청소년의 전인적 성장을 위하여 지식교육과 함께 필수적인 활동"으로 정의한 바 있다. 이후 2004년에는 1991년 제정된 「청소년기본법」의 개정과 「청소년활동진흥법」의 제정으로 다양한 활동을 포함하는 상위 개념으로 '청소년활동'개념을 사용하게 되었으며, "청소년의 균형 있는 성장을 위하여 필요한 활동과 이러한 활동을 소재로 하는 수련활동 · 교류활동 · 문화활동 등 다양한 형태의 활동"으로 개념을 정의하였다(청소년기본법 제3조 제3항). 그러나 이러한 개념정의는 법제도적인 것이며 연구자들의 정의는 매우 다양하게 제시되고 있다.

예를 들면, "실생활에서 청소년의 자발적 참여에 의해 이루어지는 제반 체험중심의 활동"(김정명, 1991), 또는 "청소년의 긍정적인 성장과 발달을 목적으로 하는 교육적 활동이며 청소년의 자발적 참여의지에 의해 발현되는 자율적 활동"(김진호·권일남·이광호·최창욱, 2009), 그리고, "청소년들이 주어진 환경 속에서 개인적 또는 사회적 가치나 목표를 실현하기 위해 행하는 모든 정신적, 신체적 행위 일반을 지칭하는 것"(천정웅·오해섭·김정주·김민, 2017) 등으로 나타나고 있다.

이러한 개념 정의들에서 공통적으로 나타나는 청소년활동의 의미는 발달과업의 수행, 자발적 참여, 체험활동 등으로 축약할 수 있을 것이다. 청소년활동은 정신적·신체적 변화를 겪고 있는 청소년들이 하는 활동으로 자발적인 참여가 무엇보다 중요한 활동이며, 궁극적으로 청소년들의 정신적, 신체적 바른 성장을 위한 활동으로서 단순한 활동이 아닌 학습과 교육, 훈련의 의미를 지니는 것이라 할 수 있다. 이에 따라 청소년활동의 구체적인 특성들을 살펴보면, 청소년활동은 청소년의 균형적인 성장을 위해 심신단련, 자질배양, 취미개발, 정서함양, 사회봉사 등의 체험을 통해 덕과 체를 함양하기 위한 ① 목적성을 가지고 있고 자유로운 선택에 의해 이루어지는 ② 자율성을 가지고 있으며 개인이 혼자서 행하는 것이 아닌 타인과의 유대관계를 통해서 경험하고 배우는 ③ 조직적이고, 스스로 선택한 새로운 일들을 직접 실천해 보는 ④ 체험적 특성을 띠고 있으며 어려운 문제를 피하지 않고 직접 부딪쳐서 해결할 수 있도록 진취적인 사고를 배양하는 ⑤ 모험적 활동이라 할 수 있다(천정웅 외, 2015).

(2) 청소년활동의 정책업무화

이러한 의미의 청소년활동은 우리나라의 청소년정책을 형성하는 핵심내용으로 자리 잡으면서 그 영역을 점차 확산하고 있다고 볼 수 있다. 한국의 청소년정책은 1980년대 중반 전담부서가 설치되고 '한국청소년기본계획'이 수립된 이후 주로 수련활동을 중심으로 하는 청소년활동을 주요 업무내용으로 하면서 점차 청소년복지, 교류활동, 참여활동 등과 관련한 정책사업을 추가하면서 오늘날과 같은 독자적인 영역을 갖는 국가 정책업무로 발전되어 왔기 때문이다. 청소년단체와 청소년지도자 등과 관련한 제도화의 과정도 청소년활동의 정책영역화 과정에서 나타났음을 알 수 있는데, 한국청소년기본계획의 구성은 청소년을 위한 수련거리 즉, 활동프로그램, 각종 청소년시설을 포함하는 수련터전, 그리고 청소년지도자와 청소년단체에 관한 내용을 포함하고 있었다. 실제로 한국청소년기본계획 실행을 위한 소요예산 중 86.2%가 청소년활동에 소요되는 경비였으며, 청소년복지와 청소년교류를 위해 편성된 것은 나머지 13.8%에 불과하였다는 점에서 한국의 청소년정책은 청소년을 위한 수련활동, 즉 오늘날의 청소년활동업무와 관련한 계획으로 평가할 수 있다고 보는 것이다.

이런 점에서 청소년수련활동은 단체활동, 집단활동, 특별활동, 봉사활동 등의 개념과 유사한 것으로 이해되기도 한다. 청소년단체활동이란 청소년단체협의회에 등록되어 있는 청소년단체의 여러 가지 활동이며, 청소년집단활동은 청소년들이 집단(모임)을 이루어 활동하는 것으로 볼 수 있다. 그러나 집단활동은 그것이 일정규모의 그룹(group)을 중심으로 이루어지는 활동이란 측면에서는 각종 청소년단체나 종교단체 등에서 주관하는 갖가지 집단활동, 학교내에서 청소년들에 의해 자발적으로 운영되어지는 학생회활동, 학내 클럽활동 및 동아리 활동을 포함한다. 또한 학교 내에서 말하는 단체활동은 교육과정 특별활동영역에 포함되어 있는 것으로 이수단위가 규정되어 있는 극기, 탐사, 안전구호, 지역사회봉사활동 등 4개 영역을 포함하는 것으로 정의한다(천정웅, 1998a). 이에 따라 청소년수련활동의 개념과 범주는 전반적으로 다음과 같은 공통점을 갖는 것으로 이해되고 있다.

① 지식위주의 학업활동이 아닌 배움을 실천하거나 실천을 통해 배우는 체험활동으로서 ② 개인적이라기보다는 집단적이며, ③ 친구끼리나 동아리를 형성하여 할 수도 있지만 일정한 장소(시설과 공간), 프로그램을 가지고 지도자들의 도움을 받아 집중적, 체계적으로 활동하며, ④ 근로, 학교수업과 같은 수동적 · 의무적인 활동이 아닌 능동적인 참여를 전제한 활동으로 ⑤ 심신단련에서 사회봉사 활동에 이르기까지 다양한 활동영역이 있으며 ⑥ 무계획적 · 임의적 활동이 아닌 조직적인 활동이라는 특성을 갖는 것으로 정의한다.

5 활동중심 청소년실천의 주요 정책사업

한국의 청소년활동기반의 실천업무의 주요 내용은 다양하게 볼 수 있지만, 유스 워크, 즉 청소년업무의 개념화와 관련한 인격함양, 사회교육, 여가제공 및 근본적 패러다임이란 네 가지 측면과 관련한 비형식 교육과 학습의 특징을 고려하여 청소년활동과 학교, 현장실천 기반의 주요 청소년활동, 지역사회기반 청소년활동, 주요 청소년활동제도 등으로 크게 구분하여 다음과 같이 고찰하기로 한다.

1) 청소년활동과 학교

(1) 창의적 체험활동

창의적 체험활동은 제1차 교육과정에 특별활동으로 도입되어 '2007 개정 교육과정'까지 "특별활동"이라는 이름으로 교과 외 교육과정으로 운영되었다가 7차 교육과정부터 "재량활동"이라는 이름으로 새롭게 도입이 되었고 이후 '2009 개정 교육과정'에서 특별활동과 재량활동이 합쳐져 "창의적 체험활동"이라는 새로운 교과 외 교육과정 영역을 신설하여 1~6시간까지 주당수업시수를 운영하도록 한 것을 배경으로 한다. 창의적 체험활동은 자율활동, 동아리활동, 봉사활동, 진로활동 등 4개 영역으로 구성된다(교육부, 2015).

(2) 자유학기제

자유학기제는 "중학교 교육과정 중 한 학기 동안 학생들이 중간 · 기말고사 등 시험 부담에서 벗어나 꿈과 끼를 찾을 수 있도록 수업 운영을 토론, 실습 등 학생참여형으로 개선하고 진로탐색 활동 등 다양한 체험활동이 가능하도록 교육과정을 유연하게 운영하는 제도"로 정의한다(김상범, 2022). 자유학기제 시행은 그동안의 학교교육에서 미흡할 수 있었던 교과 통합교육을 자유로운 교육과정 재구성 및 시행을 통해 창의성을 키울 수 있는 환경으로 제공하는 것이다. 또한 활동중심 진로체험을 통해 현실적응력과 현장에 대한 전문적인 이해도를 높일 수 있는 시간이 되도록 하여 주입식 교육의 틀에서 벗어나 확장된 사고를 유도하고 기존 교과들에 대한 통합적 사고를 이끌어낼 수 있도록 하였다(홍수연, 2020).

2) 현장실천기반의 주요 청소년활동

(1) 단체활동

청소년단체란, 청소년이 공동체 활동에서의 상호작용을 통해 개인역량을 함양하는 동시에 미래의 건전한 사회구성원으로 성장하는데 필요한 태도와 능력을 배양시키는 비영리 사회단체이다. 청소년단체 활동의 주요 기능은 ① 청소년의 인성·품성 함양과 신체적·지적·정서적·사회적 발달 도모, ② 올바른 국가관 확립 및 바람직한 민주시민으로의 성장 지원, ③ 창의적 사고능력 및 잠재능력 계발 유도, ④ 청소년기의 인성교육 부재로 인한 각종 사회문제(폭력, 자살, 가출, 중독, 음주·흡연 등)의 예방과 치유 등이다. 청소년단체는 각 단체마다 고유의 설립목적에 따라 여러 유형이 있으며 국가 및 지방자치단체는 청소년단체의 조직과 활동에 필요한 행정적인 지원과 운영·활동 경비의 일부를 보조할 수 있도록 하고 있다. 청소년단체의 주요 활동은 ① 우리나라 청소년단체 등의 협의체인 한국청소년단체협의회에 가입한 공식청소년단체(예: 한국스카우트연맹, 청소년연맹, YMCA, YWCA, 흥사단 등)의 회원으로 활동하는 청소년회원 가입활동, ② 청소년동아리 활동, ③ 청소년 자치활동 등의 세 가지 유형이 있다. 단체별로 설립취지가 상이하지만 청소년단체들이 가진 공통적이고 기본적인 운영 원리는 청소년의 자질함양과 인성발달을 도모한다는 점이다.

(2) 동아리활동

청소년 동아리활동은 학교에서 서로 동일한 취미와 특기, 적성, 관심사와 가치관을 가진 청소년들이 모여 자신의 소질과 적성을 개발하고 발전시킴으로써 자아실현의 기초를 형성하고 사회성과 협동심을 기르며 다양한 자기표현 능력을 신장시키기 위해 학교나 지역사회 시설 및 기관을 활용하여 운영하는 활동이다(신은경·윤경·김진강, 2016). 청소년은 동아리 활동을 하면서 사회구성원임을 지각하고 책임감 및 사회성을 배양하며, 공동체 활동을 통해 준법정신을 함양하고, 지도성과 협동성, 봉사정신 등의 능력 및 자질을 함양한다. 다양한 직업적 경험의 기회를 얻으며 현명하게 진로를 선택할 수 있는 능력을 배양할 뿐만 아니라 여가선용으로 다양한 취미를 통하여 보다 넓은 스펙트럼의 생활태도를 갖추게 된다(김지연, 2000).

(3) 봉사활동

청소년 자원봉사는 개인, 가족, 동아리·단체 등의 유형으로 활동에 참여하며, 일손돕기·환경미화·취약계층 활동 보조 등의 노력 봉사, 학습지도·멘토링·공부방 운영 지원 등의 교육봉사, 지역행사 운영·보조, 캠페인 활동 등의 문화봉사, 청소년들의 다양한 재능을 활용한 재능봉사 활동 등의 다양한 종류의 활동이 이루어지고 있다(여성가족부, 2023). 청소년 봉사활동은 일반적인 봉사활동의 정의와 함께 일종의 체험학습의 성격을 띠며, 인성개발을 바탕으로 하는 교수학습의 과정에서 통합되는 교육행위의 개념도 포함한다(한국청소년개발원, 1994). 즉, 봉사활동은 조직화된 봉사과정을 통해서 무엇인가를 배우고, 자신을 개발시키는 경험학습의 교육과정으로써 청소년 스스로가 학교에서 학습한 지식, 가치관, 기술을 바탕으로 지역사회에 대한 책임감을 가지고 개인 또는 집단으로 행하는 학습활동이다. 청소년들은 봉사활동을 통해 이타성, 사회적 책임감, 협동심, 정직성 등의 인성을 개발할 수 있다(김보현, 2011).

(4) 청소년국제교류활동

청소년 국제교류는 협의적으로 '청소년 집단이 외국과 직접적인 접촉을 통하여 조직적으로 이루어지는 활동'으로 정의할 수 있으며(강경표, 2003), 광의적으로는 '청소년의 직접 접촉 없이도 청소년의 지적, 신체적, 정신적인 면에 있어서의 바람직한 변화를 목적으로 일정기간 동안 청소년 개인, 청소년 대표 또는 동아리, 단체 등의 청소년 집단에 의하여 이루어지는 외국과의 인적, 물적, 문화적, 사상적인 교류활동'을 포괄하는 것으로 그 범위가 점차 확장되고 있다(김주희·곽성현, 2015). 청소년 국제교류활동의 목적은 '지구촌 사회의 간문화적 이해를 통한 평화적·공동체적 삶을 창조하고 지구촌 문제의 공동해결을 위하여 공동체나 지역사회 공동체 등과 함께 하는 삶에 대한 의식과 행위를 배우고 익혀 지구촌 및 지역사회 공동체를 형성·발전시키는 것'이다(한국청소년개발원, 2004). 청소년 국제교류의 효과는 ① 상호 우익의 증진, ② 개인 및 집단의 역량강화, ③ 세계시민성의 함양 등으로 볼 수 있다(김지윤, 2019).

3) 지역사회 청소년활동 정책사업

(1) 방과후아카데미 사업

방과후활동(after school)은 시기적인 측면에서 보면, 학교 정규교육 과정이 끝난 이후뿐 아니라, 토·일요일, 공휴일 등 학교 수업이 없는 날을 포함한 시기에 이루어지는 청소년활동을 의미한다. 활동의 내용적 측면에서는 학교에서 제공되는 정규 교육과정을 제외한 모든 활동을 의미하거나 더 좁게는 가정에서의 사교육 활동을 제외한 학교나 지역사회, 국가가 방과후에 제공하는 활동으로 정의하고 있다(양계민 외, 2006). 방과후아카데미는 방과후학교, 지역아동센터 프로그램과 함께 방과후활동의 한 유형이다. 방과후아카데미는 여성가족부와 지방자치단체에서 공적 서비스를 담당하는 청소년수련시설을 기반으로 방과후 돌봄이 필요한 청소년들에게 체험활동, 학습지원, 급식, 상담 등 종합적인 서비스를 지원하는 사업으로 청소년활동·복시·보호·지도 등을 통해 청소년의 전인적인 성장을 지원하고 가정의 사교육비 경감 및 양육 부담 완화에 기여하고자 하는 사업이다.

(2) 방과후학교

방과후학교는 방과후 교육활동을 체계화한 새로운 개념으로 2006년부터 도입되었다. 방과후학교는 학생과 학부모의 요구와 선택을 반영하여 수익자

부담 또는 재정지원으로 이루어지는 정규 수업 이외의 교육 및 돌봄활동으로, 학교 계획에 따라 일정한 기간 동안 지속적으로 운영하는 학교교육활동을 말한다(교육부, 2020). 방과후학교는 단위 학교 중심으로 운영되기 때문에 지역과 연계하여 프로그램을 구상했을 때 다양한 장점을 지닌다. 즉, 같은 지역 내에서 이루어지기 때문에 접근성이 쉽고 그 지역의 특색을 살린 프로그램의 경우 지역 정체성을 알게 된다는 교육적 가치를 지니며 지역과 학생의 소통을 늘려 지역에 활기를 불어넣어 준다. 방과후학교는 지역사회와의 연계를 통해 프로그램의 질적 향상을 이룰 수 있다.

(3) 청소년어울림마당

청소년어울림마당은 청소년들의 주도적인 참여를 기반으로 청소년과 지역사회가 함께 다양한 형태의 문화예술활동을 중심으로 어우러지는 지역의 대표적인 청소년축제로 「청소년활동진흥법」 제60조(청소년문화활동의 진흥), 제61조(청소년문화활동의 기반구축)에 법적 기반을 두고 있다. 청소년어울림마당은 청소년이 활동을 통하여 상호소통하는 장(場)이며, 청소년들의 일상적 삶의 일부분으로서 청소년들의 문화적 감성 함양과 문화창조 능력개발을 지원하는 시설과 조직, 프로그램 등으로 구성된 인프라로서의 일정한 지역적 공간이라 할 수 있다(여성가족부, 2023).

4) 주요 청소년활동 제도

(1) 청소년수련활동인증제

청소년수련활동인증제는 수련활동이 인진하며 유익하다는 것을 보증하여 양질의 활동 기회를 제공하고자 도입한 것으로 「청소년활동진흥법」 제35조와 제37조에 근거를 두고 2006년부터 본격적으로 실시되었다. 2019년에는 학부모와 교사가 직접 참여하는 현장점검단을 운영하여 수요자가 제도를 인지하고 필요성을 느끼게 하는 실효성 있는 제도를 운영하도록 하였으며, 보급형 프로그램을 현장에 개발·보급하고 찾아가는 현장 맞춤형 컨설팅을 지원하여 인증신청자가 신청의 어려움을 해소할 수 있도록 하였다(여성가족부, 2023). 인증제 활동 유형으로는 기본형, 숙박형, 이동형, 학교단체 숙박형이 있다.

(2) 국제청소년성취포상제

국제청소년성취포상제(The Duke of Edinburgh's International Award, Korea)는 1956년 영국 에딘버러 공작에 의해 설립된 것으로 현재 130여 개 국가에서 운영되고 있으며 우리나라는 2008년 국제포상협회로부터 독립운영기관의 자격을 취득하였다. 만 14세부터 만 24세까지로 대한민국에 거주하는 청소년이면 누구나 참여할 수 있으며 포상활동은 타인과 지역사회에 도움을 줄 수 있는 봉사활동, 개인의 관심 분야를 배우고 익히는 자기개발활동, 몸과 마음을 건강하게 하는 신체단련활동, 자연에서 도진징신과 팀워크 그리고 환경의 소중함을 깨닫는 탐험활동 등의 4가지 유형으로 이루어진다. 활동기간별로 동장, 은장, 금장 단계로 구분하며, 동장(6개월), 은장(6~12개월), 금장(12~18개월)으로 규정되어 있다(이소현, 2019). 금장 단계에 한해 새로운 사람들과 가치 있는 목적을 공동으로 이루는 합숙활동이 있으며, 각 활동별 주어진 최소 활동 기간을 충족해야 한다(여성가족부, 2023).

(3) 청소년자기도전포상제

청소년자기도전포상제(Korea Achievement Award)는 국제청소년 성취포상제를 모태로 2010년부터 연구되었고, 만 9~13세 청소년(초등학교 3학년~중학교 2학년)이면 누구나 참여할 수 있다. 즉, 저연령 청소년들이 또래 및 가족과 함께 자기개발, 신체단련, 봉사활동, 탐험활동 등의 활동을 한다. 또한 청소년 스스로 목표를 설정하고 계획하여 성취하는 과정을 통해 청소년의 능력과 소질을 개발하고 자신이 속한 사회 속에서 다른 사람과 조화로운 삶을 살아갈 수 있는 사회·문화적 기술을 습득할 수 있는 경험을 할 수 있도록 구성되어 있다. 청소년자기도전포상제 활동 경험을 통해서 자기성장의 기회를 마련하고 영역별 활동목표 성취를 통해 자아효능감 향상과 자신의 적성과 소질을 발견할 수 있는 기회를 제공하여 저연령 청소년들의 활동 참여 활성화를 도모하고자 하였다(김경희, 2018).

Chapter

11 디지털화와 청소년정책 전환

1 디지털화의 영향과 디지털환경의 개념

1) 디지털화의 영향

새로운 기술적 변화는 우리의 삶의 모든 영역에서 정치적, 사회적, 경제적 및 문화적 맥락이라는 측면에서 디지털 기술의 역할을 증대시켰다. 이러한 변화는 우리 삶의 방식에 큰 변화를 가져오고 있으며 청소년의 생활 전반에도 이미 큰 영향을 끼치고 있다. 디지털화의 증대는 청소년들이 가치와 윤리에 입각한 선택에 기반하여 삶의 모든 측면에서 디지털 기술을 안전하고 책임 있게 사용하도록 지지하는 정책적 필요성을 제기할 뿐만 아니라 이러한 상황을 이해하고, 평가하고, 해석하는 데 있어서의 정책의 역할에 관하여 많은 질문을 던져주고 있다. 기술적 발전, 디지털화와 혁신은 또한 많은 청소년들의 잠재력과 가능성의 스펙트럼을 풍부하게 해주고 있으며, 그에 따라 이를 어떻게 동동하게 활용하고 사용할 수 있도록 보장할 것인가라는 점이

도전과제로 대두되고 있다(천정웅, 2021).

오늘날의 청소년들은 이미 많은 시간을 정보의 소비와 공유 및 관리를 위해 디지털 미디어(이미지, 비디오, 메시지, SNS 등)를 활용하고 있다. 이러한 수단들은 청소년들이 커뮤니케이션, 사회화와 공유 경험, 자아실현, 자기표현과 창조성, 살고 있는 지역사회와 사회에서의 시민적 행위자로서의 역할을 전제하도록 가르치고 있다. 디지털 테크놀로지의 발전은 청소년들이 가지고 있는 정보의 소비자로서의 속성을 증대시킬 뿐만 아니라 정보의 생산자이며 창조자가 되도록 하면서 미디어 활용방법과 일상생활에도 영향을 끼치는 커뮤니케이션의 방식을 드라마틱하게 변화시켰다(Williamson et al., 2021).

이러한 상황은 청소년은 물론 청소년과 함께 일하는 사람들에게 디지털 기술을 사용하고 이해하는 새로운 역량을 개발할 것을 요구한다. 유럽연합의 경우, 디지털역량 2.0 프레임워크(Digital Competence Framework 2.0)를 통해 5대 영역에서의 디지털 역량 핵심 구성요소를 제시하였다. 여기에는 정보와 데이터 리터러시, 커뮤니케이션과 공동협력, 디지털 콘텐츠 창조, 안전과 문제해결 역량 등이 포함되며, 이러한 것들은 현재의 기술이 제공하는 거대한 가능성들을 건설적으로 사용하도록 해주는 필수적인 것들이다.

특히, 최근의 COVID-19 팬데믹과 그에 따른 봉쇄 조치들은 많은 전통적인 오프라인 활동을 온라인 적응과 해법을 갖추어야 하는 활동으로 전환시켰다. 이는 청소년분야를 포함한 모든 이해당사자들이 디지털 대응방안을 개발하고, 시험하고, 시범 적용하고, 실행하며 강화하도록 고무하였다. 여기에는 대부분의 청소년서비스, 청소년업무 실천, 정보 업무, 교육 기회들에 대해 디지털 해법을 시도하는 것들을 포함하였다. 청소년분야는 그 주요 포맷과 업무 수단을 전환하면서 흥미로운 디지털 해법을 많이 적용하였다. 온라인과 디지털 청소년업무 실천, 온라인 리빙 도서관(Living Library), 온라인 청소년캠프(youth camps), 청소년클럽, 온라인 캠페인, 디지털 기반 청소년 모임과 훈련 활동 등의 여러 분야에서 수많은 설문조사(survey)들이 수행되었으며 청소년의 경험과 청소년에게 직접 실시하는 실천성을 디지털방식으로 전환하는 것들에 대해 탐색하였다(Williamson et al., 2021).

청소년과 함께 일하는 많은 서비스 제공자들은 다양한 세팅에서 청소년과 디지털을 활용하여 일하는 것에 대한 집중적인 훈련을 받았다. 디지털 도구를 더 많이 사용한다는 것은 각 기관들이 디지털 서비스를 보다 많은 청소년들에게 가능하도록 한다는 것을 의미한다. 일부 국가에서는 농촌지역 청소년들은 컴퓨터와 태블릿을 제공하여 수업을 따라갈 수 있도록 하였으며 또 다른 국가에서는 인터넷 공급자들이 저비용으로 사용할 수 있는 범위를 증대시켰고 최고의 대학들이 많은 온라인 과정들을 무료 온라인 강좌로 제공하였다(서정아 외, 2021).

2) 디지털 환경의 개념

일상생활이나 각종 문서에서 다양하게 사용하고 있는 '디지털' 또는 '디지털 환경'이라는 용어에 대한 합의된 개념정의를 찾기는 쉽지 않다. 흔히 디지털이란 용어를 아날로그와 대조적으로 사용하는데, 디지털은 사전적으로는 "여러 자료를 유한한 자릿수의 숫자로 나타내는 방식"을 의미하며 이는 보통 0과 1 숫자의 연속으로 만들어진다. 반면, 아날로그는 "어떤 수치를 길이라든가 각도 또는 전류라고 하는 연속된 물리량으로 나타내는 일"을 뜻한다(국립국어원, 2020). 유엔아동권리위원회는 디지털 환경과 관련된 아동권리에 대한 일반논평 제25호(General Comment No. 25: Children's Rights in relation to Digital Environment)에서 디지털 환경을 폭넓게 인식하였으며, 다음과 같이 규정하고 있다. 디지털 환경이란 "인터넷 및 모바일 기술, 디지털 네트워크, 콘텐츠, 서비스 및 애플리케이션, 미디어·통신·정보를 위한 구체제와 신체제, 연결된 장치 및 환경, 가상현실과 증강현실, 머신러닝을 비롯한 인공지능, 로봇공학, 자동화 시스템과 데이터 분석, 생체인식기술과 생명공학을 포함한다"고 정의하였다(일반논평 25호 2항).

실제로 디지털환경이 오늘의 청소년들과 관련하여 갖는 의미는 인터넷, 스마트폰, SNS 활용 등을 통한 디지털 기술에 의해 만들어진 사이버공간의 주체로서의 다양한 활동과 밀접한 관련을 갖는다. 세계적 동향의 측면에서 보면, OECD 회원국 통계는 15세 아동의 인터넷 및 디지털 기기 사용비율이 2006년 75%에서 2015년 95%까지 증가하였음을 보여준다. 우리나라는 전체가구 중 가구 내 인터넷 접속 가능가구가 99.7%로 나타나고 있다. 디지털 기기의 종류도 기존의 TV, 데스크탑 컴퓨터에서 최근에는 노트북, 태블릿PC, 스마트폰, 인터넷연결 장난감 등으로 다양해지고 있다. 디지털 환경에서의 활동도 TV나 영상 시청 및 게임을 하던 것에서 점차 SNS를 통한 소통과 교류, 학업 및 연구, 스트리밍서비스 이용 및 영상 제작과 업로딩 등으로 그 범주를 넓혀가고 있다. 디지털 공간에서 활동하는 청소년의 연령 스펙트럼도 다양해지고 있는데, 디지털 기기의 활용이 10대 청소년 중심에서 점차 유아 또는 초등학생들로 집근층이 낮아지고 있으며, 활용 시간도 증가하고 있다(과학기술정보통신부·한국지능정보사회진흥원, 2021).

디지털환경의 양상과 청소년들의 활용 추세에 대해서는 긍정과 부정의 평가들이 공존하고 있으며 그에 따른 대응도 다르게 나타나고 있다. 우선 긍정적 측면에서는 새로운 기술을 통해 창조력을 발달시키고 자기표현과 사회화를 촉진하는 장점 등이 제기되고 있으며, 반면 부정적 입장으로는 디지털 기기에의 과몰입에 따른 비만율 증가, 현실 만족감 저하, 우울증 증가 등의 신체적·정신적 건강문제와 유해정보, 사이버 따돌림 등의 사회적 문제 등이 지적되고 있다(장민영, 2020). 이러한 상황에 대한 대응에 있어서도 긍정적 측면의 경우는 청소년들의 활용영역을 디지털환경 안에서 보다 확장시키고 이들의 권리가 실현될 수 있도록 하는 방향을 강조하고 있으며, 부정적 측면에 대해서는 디지털 환경의 접근과 활용 차단 등의 노력이 지속되고 있다.

그러나 분명한 사실은 디지털시대는 이미 도래하였으며, 청소년들은 디지털 기술이 보다 고도화, 보편화, 심화되는 미래 사회에서 살아가는 핵심 구성원이라는 점이다(장민영, 2020). 무엇보다도 중요한 것은 2020년도 이후 전개되고 있는 COVID-19의 상황에서 디지털환경은 청소년뿐만 아니라 우리 인류의 삶에서 없어서는 안 되는 중요한 플랫폼이 되고 있다는 점이다. 디지털 기기가 아니라면 온라인을 통한 수업은 물론, 친구 등과의 인적 소통도 불가능할 수 있기 때문이다. COVID-19의 상황은 디지털 환경을 활용한 유익 활동과 정보 접근을 가능하게 하고 새로운 교육 프로그램 제공에 대한 논의를 통해 디지털 역량을 청소년들의 핵심역량으로 강화할 것을 요구하고 있는 현실이다(장민영, 2020).

Palfrey와 Gasser(2008)는 디지털 세대가 직면할 수 있는 위험을 서술하면서 디지털 세대에 대해 제대로 아는 것이 중요하다고 강조한다. 디지털 세대는 물리적 세상과 디지털 세상에서 동시에 정체성을 갖는 세대이다. 결국 디지털 세대는 사회를 더 발전시킬 무한한 가능성을 갖고 있다(여성가족부, 2010). 인터넷의 핵심적 요체는 소통과 관계라고 할 수 있는데, 그 대표 체계로 소셜미디어를 꼽을 수 있을 것이다. 소셜미디어는 사람들이 자신의 생각과 의견, 경험, 관점 등을 서로 공유하고 참여하기 위해 사용하는 개방화된 온라인 도구이자 미디어 플랫폼이다. 더구나 온라인 공간에서 모바일

(mobile)로 변모했으며, 트위터(twitter), 페이스북(facebook) 등의 모바일 SNS 미디어의 주요한 사례가 되고 있다.

디지털 환경과 관련한 사이버 공간의 확장은 청소년참여에 있어서 디지털 민주주의(digital democracy)와 온라인 행동주의(online activism) 양상의 확산 가능성을 넓혀주고 있는 점도 주목된다(천정웅, 2014; 최윤진, 2017). 디지털 환경에서 성장한 디지털 청소년들은 자신의 일상생활 문제부터 교육개혁, 입시 위주 교육문제, 경제문제, 청소년의 인권문제 등 다양한 사회현상에 대한 자신들의 주장을 온라인을 통해 펼치면서 세상과 소통하고 있다. 디지털 민주주의란 새로운 정보기술을 기초로 경직된 구조에서 탈피하여 빠르게 변화하는 경제와 문화의 속도에 맞추어 효율적인 정보의 흐름을 통해 기존의 하향적, 일방적 의사결정을 중심으로 하는 대의 민주주의의 한계를 극복하고 쌍방향적 평등한 의사결정 참여의 가능성을 확대하는 민주주의라는 의미를 갖는다(김영인·최윤진·구정화, 2014). 또한 온라인 행동주의란 온라인상에서의 정보 교류나 의사 표현이 보다 조직적 행동으로 활성화되는 현상을 의미한다. 그동안 온라인상의 활동을 통해 다양한 시민적 행동과 연대활동이 활발히 전개되어 왔으며 이것이 조직화와 행동화로 이어지면서 다양한 사회운동으로 이루어져 온 것이 사실이다.

그 대표적인 사례는 2002년 효순·미선 장갑차 압살 사건 때 인터넷상의 확산을 통해 10만여 명이 모이는 촛불집회가 이루어졌고 이것이 다시 온라인상에 소개되면서 확대되고 지속될 수 있었던 일을 들 수 있다. 또한, 2008년 광우병 미국산 쇠고기 수입 반대 집회 시에는 '촛불 소녀'라 불린 당시 중고생의 사이버 공간 이슈 제기가 오프라인의 촛불문화제로 이어지고 이것이 다시 확산되면서 조직적인 행동화 양상으로 나타난 것을 생각할 수 있다. 이와 같이, 사이버 공간은 청소년의 참여권 행사와 이를 보장하는 것과 관련한 중요한 의미를 갖고 있으며 온라인과 오프라인에서의 참여의 선순환적 상호작용 과정 속에서 사회변화의 실천이 가능하게 하는 온라인 행동주의의 역량 형성의 의미도 커지고 있다(최윤진, 2017).

2 Z세대와 디지털 원주민(digital native)

청소년들이 성장하고 있는 사회는 청소년들의 발달, 대인관계, 적응 및 여러 가지 문제 발생에 지대한 영향을 미친다. 즉, 청소년이 소속된 사회가 청소년들에 대해 가지고 있는 기대는 청소년의 성격을 조성하고, 청소년의 역할에 영향을 주며, 청소년의 미래를 안내한다. 사회의 구조와 기능은 청소년의 욕구 충족을 도와주기도 하고 더 많은 긴장과 좌절을 초래하여 새로운 문제를 만들어내기도 한다. 특히, 오늘날 청소년들은 이전 세대가 접했던 환경과는 아주 다른 환경을 접하고 있으며, 일부 환경은 점진적 진화의 결과로 이전보다 더 발전한 것이다. 그렇기에 50년 전에는 상상할 수 없었던 환경들도 있다(천정웅, 2021).

청소년들은 태어난 시기에 따라 급격한 변화와 특별한 사건으로 인해 서로 다른 특성을 갖는데 이는 '동시출생집단(코호트: cohorts)'의 형성을 통해 알 수 있다. 어떤 사건과 주제가 청소년들에게 가장 많은 영향을 끼쳤는지 명확하게 알기 위해서는 역사적 시간이 충분해야 하기 때문에, 최근에 나타나고 있는 동시출생집단들보다는 과거의 동시출생 집단을 중심으로 보다 잘 설명될 수 있다. 그러나 분명한 것은 한 사회를 구성하는 각 세대가 어떤 역사적 사건과 사회적 이슈를 비롯하여 문화적 환경에서 반응하면서 성장하는 과정에서 세대 간의 차이를 나타내게 된다는 것이다. 더욱이 과거와 다르게 오늘날의 세대구분은 갈수록 세밀해지고 그 기간도 짧아지고 있다(오해섭 외, 2020).

이에 따라 오늘날 우리는 2000년 이전에 태어난 세대를 밀레니얼 세대 또는 Y세대로 보았던 것과 달리, 그 이후 2010년 초반까지 출생한 세대를 Z세대(Z generation) 또 그 이후를 알파세대(generation alpha) 등으로 규정하고 있다. 이는 이전의 세대를 베이붐세대, X세대, Y세대라고 불렸던 것과 그 동시출생집단의 특성이 명확히 구분되기 때문이다(오해섭·문호영, 2020). Z세대의 가장 큰 특징은 유년시절부터 디지털 환경에서 자라온 디지털 세대라는 점이며, 디지털 원주민(digital native)이라는 말은 그래서 Z세대를 규정하는 가장 대표적인 용어가 되고 있다(Schroth, 2019).

청소년을 디지털 세대(digital generation)로 부르는 것은 이제는 일반화되었지만, 디지털 컴퓨터 기술에 대한 경험과 그 속에서 생활하는 세대라는 뜻으로 이해된다. 이 말은 또한 청소년 관련 분야에서뿐만 아니라, 기업활동, 정부, 교육, 청소년 행동주의(youth activism)와 관련하여 사용되고 있다. 디지털세대와 관련된 용어는 이미 20여 년 전부터 "닌텐도(Nintendo) 세대"라는 용어가 있었고, "플레이스테이션(playstation) 세대", "넷(net) 세대", "사이버키즈(cyberkids)", "바이오닉(bionic) 아이들", 그리고 "사이보그 베이비(cyborg babies)" 등의 말로 불렸다. "엄지족(thumb generation)"이란 말은 한국과 일본 등에서 특히 휴대전화(mobile phones)를 사용하는 청소년들의 특성을 지칭하는 말로 사용되어 왔다.

디지털 세대에 대한 이러한 용어의 변화와 함께, "세대차(generation gap)"라는 말도 중요한 의미가 있다. 사회변화의 가속화되는 속도에 대한 두려움과 과거와의 연속성을 잃는 것에 대한 성인들의 우려에서 대두된 것이다. 디지털 세대에 대한 여러 가지 생각들은 이러한 두려움과 기술에 대한 우려를 연결하는 역할을 한다. 이 말은 따라서 무엇인가가 근본적으로 돌이킬 수 없는 정도로 변화되었으며, 이러한 변화가 상당부분 기술(technology)의 발전에 따라 초래된다는 것을 의미한다(천정웅, 2021). 대표 세대로서 우리는 베이비붐 세대(Baby Boomers)를 생각할 수 있다. 이 집단은 제2차 세계대전 이후 즉, 용병들이 집에 돌아오고 정상적인 시민의 삶을 영위하기 시작한 이후에 태어난 사람들로, 높은 출생률과 경제 발전 시기에 성장하여 수적으로 거대한 세대이다. 이들은 1940년대 중반부터 1960년대 중반 사이에 태어난 사람들이다. 이들은 1950년대 최초의 로큰롤 세대가 되었고, 1960년대 후반에는 히피 세대를 구성하였다.

X세대(Generation X)는 이 세대가 갖고 있는 냉소주의와 소외 감정을 반영하여 명명된 것이다. 이 세대는 1960년대 중반부터 1980년대 사이에 태어난 수적으로 적은 세대이다. X세대의 구성원들은 1980년대와 1990년대에 청소년기를 보냈으며 이들은 대체로 베이비 붐 세대의 자녀들이지만 부모가 물려준 세상에 매력을 느끼지 못한 세대였다. 이들은 종종 개인적 자기 충족을 추구했던 부모로부터 무시당했다고 느꼈고, 직업을 얻을 가능성과 세상을 긍정적으로 변화시킬 수 있는 능력에 관해 비관적이었다.

Y세대(Generation Y)는 새천년, 즉 밀레니얼세대로 알려진 집단으로 오늘날의 청소년과 청년들을 중심으로 찾아볼 수 있다. 대략 1980년대부터 2000년 사이에 태어났으며, 개인적으로 냉전을 기억하기엔 너무 젊지만 컴퓨터, 인터넷, 그리고 휴대전화가 삶의 일부로 통합될 만큼은 충분히 젊은 사람들이다. Y세대에 속하는 많은 사람들은 지나치게 자녀중심적인 '헬리콥터 부모'에 의해 길러졌다. 밀레니얼세대들은 최근 SNS라는 플랫폼을 활발하게

구축하고 활동하면서 다양한 사회문제와 정치에 관심을 갖고 자신들의 의사를 적극적으로 표출하고 있다(오해섭·문호영·염유식, 2019).

Z세대는 이러한 추세를 반영하여 포스트 밀레니얼(post millennial)세대로 대두되었다. 정보를 손쉽고 정확하게 이용 가능한 스마트폰과 미디어를 이용하여 다양한 국내외 문화를 경험하고 적극적으로 교류하고 있다. 이 과정에서 익숙해진 문화적 감수성과 1인 가구 증가 등 변화된 성장환경 속에서 이전 세대와는 다른 정체성을 갖게 된 것이다. 이전 세대가 주로 학교에서 배운 가치관을 중시하는 데 비해, Z세대는 자신이 좋아하고 관심 있는 대상에 대한 호불호가 뚜렷한 삶의 태도와 소비성향을 보여주고 있다. Z세대는 또한 인종, 성별, 종교, 사회·경제적 지위에서 다양성을 중시하고 편견이 없는 세대로 디지털 원주민(digital native)으로 정의되기도 한다(주희영·김수영·김영인, 2018).

Z세대는 스마트폰과 같은 디지털 디바이스의 보편화로 인하여 밀레니얼 세대(1981~1996)보다 더욱 디지털 환경에 익숙해지고 있다(채희주·이진숙, 2020). 이들은 인터넷을 통하여 상품이나 서비스 정보, 신문기사를 검색하여 정보를 획득하고, 동영상, 영화, 이미지, 음악, 게임, 인터넷, 쇼핑몰 구경 등과 같은 여가생활을 하면서, 인터넷 쇼핑몰 구매, 인터넷 뱅킹과 같은 소비금융활동을 한다. 뿐만 아니라 카카오톡 등과 같은 인스턴트 메시지는 물론 SNS 콘텐츠를 이용한 커뮤니케이션이 매우 활발하다는 것이다(김정우, 2019).

출생 시부터 디지털 환경에 노출되어 성장한 Z세대의 특성은 이전 세대에 비해 멀티대스킹은 물론, 동시에 다양한 정보를 수집하고 이를 활용하는 능력이 매우 뛰어나며, 신기술에 대한 민감성을 소비활동에 적극 활용하고 있다는 것이다(송주완, 2020). 예를 들면, 옷이나 실발, 책, 음반은 물론, 게임기 등 전자기기의 온라인 구매 비중이 모두 50%를 넘으며 소셜 미디어를 적극 활용하고 신중하게 구매하는 경향도 강할 뿐만 아니라 개인적이고 독립적이며 경제적 가치를 우선시하는 등 이전 세대와 다른 소비패턴을 보인다(박혜숙, 2016). 오늘날 청소년에 대해 디지털문화가 언급되고 시민청소년(civic youth)과 전자시민(e-citizen)이 논의되는 것은 이러한 특성과 밀접한 관련을 갖는다.

Deuze(2006)는 "디지털 문화"라는 개념을 개발하면서 "컴퓨터화에 의해 가장 직접적으로 영향을 받는 현대사회의 거주민들이 공유하는 일련의 가치, 규범, 실천, 기대"에 대해 연구하였는데, 디지털 문화에 대한 가치와 기대를 구현하고 있는 세 가지의 "주요한 구성요소"를 강조하였다. 첫째는 '참여'인데, 이는 TV나 비디오 게임, 그리고 정치현실에 이르기까지 많은 영역과 관련된다. 의사소통과정에 참여하려는 열망의 발견은 디지털 시대 이전으로 거슬러 올라가지만, 현대사회의 디지털 소통은 급격히 거의 무한한 규모로 소통적 참여가 가능하도록 하였다고 지적한다.

두 번째 중요한 특징은 정보를 수집하고 평가하는 개인적 시스템과 관련된다. Deuze(2006)는 "브리콜라주(bricolage)"라는 개념을 쓰면서 어떻게 다양한 실제들이 다양한 원천으로부터 하나로 '조각 모으기'가 되는지를 서술한다. 손에 닿는 대로 아무것이나 이용하여 만드는 일이나 작품을 뜻하는 브리콜라주는 네트워크 논리의 정보수집 패턴과 분명히 유사하다. 즉, 근대사회에서 사람들이 선호하는 신문을 따라가는 것과 동일한 방법으로 디지털 미디어는 여러 가지 원천으로부터 정보를 수집하는 하나의 패턴을 촉진하고 있다. 참여와 브리콜라주에 이어서 세 번째 관심 분야는 청소년들 간에 디지털 소통의 힘을 점차 더 많이 인정하고 있다는 것이다. 디지털소통은 다수의 사람들에게 이루어지며 그에 따라 정치와 경영에 놀라운 영향을 끼치고 있다(Castells, 2009). 의사소통의 힘에 대한 이러한 인정은 많은 상황에서 증명되고 있다.

Coleman(2008)은 시민적 관여를 위해 온라인을 활용하는 청소년을 목표대상으로 하여 두 유형의 e-시민성(e-citizenship)을 구분했다. 관리적(managed) e-시민성과 자율적(autonomous) e-시민성이 그것이다. 먼저, 관리적 e-시민성의 옹호자는 청소년이 완전한 시민이 되도록 자신의 책임감을 완수하기 위해 필요한 기술을 배울 필요가 있는 “숙련 중인 시민(apprentice citizens)”으로 본다. 그의 이러한 관리적 관점에서는 인터넷을 청소년들이 정치적 오정보(misinformation)와 오방향(misdirection)의 희생자로 될 수 있는 혼돈의 공간(chaotic space)으로 본다. 따라서 이러한 시민성의 옹호자는 청소년들이 책임 있는 시민성(citizenship)을 배울 수 있게 됨에 따라, 조정된 논의와 토론에 관여할 수 있도록 하는 안전하고, 모니터링되는 웹사이트를 선호한다(pp. 191-192). 관리적 e-시민성 웹사이트의 목적은 청소년을 정치권력을 가진 엘리트들에게 연결시키는 것이다.

다음으로 자율적 e-시민성의 촉진자들은 경험의 부족에도 불구하고 청소년들은 자신의 이해관계를 반영할 수 있는 정치적 활력(agency)을 가지고 있다고 주장한다. 이러한 입장은 관여(engagement)라는 개념이 각각의 새로운 세대들에게 재협상될 수 있기 때문에, 청소년들이 책임 있는 시민이 되기 위해서 배워야 한다는 개념을 받아들이지 않는다. 인터넷의 모니터되지 않은 본질이 관리적 e-시민성을 지지하는 사람들로 하여금 청소년을 위한 안전하고 통제된 공간을 옹호하도록 만는 반면에, 지율적 e-시민성은 뉴 미디어가 제공하는 자유공긴이야말로 청소년들에게 자기 자신들의 시민적 관여의 개념을 만들 수 있는 보다 많은 창의성을 허용힌다고 말한다. 자율적 e-시민성(citizenship) 웹사이트들의 목적은 정치적 엘리트와 연결되는 것이라기보다는 “공유된 가치집단적 의식을 고무하는” 것이다(Coleman, 2008: 195).

3 디지털화와 청소년정책의 실천적 전환

디지털화와 관련하여 청소년정책을 실천으로 전환하는 데에는 ① 디지털화와 청소년포함 및 디지털격차(digitalization, inclusion and digital divide)와 관련한 내용, ② 스마트 청소년현장업무와 디지털 청소년현장업무(smart and digital youth work), ③ 디지털 시민성과 디지털 시민성 교육(digital citizenship and digital citizenship education), 그리고 ④ 디지털 세계와 인권(digial world and human rights), ⑤ 유엔아동권리협약과 청소년인권의 이행 등에 관한 내용들이 중요하게 논의된다.

1) 디지털화, 청소년포함, 디지털격차

청소년의 새로운 세대들은 기본적으로 ICT와 디지털 도구를 생활에 사용하는데 능숙한 것으로 본다. 이로 인해 사람들은 모든 청소년들이 쉽게 ICT에 접근하여 이를 사용하거나, 소셜 미디어들을 편하게 사용하고, ICT 도구와 장치들에 동등하게 접근가능하며 그에 따른 위험부담, 도전, 함정 및 기술을 통해 제공되는 잠재성과 기회들을 자연스러우면서도 자동적으로 이해한다고 생각하는 경향이 있다. 또한, 디지털 세계는 특정 서비스에 대한 접근을 촉진하여 실제 현실보다 더 많은 청소년들에게 서비스가 제공되는 공간을 만들 것이라는 환상을 갖게 할 수 있다.

그러나 유럽의 특히 취약계층 청소년들은 다른 청소년에 비해 컴퓨터, 인터넷, 스마트폰 또는 다른 장치들에 대한 접근이 어려운 격차(divide)를 갖고 있다고 본다. 이는 디지털 격차는 이미 존재하는 절차를 더 어렵게 하고, 사회적 포함의 측면에 부합하지 않는 배제적 상황을 야기하여 더 적은 기회를 제공하며, 의견개진을 어렵게 할 뿐만 아니라 특정 집단에 대한 실행 가능성을 줄이면서 이미 혜택을 받고 있는 집단에게는 훨씬 더 많고 큰 기회를 줄 수 있음을 의미하는 것이다. 이러한 상황은 기계를 사용하는 양식을 보면 훨씬 더 심각한 상황을 초래하고 있는 것으로 나타나고 있다.

이런 점에서 국가 정책은 디지털 격차를 어떻게 줄일 것인가를 살펴 볼 필요가 있으며, 디지털 자원에 대한 완전하고 안전하며, 촉진된 접근을 위한 포함의 전략을 자리 잡게 함으로써 청소년 및 청소년과 함께 일하는 전문가들에게 ICT에 관해 배우는 동등한 기회를 만들어줄 필요가 있다. 유럽의 청소년파트너십(Youth Partnership)은 2018년부터 청소년 사회적 포함과 디지털화에 관한 주제를 정책화하였으며, 이러한 상황에 대해 보다 깊이 이해하고 개방적으로 대응하기 위하여 심포지움과 전문가 집단 모임을 조직하고, 청소년에 관한 연구를 위탁하는 등의 노력을 지속하였다.

2) 스마트 및 디지털 청소년현장 업무

사회 전반의 광범위한 디지털화는 디지털과 미디어 역량에 대한 필요, ICT 교육, 일 및 일상생활에 사용하는 기술의 향상, 그리고 디지털화된 시스템과 상황을 활용하는 방법 등을 배우는 것과 같은 많은 도전과제들을 제기하고 있다. 청소년들의 발달을 지지하고, 그들이 끊임없이 변화하고 다이내믹한 생활을 하도록 하는 공간이며 수단으로서의 유스 워크(youth work)와 현장기반 청소년업무는 새로운 디지털 세계에서 그 길에 적응하고 있다. 최근 대두되고 진전되고 있는 스마트 디지털 유스 워크의 다양한 실천(practices)들은 유스 워크(youth work)를 도우고 청소년들이 가장 친숙하게 되도록 지지하고 있다(Verke & EYWC, 2019).

여기서 "디지털"은 온라인만을 말하는 것이 아니며 항상 온라인을 말하는 것도 아니라는 점을 인식할 필요가 있다. 유스 워크에서 이 용어는 학습과 개발활동에 디지털적으로 관여하는 도구를 제공하는 것을 말하거나 그와 관련한 다양한 ICT를 포함하는 것을 의미한다. 여기에는 비디오 게임, 비디오 콘텐츠 창출, 가상현실(VR) 및 증강현실(augmented-reality: AR) 장치, 비디오와 이미지 시스템, 소셜 미디어 사용, 디지털 리터러시와 디지털 참여 및 테크놀로지 기술 발달을 지지하는 것 등이 포함된다.

핀란드에 있는 'Verke'는 디지털 유스 워크 전문 센터(Centre of Expertise for Digital Youth Work)이며, 교육문화부가 설립한 국가 청소년센터의 하나이다. 전체 예산은 해당 부서에서 지원하며, 운영관리는 헬싱키(Helshinki) 시청 청소년국(Youth Division)에서 맡아 하고 있다. 이 센터는 국가 유스 워크와 청소년정책 프로그램(National Youth Work and Youth Policy Programme)에서 설정한 목표의 실행을 지지한다. 'Verke'는 청소년과 일하는 실천가들에게 디지털, 창의적·혁신적 유스 워크 해법과 방법을 갖추도록 하는 것을 목적으로 한다. 연수와 자문, 정보의 생산 및 보급, 이 분야의 행위자들과 함께 다지털 청소년업무의 발전을 위해 일한다(Williamson et al., 2021).

3) 디지털 시민성과 디지털 시민성 교육

사회의 디지털화는 실제 사람들이 시민성을 실천하는 방법에 영향을 끼치고 유형을 전환시켰다. 우리 생활의 많은 측면에서 디지털 참여의 형태와 시민적 관여와 관련한 많은 유형들을 볼 수 있다. 디지털 시민성의 개념은 새로 알아보아야 할 업무 영역이 되고 있다. 디지털 시민성은 다음과 같은 능력을 말한다. ① 디지털 기술과 역량 있고 긍정적인 (창조하고, 일하고, 공유하고, 교제하고, 조사하고, 놀이하고, 소통하고, 학습하는) 관여, ② 모든 (정치, 경제, 사회, 문화, 문화 간) 수준에서 지역사회(지역적, 국가적, 지구적)에 활발하고 책임있게 참여하는 것(가치, 기술, 태도, 지식 및 비판적 이해), ③ 평생 학습(형식적, 무형식적 및 비형식적 세팅)의 이중적 과정에 개입, 그리고 ④ 인권과 위엄성을 매끄럽게 방어하는 것 등이다(Council of Europe, 2017).

디지털 시민성이라는 전반적 콘셉트(concept)는 10개의 디지털 영역이 뒷받침하는 것으로 정의되고 있다. 이러한 10개 영역들은 다시 3개의 범주로 묶어지는데, ① 온라인에 있기(접근과 포함, 미디어와 정보 리터러시, 학습과 창조성), ② 온라인 웰빙(윤리와 동정, 건강 및 웰빙, e-presence와 커뮤니케이션), 그리고 ③ 온라인 권리(활발한 참여, 권리와 책임, 프라이버시와 안전, 소비자 자각) 등으로 나타나고 있다(Council of Europe, 2019).

4) 디지털세계와 인권

디지털 시대의 도전과제 중 하나는 인권과 그를 위반하는 것(데이터 보호, 프라이버시, 표적 폭행, 집단 따돌림, 사기, 가짜 정보, 소셜 미디어를 통한 학대,

알고리즘, 통제 등)과 관련된 것이다. 많은 국가들이 사이버범죄와 관련한 입법을 하고, 사람들이 가상공간에서 자신의 권리를 보호하도록 도우는 조치들을 마련함으로써 인권과 위엄을 보호하는 일을 하였다. 더욱이 2012년에 유엔인권이사회(UN Human Rights Council)는 사람들이 오프라인에서 갖는 동일한 권리는 온라인에서도 또한 보호받아야 한다는 것을 보장하기 위해 "인터넷에서의 인권의 증진, 보호, 향유에 관한 결의안 A/HRC/20/L.13"을 통과시켰다(천정웅, 2021).

유럽평의회 청소년부서(Council of Europe Youth Department)가 주도하는 혐오표현금지운동(No Hate Speech Movement)이라는 청소년 캠페인은 청소년들이 혐오표현에 맞서고 온라인 인권을 증진하도록 동원하는 것을 추구하고 있다. 2013년에 시작하여, 45개 국가에서의 온라인 행동가와 파트너들이 국가 캠페인을 통해 국가 수준과 지역수준에서 실행하였다. 이 운동은 인권교육과 자각 증대, 청소년 참여와 미디어 리터러시를 통하여, 온라인과 오프라인 모두에서 혐오표현을 줄이는 것을 목적으로 한다. 이 운동은 많은 교육자원들과 교육자와 행동가들이 자신들의 일에서 주제를 알리고 지지하는 캠패인 프레임 속에서 이루어졌다. 이 운동을 통해 역량을 구축하고, 자각을 높이고, 청소년들이 혐오표현과 시이버 불링을 관계 당국과 소셜 미디어 채널에 보고하도록 동원하며, 그들로 하여금 혐오표현에 맞서 인권과 민주주의적 가치를 온라인에서 증진하는 대안적 연설을 육성하도록 하였다(천정웅, 2021).

실제, 디지털환경과 청소년인권과의 관계에 대해서는 크게 두 가지 입장 즉, 보호와 발달의 지원이란 측면과 자율과 참여의 증진이란 견해가 공존하고 있다. 다시 말하면, 전자는 디지털환경이 청소년에게 끼치는 부정적 영향을 강조하고 각종 유해환경으로부터 보호하기 위해 그 접근과 활용을 제한하는 다양한 조치들이 필요하다는 입장이며, 후자는 디지털 기기에 대해 청소년의 접근을 지나치게 제한하는 것은 디지털 환경에서의 청소년의 평등권과 최선의 이익, 의견표명권, 정보 접근권 및 표현의 자유, 사생활의 자유 등의 보장을 저해 또는 위축시킬 수 있다고 보는 입장이다(장민영, 2020).

최근에는 디지털환경에서의 청소년의 교육권, 사생활보호권, 표현의 자유, 의견청문권 등을 보다 적극적으로 실현할 것을 강조하고 있으며, 청소년인권은 오프라인에서 뿐만 아니라 온라인 영역에서도 지켜지고 향유될 수 있다는 점을 분명히 하고 있다. 대표적으로 유엔아동권리위원회는 디지털 환경과 관련된 아동권리에 대한 일반논평 제25호를 통해 디지털 기술이 점차 발전하고 확대되어 가고 있을 뿐 아니라 여러 영역에서 청소년의 현재와 미래의 생활에 중요한 수단이 되고 있다는 점에 주목하면서, 일반논평 25호를 발표하는 목적을 “디지털 환경에서 아동의 권리에 대한 기회와 위험, 그리고 도전을 고려하여, 아동권리협약 및 협약 선택의정서에 따른 의무의 완전한 준수를 보장하기 위해 입법, 정책, 그 밖의 적절한 조치에 대한 안내를 제공한다”고 밝히고 있다(8항). “청소년은 디지털 기술을 사용하는 데 따른 이점을 발견한다”고 하면서, “디지털 기술에 대한 안전한 참여를 지원, 촉진, 보호할 조치를 요구한다”는 것이다(1항).

일반논평 제25호를 위해 2019년에 진행된 청소년과의 협의모임에서 캐나다, 크로아티아, 브라질, 가나, 영국, 포르투갈 등의 13세 이상의 청소년들의 발언을 인용하고 있는데, 그 내용은 다음과 같이 디지털환경과 관련한 여러 가지 측면에 대한 것임을 알 수 있다.

“나는 세상을 바라보는 내 눈을 통해 중요하다고 여겨진 것들을 [온라인에서] 표현한다.”

"나는 학교와 재미를 위한 기술이 필요하다."

"슬플 때, 인터넷은 즐거운 것을 볼 수 있도록 도와줄 수 있다."

"온라인에서 신뢰할 수 없는 정보를 관리할 수 있도록 정부, 기술 회사, 교사들이 도와주었으면 좋겠다."

"[부모님이] 내 사진을 올리기 전에 허락을 요청하길 바란다.", "구체적으로 어떤 회사에서 나의 데이터를 사용하고 있는지에 대해 더 알고 싶다."

디지털 환경과 관련하여 우리나라 청소년권리현황을 법령과 제도를 중심으로 분석한 장민영(2020: 158)은 구체적으로 규율하는 법제들이 포함하고 있는 청소년권리에 대한 내용은 범위가 매우 한정적이며 다음과 같은 다섯 가지 권리와 관련된 것이 대부분인 것으로 밝히고 있다. ① 디지털 기기 및 인프라에 대한 접근권, 그중에서도 물리적 접근권 보장과 관련된 법령, ② 취약계층에 대한 물리적 디지털 접근권 보장을 중심으로 하는 차별금지에 관한 법령, ③ 아동의 개인정보보호와 관련된 내용을 중심으로 한 사생활 보호권의 범주에 속하는 법령, ④ 아동에 대한 정보교육 실시와 관련한 사항을 규정한 교육권 범주의 법령, ⑤ 폭력으로부터의 자유에 해당하는 것으로 성범죄 등으로부터 보호받을 권리, 사이버 따돌림이나 폭력으로부터 보호받을 권리 등을 규정한 법령 등이다. 청소년인권과 관련한 유형들은 이 외에도 사생활 보호권, 의견표명권, 표현의 자유, 건강 및 피해구제권 등이 다양하게 존재하지만, 우리나라의 경우에는 아직 이러한 청소년권리는 규율하고 있지 않다는 것이다.

그러나 우리나라와는 달리 글로벌 인권규범은 청소년의 권리가 아날로그 환경뿐만 아니라 디지털 환경에서도 충분히 보장되어야 한다는 점을 강조하고 있다. 생명권이나 보호권과 같은 전통적인 청소년에 대한 특별보호 영역을 포함하는 것은 물론이며 발달권과 참여권의 경우도 디지털 환경에서 향유할 수 있어야 한다고 본다(장민영, 2020). 특히 청소년의 진화하는 능력에 비례하여 권리보호가 점차 확대할 수 있도록 하는 제도적 설계의 중요성을 강조하고 권리 보장을 위한 규제 프레임워크를 체계적으로 수립·이행하고 국가는 그에 따른 적절한 조치들을 취할 것을 요청하고 있다. 즉, 유엔아동권리위원회는 일반논평 제25를 통해 "디지털 기술의 혁신은 광범위하고 누적적이며 상호의존적인 방식으로 그들의 삶과 권리에 영향을 미친다. 디지털 기술에 대한 의미 있는 접근은 아동청소년이 자신의 시민권, 정치권, 문화권, 경제권, 사회권, 문화·환경적 정치·사회권의 모든 범위를 실현하도록 지원할 수 있다. 그러나 한 국가 내 아동청소년 간 디지털 불평등, 그리고 다른 국가에 사는 아동청소년들과의 디지털 불평등은 그들이 자신의 권리를 향유하는 데 해로운 영향을 미칠 수 있다. 디지털 포용이 개선되지 않으면 기존의 불평등은 더욱 악화될 가능성이 크다"고 본다(3항).

5) 유엔아동권리협약과 청소년인권의 이행조치

유엔아동권리위원회는 디지털 환경이 평상시뿐만 아니라 위기의 경우에도 청소년의 삶에 많은 영향을 미치고 있다는 점에 주목하면서 디지털 환경으로 인한 혜택과 부수적으로 발생하는 역기능의 양자 간 균형을 이루는 것이 중요하다고 본다. 즉, 일반논평 제25호에서는 "그들의 안녕과 권리에 대한 디지털 환경의 장단기적 영향은 불확실하다. 따라서 디지털 환경에 관여함으로써 혜택을 받도록 하고, 사회적으로 혜택 받지 못한 환경이나 취약한 환경에 있는 아동청소년을 비롯하여 관련 피해를 완화하도록 하는 것이 중요하다"고 밝히고 있다(5항).

각종 권리 및 자유는 보편적 인권규범과 국내법에 따라 보장될 뿐만 아니라 기본적으로 오프라인은 물론 온라인 영역에서도 향유할 수 있는 것이다. 인권은 모든 사람에게 차별 없이 인정되는 것이므로 청소년의 경우에도 적용되어야 한다. 특히, 청소년인권은 나이와 성숙도에 맞도록 인식하고 향유하는 경험을 가질 때 핵심 역량으로서 함양될 수 있다.

실제로 소셜미디어와 정보통신기술이 청소년과 깊은 관련을 가지고 있다는 점에 대해서는 유엔인권체계에서도 중요하게 인식하고 있다. 디지털 환경에 따른 위험과 가능한 해악으로부터 청소년을 보호하면서 온라인 활용을 극대화하기 위한 권리기반(rights-based) 전략들을 개발하는 논의들이 폭넓게 이루어지고 있다. 특히, 최근 유엔총회에서는 디지털 시대의 사생활보호권은 청소년에게도 보장되어야 한다는 것을 전제로 각 회원국들이 그 침해와 남용에 대응할 수 있는 방안들을 마련하도록 요청하는 "디지털 사회에서 사생활보호권에 관한 결의안(UN General Assembly, Resolution: The right to privacy in the digital age, A/RES/71/199)"을 채택한 바 있다.

영국의 경우, 디지털 시대에 유엔아동권리협약의 이행이 다자간 인터넷 거버넌스를 통해 연동되어야 한다고 강조하였다. 기업들이 아동과 취약계층을 포함한 사용자의 온라인 안전에 책임을 다하도록 온라인피해 백서 안에 다양한 죄들을 포함하였다. 청소년을 위한 온라인 미디어 리터러시 교육 또한 강조되고 있다. 아일랜드 정부의 경우 아동에 대한 데이터 처리와 관련하여 아동들에게 직접 의견을 묻는 형식의 컨설팅 조사를 실시하였으며 디지털 리터러시 교육을 위해 학교 디지털 전략(2015~2020)을 수립하고 학교 교육과정에 관련 내용을 포함하였다(김영지 외, 2020). 우리나라는 디지털 환경에서의 청소년들의 활동영역의 확장과 권리 실현을 위한 노력이 부족한 편이지만, 온라인에서 이루어지는 아동에 대한 성착취 및 성매매, 혐오표현, 사이버 따돌림 등 사이버폭력 등으로부터 아동을 보호하기 위한 노력들이 이루어지고 있다(장민영, 2020).

청소년인권적 측면에서 볼 때, 청소년 보호와 관련한 이슈와 청소년의 자율권과 참여권 관련 이슈에 대한 접근이 다름을 알 수 있다. 전자에 대해서는 호의적이고 적극적인 반면 후자의 경우는 상대적으로 부정적이고 소극적인 경향이다. 디지털 환경에서의 청소년 교육권, 사생활보호권, 표현의 자유, 의견 표명권 등은 여전히 그 권리실현을 위한 기반 마련이 미약한 것이 사실이다. 우리나라의 경우도 디지털 환경에서의 청소년 인권 실현을 위하여 보다 적극적인 입법적·행정적 조치를 강구하여 국제인권체제가 강조하고 있는 흐름에 맞추어 갈 필요가 있을 것이다. 특히. 디지털 환경의 역기능을 완화하면서도, 디지털 기기를 효과적으로 활용하여 청소년들의 권리 실현을 위한 보다 적극적인 권리 보장 기반을 구축하는 것이 중요하다. 특히, 아동친화적 플랫폼 등 청소년친화적 디지털 환경을 구축함으로써 디지털 기기에 대한 접근성을 높이고 활용의 효율성을 증진하면서 이를 위한 교사나 부모의 역할 제고의 중요성을 강조하는 방향을 고려할 수 있을 것이다(장민영, 2020).

유엔 일반논평 25호에서도 당사국의 유엔아동권리협약의 일반이행조치(제4조 관련)와 관련하여 "디지털 환경에서 아동·청소년의 권리 실현과 보호를 위한 기회는 예방 조치를 비롯하여 광범위한 입법, 행정 및 그 밖의 조치를 필요로 한다. 당사국은 디지털 환경에 관한 아동·청소년의 권리에 영향을 미치는 정책과 관행 개발에 있어 아동·청소년, 부모 및 양육자와 협의해야 한다"고 밝히고 있다(일반논평 25호 23항). 회원국의 일반 이행조치(general measures of implementation)와 관련하여 11가지 항목을 제시하고 있는데, 특히, 그중에서 포괄적인 정책 및 전략(comprehensive policy and strategy), 상업 광고 및 마케팅(commercial advertising and marketing), 그리고 피해구제(remedies)와 관련한 내용을 확인할 필요가 있다.

4 뉴노멀 시대(포스트 코로나) 청소년정책의 전환

디지털화는 최근의 코로나19가 초래한 엄중한 현실적 상황 속에서의 세계 각국의 경험과 대응 노력과도 관련되면서 포스트(post) 코로나의 '뉴노멀(new normal)'의 시대 속에서 이루어지게 될 청소년정책의 내용과 서비스의 방향에 대해서도 중요한 의미를 갖는다. 코로나 19(COVID-19, 코로나 바이러스 감염증)로 인한 전세계적인 대유행 즉, 팬데믹(pandemic) 현상으로 사람 간 접촉을 최소화하는 사회적 거리두기가 새로운 일상(new normal)으로 자리 잡게 되면서 삶의 전 영역에서 전대미문의 크나큰 변화를 맞이하고 있다(이혜정·민윤·박진아, 2020). 청소년들이 경험한 사회적·경제적 변화 중에서도 오늘날의 COVID-19가 초래한 영향은 청소년과 청년을 포함한 젊은 세대에게는 더욱 큰 부정적인 결과를 가져다주고 있다. 이는 청소년을 주대상으로 하는 공교육분야는 물론, 청소년과 관련한 다양한 업무 전반에 여러 가지 심각한 문제들을 야기한다. 우리나라는 물론 미국을 포함한 서구선진국들은 제각기 온라인 비대면 교육으로 전환하여 교육공백을 최소화하고, 전통적인 대면중심의 교육방식과 다른 새로운 방식의 콘텐츠와 교육방법을 적용하고 있다(UN, 2020).

코로나19의 장기화는 교육분야는 물론 청소년분야에 대해서도 직·간접적 영향을 끼치고 있는데, 청소년단체와 시설 등을 포함한 청소년업무와 관련한 다양한 실천현장의 활동을 심각하게 위축시키면서 비대면을 중심으로 하는 최소한의 프로그램 운영으로 명맥만 유지하고 있다. 이러한 상황은 결국 민간부분을 비롯한 청소년기관의 운영에 필요한 재정적 어려움을 심화시키면서 종사자들의 비자발적 퇴직 등 고용과 관련한 어려움으로 나타난다. 이러한 상황은 미국을 비롯한 선진국의 경우에서도 유사하지만, 그 구체적 양상은 다르다(서정아 외, 2021).

미국의 경우, COVID-19에 대한 초기 대응은 2020년 3월 15일에 휴교하게 되면서 각 주별로 원격교육을 제공하기 시작하였으며, 학년이 종료되는 6월 말까지 휴교가 계속되고 여름학기에 이르러 출석 정상화 정책이 시행되었다. 초기 대응은 원격교육이 학교교육을 대체한 것으로 볼 수 있다(오재호, 2020). 이에 따라 대부분의 학생들이 가정에서 시간을 보내게 되면서 시간관리 능력과 효과적인 학습 참여 등에 대한 요구가 높아지고 있다(권점례 외, 2020). 또한, 학교는 주로 온라인 자료 개발과 보급을 위해 시간과 노력을 들이고 있으며, 학생들의 생활 관리에 대해서는 소홀히 하고 있다는 지적이 제기되고 있다.

이와 같이, 포스트 코로나 시대에는 경제, 사회, 문화, 정치 분야에서의 변화뿐만 아니라 학교 및 교육부문에서도 많은 변화가 불가피했으며, 그 대응 방향은 디지털화와 밀접한 관련을 갖고 전개되어 왔음을 알 수 있다. 교육분야 전반에서 에듀테크(EduTech)가 빠르게 정착될 것을 예측하고 있다. 코로나19로 인해 이미 원격교육이 교육방식의 하나로 대두되었으며, 가상현실(VR), 증강현실(AR), 홀로그램(Hologram)을 활용한 교육매체가 개발되고 운영되어 왔다(조상식 외, 2021).

실제로 코로나19는 사교육뿐만 아니라 제도권 교육에서 온라인학습이 활성화되는 데 크게 기여한 것으로 평가된다. 그동안 온라인교육은 사교육·평생교육 등의 분야에서는 주요 트렌드가 되었 왔으나, 초·중·고 및 대학 등의 제도권 교육에서도 코로나19로 인해 온라인수업을 하게 되는 등 교육환경에 큰 변화를 가져왔던 것이다. 고등교육부문에서는 전세계적으로 유다시티(Udacity) 등이 인기를 끌면서 교육부문 전반에 걸쳐 온라인학습은 더욱 확산·강화될 것이며, 교육 패러다임도 바뀔 것으로 예측되고 있는데, 이러한 변화는 청소년의 삶 전반에 적지 않은 변화를 가져올 것으로 인식되고 있다.

이런 점에서 우리나라의 청소년정책에서도 디지털 환경에 대한 고려와 정책마련의 필요성을 제기하고 있다. 황여정 외(2022)는 "전환기의 국가 청소년정책 전략 연구"를 통해 "환경변화에 선제적으로 대응하는 청소년정책"이라는 전략 목표의 추진전략으로 "청소년정책의 디지털 전환 대응"과 "청소년이 안전한 디지털 환경 조성" 등을 제시하고 청소년정책 분야 통합 디지털 플랫폼 구축, 디지털 환경에서의 청소년 공간 구축 활용 방안, 디지털 유해환경에서의 폭력·성폭력에 대한 대응강화, 디지털 시민성 교육확대 및 청소년 개인정보 보호강화 등을 주요과제로 제안한 바 있다.

디지털 사회로의 전환은 우리 사회가 경험하고 있는 주요 메가트렌드 중의 하나이며, 특히 코로나19로 인한 비대면활동의 증가로 인해 온라인 환경의 중요성은 이전과는 확연히 크게 증대되었고, '디지털 네이티브' 세대인 청소년들의 향후의 삶은 디지털/온라인 환경의 영향력이 지대할 것으로 예측된다. 따라서 청소년정책도 '디지털로의 이행'을 준비해야 하며 이를 위해 현행 청소년 관련 데이터시스템에 대한 종합적인 진단 결과를 바탕으로, 새롭게 재구조화하여 통합 디지털 플랫폼을 구축할 필요가 있다는 것이다(황여정 외, 2022). 또한 메타버스 청소년센터를 구축하여 상담, 멘토링 서비스 등을 제공하는 방안도 검토할 필요가 있을 것이다. 또한 청소년이 안전한 디지털환경을 구축하기 위해서는 날로 진화하는 온라인에서의 폭력·성폭력에 대응하여 디지털환경에서 이루어지는 학교폭력 문제에 대한 모니터링 강화와 온라인에서의 학교폭력에 상시 대응할 수 있는 지원체계 마련이 필요하다. 한편, 디지털환경에서의 청소년의 건강한 성장은 환경 그 자체에 대한 개입과 함께 청소년이 스스로를 지킬 수 있도록 하는 역량 함양이 중요하며, 이는 디지털 시민성 교육을 통해 이루어질 수 있다고 본다(황여정 외, 2022).

디지털과 청소년업무와 관련한 논의는 2023년부터 실시되는 제7차 청소년정책 기본계획에서도 주요 정책과제로 제시되고 있는데, 디지털이란 용어는 "디지털 시대를 선도하는 글로벌 K-청소년"이라는 정책 비전에서 우선 나타나고 있으며, 다섯 가지의 정책과제 중 첫 번째 대과제인 "플랫폼 기반 청소년활동 활성화"와 관련한 첫 번째 중과제로 "청소년 디지털역량 활동 강화"에도 명시되어 있다. 또한 세 번째 대과제인 "청소년 유해환경 차단 및 보호 확대"와 관련하여 "청소년이 안전한 온·오프라인 환경 조성"을 첫 번째 중과제로 하면서 이를 위해 "디지털 역기능 예방"을 소과제로 제시하고 있다(관계부처합동, 2023).

참고문헌

강수환, 강병연, 황수주 (2020). **청소년육성제도론**. 경기: 양성원.

강신욱 (2006). 사회적 배제 개념의 정책적 적용을 위한 이론적 검토. **동향과 전망, 66**, 9-30.

공 현, 전누리 (2018). **우리는 현재다: 청소년이 만들어 온 한국현대사**. 서울: 빨간소금.

과학기술정보통신부, 한국지능정보사회진흥원 (2021). 2020 인터넷이용 실태조사 보고서. 대구: 한국지능정보사회진흥원.

관계부처합동 (2023. 2). 제7차 청소년정책 기본계획(안): 2023-2027. 서울: 관계부처합동.

권점례, 김명화, 이상하, 유금복, 최정숙, 강현숙, 신승기 (2020). COVID-19 대응 온라인 개학에 따른 초, 중, 고등학교 원격 수업 실태 및 개선 방향 탐색. 충북: 한국교육과정평가원.

김경준, 강경균, 변나향 (2021). 미래지향적 청소년시설 및 공간 혁신 방안 연구. 세종: 한국청소년정책연구원.

김경준, 최인재, 조흥식, 이용교, 이상균, 정익중 (2005). **청소년복지정책 현황과 개선방안 연구**. 서울: 한국청소년개발원.

김경희 (2018). 청소년자기도전포상제활동이 저소득층 청소년의 학교생활적응에 미치는 영향. 중앙대학교 석사학위논문.

김광웅, 이종원, 천정웅, 이용교, 길은배, 전명기 정효진 (2009). **한국 청소년정책 20년사**. 서울: 한국청소년정책연구원.

김기헌, 강경균, 김정숙, 문호영, 윤민종, 좌동훈 (2015). 지속가능발전목표(SDGs)와 청소년 삶의 질 정책방안 연구. **청소년정책 이슈브리프, 8**. 세종: 한국청소년정책연구원.

김기헌, 장근영, 김지경, 하형석, 유성렬 (2016). 제6차 청소년정책기본계획 수립을 위한 연구. 서울: 여성가족부.

김미란 (2012). 청소년이행(transition)과 '위기 청소년' 담론에 대한 분석. **교육사회학연구, 22**(1), 51-78.

김민 (2008). 한국 중장기 청소년정책기본계획에 대한 진단과 평가. **인문과학논총, 21**, 155-186.

김상균, 최일섭, 최성재, 조흥식, 김혜란, 이봉주, 구인회, 강상경, 안상훈 (2011). **사회복지개론**. 서울: 나남.

김영모 (1991). **청소년정책연구**. 서울: 한국복지정책연구소 출판부.

김영인, 최윤진, 구정화 (2014). **청소년인권과 참여**. 서울: KNOU PRESS.

김영지, 황세영, 최홍일, 이민희, 김진호 (2020). 2020 아동·청소년 권리에 관한 국제협약 이행 연구: 한국 아동·청소년 인권실태(총괄보고서). 세종: 한국청소년정책연구원.

김영한, 서정아, 권일남 (2019). 미래지향적 청소년 관련법 정비방안. 세종: 한국청소년정책연구원.

김영화, 유태한, 최영진 (2021). **오늘의 청소년, 그들은 누구인가?: 청소년복지론**. 경기: 정민사.

김윤나 (2018). Youth work과 Youth worker에 관한 개념적 고찰. **2018 학연연합 추계학술대회 자료집**, 95-108. 시민청소년학회·글로벌청소년학회.

김정명, 임상숙 (1991). **청소년활동 동기부여 방안 연구**. 서울: 한국청소년연구원.

김주희, 곽성현 (2015). 청소년의 국제교류활동 참여효과에 대한 인식 연구. **한국과학예술포럼, 19**, 231-242.

김지연 (2000). 청소년기 동아리 활동에 따른 정의적 행동특성 연구. 숙명여자대학교 석사학위논문.

김지윤 (2019). 초기 청소년의 국제교류 경험 이해. 서울대학교 석사학위논문.

김진호, 권일남, 이광호, 최창욱 (2009). **청소년활동론**. 서울: 한국방송통신대학교출판문화원.

김형렬 (1990). **정책학**. 서울: 법문사.

남화성 (2017). 청소년 임파워먼트 인식척도개발 연구. 경기대학교 대학원 박사학위 청구논문

노병일 (2016). **사회복지정책론**. 경기: 공동체.

노화준 (1996). 한국 정책학의 발전과 성격. **행정논총, 34**(1), 19-31.

류종훈, 배경희, 김수정, 박지현 (2006). **사회복지정책론**. 경기: 학현사.

문호영, 최창욱 (2015). 생애주기에 따른 아동·청소년·청년 연령구분 실태와 방향. **청소년정책 이슈브리핑, 21**, 1-16.

박선숙, 윤기혁, 한승협 (2022). **청소년육성제도론**. 경기: 양서원.

박선영 (2017). 청소년학 이론적 모델구축을 위한 Youth Work(청소년활동)의 역사적 조망과 분석. **청소년학연구, 24**(2), 539-558.

박선영, 장미, 김주희, 진영선 (2015). **청소년활동론**. 경기: 정민사.

박해육 (1989). 종합적인 정책평가에 관한 사례연구: 농어가부채경감정책을 중심으로. 성균관대학교 석사학위논문.

박혜숙 (2016). 신세대 특성과 라이프 스타일 연구: Z세대를 중심으로. **인문사회 21, 7**(6), 753-767.

배정수, 노자은, 이혜경 (2021). **청소년육성제도론**. 서울: 학지사.

배정희, 최정원, 한지형, 문지혜 (2021). 주요 국제기구의 청소년·청년 프로그램 및 연구현황. 세종: 한국청소년정책연구원 글로벌청소년연구센터.

서정아, 성윤숙, 홍순구, 권일남 (2021). 포스트 코로나 시대의 청소년정책 대응방안 연구. 한국청소년정책연구원.

성윤숙, 문호영, 천정웅, 이희현 (2022). 취약계층 청소년 지원정책 진단 및 제도보완 연구 I. 세종: 한국청소년정책연구원.

송선희, 김문섭, 김정일, 김진숙, 박진규, 이미애, 주은지, 최선일, 황정훈 (2018). **청소년교육론**. 경기: 양서원.

송주완 (2020). Z세대의 외식 소비성향이 외식업체 선택 속성과 행동의도에 미치는 영향. **호텔리조트 연구, 19**(1), 289-312.

신유리, 김경미, 유동철, 김동기 (2013). 장애인의 사회적 포함(social inclusion)의 개념화에 대한 이론적 고찰: 사회적 배재에서 포함으로. **한국사회복지학, 65**(3), 5-28.

신은경, 윤경, 김진강 (2016). 동아리활동에 따른 진로결정 자기효능감이 진로성숙도에 미치는 영향. Tourism Research, 41(1), 133-154.

신홍기 (2011). 미래사회의 청소년단체 활동방향 모색을 위한 연구. 서울: 명지대학교 사회개발대학원 석사학위 논문.

안명선, 박선희, 김상범, 박주현, 천정웅 (2022). **청소년활동론**. 경기: 양성원.

양계민 (2016). 2016 청소년방과후아카데미 효과도 및 만족도 조사연구. 서울: 여성가족부.

여성가족부 (2016). 제6차 청소년정책기본계획 수립을 위한 연구. 서울: 여성가족부.

여성가족부 (2023). 2022 청소년백서. 서울: 여성가족부.

여성가족부, 한국청소년정책연구원 (2022). 제7차 청소년정책기본계획 수립을 위한 공청회 자료집.

오세제, 김동희 (2021). 2021년 청년정책 거버넌스의 단계와 성격: 경기도 기초자치단체 실태 분석을 통하여. **현대정치연구, 14**(3), 307-360.

오승은 (2006). 거버넌스론에 관한 제접근. **연세행정논총, 29**, 47-75.

오재호 (2020). 코로나 19가 앞당긴 미래, 교육하는 시대에서 학습하는 시대로. **이슈 & 진단, 6월호**, 1-25. 경기: 경기연구원.

오해섭, 문호영 (2020). Z세대 10대 청소년의 가치관 변화 연구. 세종: 한국청소년정책연구원.

오해섭, 문호영, 염유식 (2019). 청소년이 행복한 지역사회 지표조사 및 조성사업연구 VII. 세종: 한국청소년정책연구원.

오해섭, 이민희, 김영호 (2007). 뉴거버넌스를 통한 청소년행정체계 운영모형 정립, 서울: 한국청소년정책연구원.

유해숙, 김영빈 (2022). **학교사회복지론**. 서울: 한국방송통신대학교출판문화원.

윤영진, 양기용, 이인재, 이재원 외 (2011). **사회서비스정책론**. 서울: 나눔의 집.

윤현지 (2018). 취약계층 청소년대상 시민교육 프로그램 사례 분석. 이화여자대학교 석사학위논문.

이광호 (2012). **새로운 청소년육성제도 및 정책론**. 서울: 창지사.

이명석 (2017). **거버넌스 신드롬**. 서울: 성균관대학교 출판부.

이소영 (2019). 지역사회보장협의체의 로컬 거버넌스 성과에 대한 영향 요인. **생명연**

구, 53, 75-105.

이용교 (1995). **한국청소년정책론**. 서울: 인간과 복지.

이재영, 안재정, 오창길, 장미정, 정수정, 정철, 조성화, 최수경, 용주현, 서진하, 이철기, 박명현, 조아라 (2019). 제3차 환경교육종합계획 수립을 위한 사전 연구. 환경부·국가환경교육센터.

이정서 (2019). **사회복지정책론**. 경기: 정민사.

이지혜, 김남선, 변종임, 양병찬(2004). 교육취약계층을 위한 평생교육지원방안 연구. 서울: 교육인적자원부.

이창호, 최용환, 도수관 (2016). 청소년정책 분석 및 평가제도 체계화 방안 연구. 세종: 한국청소년정책연구원.

이태영 (2008). **정책실천을 위한 사회복지정책론**. 경기: 학현사.

이해영 (2020). **정책학신론**. 경기: 양성원.

이혜경, 김도영, 진은설 (2020). **청소년지도방법론**. 서울: 학지사.

이혜정, 민윤, 박진아 (2020). **코로나19와 교육: 학습복지의 재개념화**. 경기: 경기도교육연구원.

임동호, 류동수, 성시한, 이경민, 정정란, 차승준, 최용희 (2019). **청소년육성제도론**. 경기: 지식공동체.

임성택, 김영한, 장동현 (2000). 청소년단체의 운영실태 및 협력체계 구축방안 연구. 서울: 한국청소년개발원.

임형택, 권재환, 김경열, 김경태, 김민, 박병훈, 박찬원, 박희석, 오상봉, 오선아, 윤은종, 이두휴, 이용교, 정민, 천정웅 (2013). **청소년교육론: 희망세대와 함께하기**. 경기: 공동체.

장민영 (2020). 미래세대 보호를 위한 법적 과제 1: 디지털 환경에서의 아동권리를 중심으로. 세종: 한국법제연구원.

전동만, 장수한 (2021). **청소년활동론**. 경기: 양서원.

전희일, 신명철, 류기덕, 신용식, 유영주, 정남환, 최은규 (2018). **청소년정책 및 육성제도론**. 경기: 양서원.

정건희 (2020). **지역사회 청소년운동 관점의 청소년활동론**. 경기: 어가.

정은진, 김기헌 (2018). 청소년정책 추진체계의 유형과 정책성과에 관한 OECD 국가 비교. **한국청소년연구, 29**(1), 117~143.

정정길 (2000). **행정학의 새로운 이해.** 서울: 대명출판사

조상식 (2021). 한국교육의 병리학: 교육철학적 접근. **한국교육문제연구, 19**(2), 3-23.

조혜영 (2018). 한국의 청소년정책 중장기계획 변화 동향 분석과 과제. **인문사회 21, 9**(5), 1125-1140.

주경필, 김진호 (2017). **청소년육성제도론.** 서울: 한국방송통신대학교 출판문화원.

주희영, 김수영, 김영인 (2018). 경험한 사회문화와 디지털 미디어 환경 차이에 따른 세대별 대학생의 선호적 특성: X, Y, Z세대를 중심으로. **한국색채학회논문집, 32**(4), 35-48.

진해경 (2012). **청소년정책론.** 서울: 학지사.

차경수 (2000). **한국의 청소년정책.** 경기: 양서원.

채희주, 이진숙 (2020). Z세대의 SNS마켓에서의 소비자사회화 경험에 대한 현상학적 연구: 인스타마켓을 중심으로. **한국생활학회지, 29**(2), 199-215.

천정웅 (1998). IMF시대 청소년참여의 방향과 과제. **IMF시대 청소년의 소외와 참여** (pp. 169-222). 서울: 한국청소년학회.

천정웅 (1998). 수련활동과 '청소년참여'의 정책제도화에 관한 연구. **청소년학연구, 5**(3), 231-259.

천정웅 (1998). 청소년정책의 방향전환과 청소년참여. **청소년정책과 청소년참여.** 서울: 한국청소년개발원.

천정웅 (2009). 적극적 관점의 청소년활동: 역량개발의 이론, 정책, 실천. **청소년행동연구, 14.** 1-18.

천정웅 (2014). 유엔 인권지표 가이드에 관한 연구. **글로벌청소년학연구, 4**(1), 85-105.

천정웅 (2020). **청소년복지론.** 경기: 양서원.

천정웅 (2021). **청소년 인권과 참여.** 경기: 공동체.

천정웅 (2022). **미국청소년정책론: 한국 청소년·청년 미래비전에의 함의.** 경기: 양성원.

천정웅 (2023). **사회복지법제와 실천.** 경기: 양서원.

천정웅, 김경준, 김영지 (1995). **청소년과 지역사회 참여.** 서울: 한국청소년개발원.

천정웅, 김영지 (1997). **청소년참여의 세계적 동향.** 서울: 한국청소년개발원.

천정웅, 김윤나 (2015). **청소년육성제도론**. 서울: 신정.

천정웅, 김정주 (1999). 청소년활동의 정책적 특성 비교연구: 청소년정책과 교육정책을 중심으로. **청소년학연구, 6**(2), 101-122.

천정웅, 김정주, 김영지, 임지연 (1998). 청소년정책 평가지표체계 연구: 자치단체 청소년육성지수 개발연구(1). 서울: 한국청소년개발원.

천정웅, 오해섭, 김정주, 김민 (2015). **청소년활동론**. 경기: 양서원.

천정웅, 이용교 (2007). **적극적 관점의 청소년개발**. 서울: 인간과 복지.

천정웅, 황진구, 신선미, 김정주, 김영지 (1996). **지방청소년육성사업 활성화 방안 연구**. 서울: 한국청소년개발원.

체육청소년부 (1992). **체육청소년10년사**. 서울: 체육청소년부.

최용환, 좌동훈, 박윤수 (2022). 메타버스를 활용한 청소년정책 혁신모델 구축방안 연구. 세종: 한국청소년정책연구원.

최윤진 (1991). 청소년지도자 양성방안 및 교육과정개발에 관한 연구. 서울: 한국청소년개발원.

최윤진 (2016). 청소년인권의 쟁점과 청소년참여운동. **시민청소년학연구, 7**(2). 1-18.

최은광 (2016). 하버마스 담론윤리의 이상화 전략. 윤리연구, 109, 85-110.

최인재, 강경균, 송민경, 조윤정 (2020). 지역사회 네트워크를 활용한 청소년 성장지원정책 추진체계 구축 방안 연구 Ⅱ. 세종: 한국청소년정책연구원.

최인재, 오해섭, 김민, 정건희 (2022). 인구소멸위기 지역에서의 청소년정책 추진 방식의 전환. 세종: 한국청소년정책연구원.

최창욱·좌동훈·남화성·박정배(2019). 청소년지도사 양성시스템 재구축방안 I: 청소년활동분야 중심으로. 세종: 한국청소년정책연구원.

최충옥(1991). 청소년정책에 있어서 청소년의 소외. 2000년대 청소년정책의 방향과 과제. **한국교육학회 사회교육연구회**(pp. 71-85).

한국청소년개발원 편 (1993). **청소년 관계법과 행정**. 서울: 한국청소년개발원.

한국청소년개발원 편 (2006). **청소년정책론**. 서울: 교육과학사.

한국청소년연구원 (1992). **청소년의 권리와 사회적 불평등**. 서울: 한국청소년연구원.

함병수 (2016). 청소년지도자의 역할과 자세. 문화체육부 '96청소년육성정책지역공청회자료집. 서울: 문화체육부.

현영섭, 김준희, 박지원, 최유연, 남준현, 오린지 (2021). 교육취약계층을 위한 인적 자원개발 정책 심화연구. 교육부·고려대학교 HRD 정책연구소.

홍수연 (2020). 자유학기제와 연계한 국립전주박물관 미술교육 연구. 전북대학교 석사학위논문.

홍정희 (2016). 청소년 지역사회 참여활동 경험의 교육적 의미: '청소년참여위원회' 활동을 중심으로. 이화여자대학교 대학원 박사학위논문.

황여정 (2017). 청소년의 지역사회 참여 모형개발 연구. 세종: 한국청소년정책연구원.

황여정, 임희진, 오승근 (2022). 전환기의 국가청소년정책 전략 연구. 세종: 한국청소년정책연구원.

Anderson, J. E. (2014). *Public policymaking*(8th ed.). Stanford, Connecticut: Cengage Learning.

Arnett, J. J. (2007). Afterword: Aging out of care: Toward realizing the possibilities of emerging adulthood. *New Directions for Youth Development, 113*, 151-161.

Arnstein, S. R. (1969). A ladder of citizen participation. *Journal of American Institute of Planners, 35*, 216-214.

Australian Social Inclusion Board (2012). *Social inclusion in Australia: How Australia is faring* (2nd ed.) Commonwealth of Australia.

Bamber, J., & Murphy, H. (1999). Youth work: The possibilities for critical practice. *Journal of Youth Studies, 2*(2). 227-242.

Bardach, E. (1976). Policy termination as a political process. *Policy Sciences, 7*(2), 123-131.

Behn, R. D. (1982). How to terminate a public policy: A dozen hints for the would-be terminator. In J. E.l Anderson (Ed.). *Cases in public policy-making*(pp. 257-273). New York, NY: Holt, Rinehart and Winston.

Beland, D. & Mahon, R., (2016). *Advanced introduction to social policy.* Edward Elgar, Cheltenham.

Benard, B. (2004). *Resiliency: What we have learned.* San Francisco, CA:

WestEd.

Bright, G. (2015). *Youth work: Histories, policy & contexts.* New York, NY: Palgrave.

Burrowes, A., Dumbravenu, C., Dupouey, V., Ivanov, A., Kralj, K., Majamaa, V., Shipper, L., & Vogt, S. (2016). *Toolkit on quality standards for youth policy.* Belgium, Brussels: European Youth Forum.

Butters, S., & Newell, S. (1978). Realities of training: A review of the training of adults who volunteer to work with young people in the youth and community services, Leicester: National Youth Bureau.

Cava, G. L., Clert, C., & Lytle, P. (2004). Investing in youth empowerment and inclusion: A social development approach: Insight from the ECA and LAC regions. Paper No. 60. ary. Washington, DC: The World Bank.

Cebulski, B. G. (1977). *Affirmative action vsrsus seniority: Is conflict inevitable?* Berkeley, CA: Institute of Industrial Relations, University of California.

Center for the Study of Social Policy (2003). Policy matters: Setting and measuring benchmarks for state policies. A discussion papers for the policy matters project. Washington, D. C.: Center for the Study of Social Policy.

Cheon, J. (2008). Best practices in community-based prevention for youth substance reduction: Toward strengths-based positive development policy. *Journal of Community Psychology, 36*(6), 761-779.

Cheon, J. (2009). Convergence of a strengths perspective and youth development: Toward youth promotion practice. *Advances in Social Work, 9*(2), 176-190.

Clark, A., & Percy-Smith, B. (2006). Beyond consultation: Participatory practices in everyday spaces. Editorial introduction to global special issue: Pushing the boundaries: Critical perspectives on child and youth participation. *Child, Youth and Environment, 16*(2), 1-9.

Cobb, R. W., & Elder, C. D. (1982). Issue creation and agenda building. In J. E. Anderson(Ed.), *Cases in public policy-making*(pp. 3-11). New York, NY. Holt, Rinehart and Winston.

Cohen, M. D., March, J. C., & Olsen, J. P. (1972). A garbage can model of organizational choice. *Administrative Science Quarterly, 17*(1), 1-25.

Cohen, S. I. S., & Bosk, E. A. (2020). Vulnerable youth and the COVID-19 Pandemic. *Pediatrics, 13*(6). pp. 1-7.

Coleman, S. (2008). Doing IT for themselves: Management versus autonomy in youth e-citizenship. In W. L. Bennett (Ed.). *Civic life online: Learning how digital media can engage youth*(pp. 189-206). Cambridge: The MIT Press.

Colley, H., Boetzelen, P., Hoskins, B., & Parveva, T. (2007). *Social inclusion for young people: Breaking down the barriers.* Strasbourg Cedex, Council of Europe Publishing.

Cooper, T., & White, R. (1994). Models of youth work practices. *Youth Studies Australia, 13*(4), 30-35.

Council of Europe (2003). Experts on youth policy indicators: Third and concluding meeting. Final Report: Strasbourg. European Youth Centre.

Council of Europe (2017). Recommendation CM/Rec(2017)4 of the Committee of Ministers to member States on youth work.
https://rm.coe.int/1680717e78에서 2022년 10월 23일 인출.

Council of Europe (2019). Recommendation CM/Rec(2019)10 of the Committee of Ministers to member States on developing and promoting digital citizenship education.
https://search.coe.int/cm/Pages/result_details.aspx?ObjectID=090000168098de08에서 2022년 10월 23일 인출.

Council of Europe (2020). The Council of Europe youth sector strategy 2030.
www.coe.int/en/web/youth/youth-strategy-2030에서 2022년 8월 22일

인출.

Davies, B. (2015). Youth Work: A Manifesto for our Times – Revisited. *Youth and Policy, 114*(May), 96-117,

Davies, P. (2004). Is evidence-based government possible? https://www.nationalschool.gov.uk/policyhub/downloads/JerryLeeLecture1202041.pdf에서 2022년 7월 3일 인출

Denstad, F. Y. (2009). *Youth policy manual: How to develop a national youth strategy*. Strasbourg: Council of Europe Publishing.

Deuze, M. (2006). Participation, remediation, bricolage: Considering principal components of a digital culture. *The Information Society, 22*(2), 63-75.

Dunn, W. N. (2018). *Public policy analysis: An integrated approach*(6th ed.). New York, NY: Routledge.

Dye, T. (2016). *Understanding public policy*. Pearson, London.

Ecorys (2011). Assessing practices for using indicators in fields related to youth: Final Report for the European Commission DG Education and Culture. Birmingham, UK: Ecorys.

Emerson, K., Nabatchi, K., & Balogh, S. (2012). An integrative framework for collaborative governance. *Journal of Public Administration Research and Theory, 22*(1), 1-30.

Erickson, J. B. (1998). *Directory of American youth organization* (7th. ed.). Minneapolis, MN: Free Spirit Publishing, Inc.

ESCAP (1999). *Youth policy formulation manual*. New York, NY: United Nations.

Esping-Anderson, G. (1990). *The three world of welfare capitalism*. Polity Press.

Etzioni, A. (1967). Mixed-scanning: A third approach to decision-making. *Public Administration Review, 27*(5), 385-392.

EU-Council of Europe youth partnership (2011), Pathways 2.0 towards recognition of non-formal learning/education and of youth work in Europe, Council of Europe Publishing, Strasbourg.

European Commission (2012). Social inclusion of youth on the margins of society: Policy review of research results. Luxembourg Publication Office, European Union.

European Union (2020). European Youth Goals. europe.eu/youth/strategy/european-youth-goals.en에서 2022년 8월 22일 인출

European Youth Forum (2001). 11 indicators of a national youth policy.

Ferry, M., & Bachtler, J. (2013). Reassessing the concept of policy termination: The case of regional policy in England. *Policy Studies, 34*(3), 255-273.

Fusco, D., & Heathfield, M. (2015). Modeling democracy: Is youth 'participation' enough? *Italian Journal of Sociology of Education, 7*(1), 12-31.

Gerston, L. N. (1983). *Making public policy: From conflict to resolution.* Dallas, TX: Scott, Foresman and Company

Gilbert, N. & Terrell, P. (2020). **사회복지정책론: 분석틀과 선택의 차원**. 남찬섭, 조성은, 김기태, 민기채, 김수정 공역. 경기: 지식공동체.

Gilbert, N., & Terrell, P. (2006). *Dimensions of social welfare policy.* Boston, MA: Allyn and Bacon.

Hamilton, S., & Hamilton, M. A. (2006). School, work, and emerging adulthood. In J. J. Arnett & J. L. Tanner (Eds.), *Emerging adults in America: Coming of age in the 21st century*(pp. 257-277). Washihngton, DC: American Psychological Association.

Heathfield, M. & Fusco, D. (Eds.) (2017). *Youth and inequality in education: Global actions in youth work.* New York, NY: Routledge.

Hogwood, B. W. & Gunn, L. A.(1984). *Policy analysis for the real world.* Oxford: Oxford University Press.

Holtom, D., Williamson, H., & Watkins, J. (2016). Key issues in developing and implementing youth policy strategic documents. Strasbourg, European Youth Forum.

Hurley, L., & Treacy, D. (1993). *Models of youth work: A sociological framework*. Dublin: Irish Youthwork Press.

IANYD (2022). Information https://www.un.org/development/desa/youth/what-we-do/un-inter-agency-network-on-youth-development.html에서 2022년 9월 8일 인출.

IARD (2001). Study on the state of young people and youth policy in Europe: Final reports. Milano, Italy, IARD.

Jeffrey, K. (2008). Youth policy: What works and what doesn't?: A reviews of youth policy models from Canada and other jurisdictions. Toronto, United Way Toronto.

Lasswell, H. D. (1971). *A preview of policy science*. New York, NY: American Elsevier.

Lavchyan, Z. & Williamson, H. (2019). Youth policy essentials. Strasbourg, Youth Partnership.

Lindblom, C. E. (1959). The science of muddling through. *Public Administration Review, 39*(6), 79-88.

Lisney, J. (2021). *Youth progress report 2021. Commissioned by the European Youth Forum*. Brussels: European Youth Forum.

LISTEN, Inc. (2000). An emerging model for working with youth. Occassional paper series on youth organizing, No. 1. Washington, D.C.: Funders Collaborative on Youth Organizing.

March, J. G., & Simon, H. A. (1958). *Organizations*. New York, NY: John Wiley & Sons, Inc.

Nakamura, R. T., & Smallwood, F. (1980). *The politics of policy implementation*. New York, St. Martin's Press.

Nanda, V. P. (2006). The 'good governance' concept revisited. *The ANNALS of the American Academcy of Political and Social Science, 603*(1), 269-283.

Nico, M., Tatu, M., Potocnik, D., & Salikau, A. (2017). Needles in Haystacks: Finding a way forward for cross-sectoral youth policy. Strasbourg: Council of Europe Publishing.

OECD (2020). Youth and COVID-19: Response, recovery and resilience. Paris: OECD Publishing.

OECD (2021). Securing the recovery, ambitions, and resilience for the well-being of children in the post-COVID-19 decade. Paris: OECD Publishing.

Palfrey, J., & Gasser, U. (2008). *Born digital: Understanding the first generation of digital natives.* New York: Basic Books.

Petkovic, S., Ignatovich, A., & Galstyan, M. (2021). *Youth research: The essentials.* Strasbourg, Youth Partnership.

Sallah, M. (2014). *Global youth work: Provoking consciousness and taking action.* Dorset: Russell House Publishing.

Schroth, H. (2019). Are you ready for Gen Z in the workplace? *California Management Review, 61*(3), 5-18.

Sherrod, L. R., & Lauckhardt, J. (2008). Civic engagement: The development of citizenship. In R. M. Lerner & R. M. Lerner(Eds.). *Handbook of adolescent psychology*(3rd ed.)Hoboken, NJ: Wiley.

Siurala, L. (2004). A European framework for youth policy. Strasbourg, Directorate of Youth and Sport, Council of Europe Publishing.

Siurala, L. (2006). A European framework for youth policy. Strasbourg, Directorate of Youth and Sport, Council of Europe Publishing.

Siurala, L. (2007). A European framework for youth policy: What is necessary and what has already been done? Diskurs Kindheits-und Jugendforschung 2, S, 377-390.

Small, S., & Memmo, M. (2004). Contemporary models of youth development and problem prevention: Toward an integration of terms, concepts, and models. *Family Relations, 53*(1), 3–11.

Smith, M. (1988). *Developing youth work: Informal education, mutual aid, and popular practice.* London: Open University.

Souza, Y. H. de, & Secchi, L. (2015). Policy termination: A theoretical synthesis of the forgotten stage of the policy cycle. *Cadernos Gestao Publica e Cidadania, 20*(66), 75–93.

Stoker. G. (1988). Public–private partnerships and urban goverance. In J. Pierre(ed.). *Partnerships in urban governance.* New York, NY: MacMillan Press.

Sullivan, T. K., & Saito, R. N. (2008). Rings of Engagement. University of Minnesota Extension, Center for Youth Development.

Tanner, J. L., & Arnett, J. J. (2009). The emergence of 'emerging adulthood': The new life stage between adolescence and young adulthood. In A. Furlong(Ed.), *Handbook of youth and young adulthood: New perspectives and agendas*(pp. 38–45). London: Routledge.

Taylor–Gooby, P. (Ed.).(2004). New risks, new welfare: The transformation of the European welfare state. Oxford University Press, Oxford.

UN (2007). World youth report 2007. New York, NY: UN.

UN (2018). Youth Strategy 2030: Working with and for young people. United Nations, New York.

UN (2019). **청소년 2030: UN 청소년전략**. 이지향 역. 서울: 유네스코한국위원회·한국청소년활동진흥원.

UN (2020a). A UN framework for the immediate socio–economic response to COVID–19. https://unsdg.un.org/resources/un–framework–immediate–socio–economic–response–covid–19.

UN Department of Economic & Social Affairs (2004) World youth report 2003: The global situation of young people. New York, NY: UN.

UN Department of Economic & Social Affairs(2006). Guide to the implementation of the World Programme of Action for Youth. New York, NY: UN.

UN Department of Economic & Social Affairs(2010). World Programme of Action for Youth. New York, NY: UN.

UN Economics & Social Affairs(2010). World programme of action for youth. New York, NY: United Nations.

UN Security Council (2015). United Nations Security Council Resolution 2250 on youth, peace and security, United Nations. New York.

UN(2020b). World Youth Report: Youth social entrepreneurship and the 2030 agenda. https://www.un.org/development/desa/youth/publications/2020/01/wyr-2/

UN(2020c). Policy Brief: Education during COVID-19 and beyong. United Nations.

UN(2021). Youth2030: Progress Report 2021. https://easterncaribbean.un.org/en/124929-youth2030-progress-report-2021

UN(2022). Youth2030: Progress Report 2022. https://www.unyouth2030.com/progressreport

UNESCO (2014). Operational strategy on youth 2014-2021. https://en.unesco.org/sites/default/files/Operational%20Strategy%20on%20Youth%202014-2021.pdf

UNESCO (2019). 2014-2021 UNESCO 청소년운영전략. 이지향 역. 서울: 유네스코한국위원회·한국청소년활동진흥원.

UNESCO (2020). 2020 세계교육현황보고서 요약본. 포용과 교육: 모두는 모든 이를 의미한다. 서울: 유네스코한국위원회.

UNESCO (2022). Global education monitoring report 2022 youth report. Non-state actors in education. Who chooses? who loses? Paris, UNESCO.

VERKE and EYWC(2019). Digitalisation and youth work. Helsinki. https://entk.ee/wp-content/uploads/2019/Digitalisation-and-youth-work.pdf에서 202년 10월 10일 인출

Villarruel, Perkins, Borden, & Keith(2003). *Community youth developmen: Programs, policies, and practices.* Thousand Oaks, CA: Sage Publications.

Walker, J. (2003). The essential youth worker. In F.A.Villarruel, D.F. Perkins, L.M. Borden & G. Keith (Eds.), *Community youth development: Programs, policies, and practices* (pp. 373-393). Thousand Oaks, CA: Sage.

Wallace, C. & Bendit, R. (2009). Youth policies in Europe: Towards a classification of different tendencies in youth policies in the European Union. *Perspectives on European Politics and Society, 10*(3), 441-458.

Williamson, H. (1985). Struggling beyond youth. *Youth in Society, 98.*

Williamson, H. (2002). Supporting young people in Europe: Principles, policy and practice. Strasbourg: Council of Europe Publishing.

Williamson, H. (2017). Supporting young people in Europe: Looking to the future. Strasbourg: Council of Europe Publishing.

Williamson, H. (2020). Cornerstone challenges for European youth work and youth work in Europe: Making the connections and bridging the gaps. Strasbourg: Council of Europe.

Williamson, H., Fras, M. & Lavchyan, Z. (2021). About Time!: A reference manual for youth policy from a European perspective. Strasbourg, Council of Europe and European Commission.

World Bank (2007). World development report 2007: Development and the next generation. Washington, D.C.: World Bank.

Wylie, T. (2000). An architecture for modern youth work. *International Journal of Adolescence and Youth, 9*(1), 15-26.

Youth Affairs Council of Australia (1983). Creating tomorrow today: A youth policy report based on nationwide consultation. Youth Affairs Council of Australia.

Youth Partnership (2017). Youth policy responses to the contemporary challe nges faced by young people: Compendium of youth policy responses. https://pjp-eu.coe.int/documents/42128013/47262391/Symposium+2017+-+Compendium+of+Youth+Policy+Responses.pdf/75b8886e-0c4a-8b1a-89c8-8f87314aba3a에서 20202년 8월 22일 인출.

찾아보기

ㅋ

ㅌ

ㅍ

ㅎ

기타

저자약력

천정웅(대구가톨릭대학교)

청소년전문가(youth professional)와 전업활동지도자(youth worker)를 대상으로 청소년분야 "강점기반실천(strengths- based practices)의 본질(nature)"을 분석한 논문으로 미국 캔사스 대학교(University of Kansas)에서 사회복지학 박사학위를 취득하였으며 환경레짐(environmental regime)에 관한 논문으로 한국 중앙대학교에서 정치학 박사학위를 받았다. 한국청소년정책연구원 기획조정실장, 한국청소년학회 사무총장 등을 역임하고, 미국 아이오와 대학교(University of Iowa) 방문학자, 캔사스 대학교 사회정책분석연구원 Research Manager로 일한 바 있다.

현재 대구가톨릭대학교 사회복지학과 교수로 재직하고 있으며, 대구다문화가족지원센터 협회장 등을 역임하였다. 대구가톨릭대학교의 주요보직으로 국제다문화대학원장, 다문화연구원장, 다문화교육원장, 청소년복지연구소장, 사회복지학과장, 대학원 사회복지학과장 등이 있다. 학부와 석・박사 과정에서 청소년복지론을 비롯하여 청소년 인권과 참여, 청소년활동론, 사회복지정책론, 사회복지행정론, 지역사회복지론, 고급통계자료분석론, 질적연구방법론, 국제사회복지론, 인간행동과 사회환경 등을 강의하고 있다.

1980년대 중반 이후 한국과 미국에서 청소년학을 연구해 왔으며, 2000년대부터 사회복지 이론과 실천, 양적·질적 연구방법 등을 중심으로 하는 강의와 저작활동에 진력해오고 있다. 한국전통사상에 특별한 관심을 갖고 있으며, 논문작성법을 비롯하여 "청소년 인권과 참여", "청소년복지론", "사회복지연구방법론", "질적연구방법론" 등의 10여 권의 단독저서와 "다문화청소년활동론", "차세대 청소년학총론" 등의 50여 권의 공저를 발간하였다. 다수의 국문논문과 "Best practices in community-based prevention for youth substance reduction", "Causal relationships between service outcomes and satisfaction, service utilization, and demographic characteristics: A path analysis" 등 단독저자로서 SCI, SSCI 등재 영문저널 게재 논문을 여러 편 갖고 있다.

2003년 미국에서 "세계청소년학 아카데미(World Academy for Youth Studies)"를 창립하여 한국과 미국에서 국제컨퍼런스 "청소년학 월드포럼(World Forum on Youth Studies)"을 개최하었으며 글로벌청소년학회, 한국사회복지질적연구학회의 편집위원장을 역임했으며, 최근에는 글로벌청소년학회와 한국시민청소년학회 회장을 맡아하였다. 한국과 미국의 연구기관에서 청소년관련 정책연구와 데이터 분석 등을 통해 50여 종의 국·영문 보고서를 발간하였다.

청소년정책론

초판발행 2023년 6월 25일 **1판 1쇄 인쇄** | 2023년 6월 30일 **1판 1쇄 발행**

지은이 천정웅
펴낸이 최용구 | **펴낸곳** 도서출판 **신정**
주소 (04316) 서울시 용산구 원효로 89길 19 (원효로1가)
전화 02)3211-4782, 0266(영업부), 3211-4783(편집부), 3211-4784(팩스)
이메일 shinjeong72@naver.com | **홈페이지** www.sjbook.co.kr
등록 2001년 5월 11일 제13-702호
기획마케팅 최용구 장만동 최충구 송대용 | **책임편집** 석기은 황가연

ISBN 978-89-5912-863-1 93330
정가 21,000원